中共农业农村部党校
农业农村部管理干部学院　组编

农业农村部管理干部学院
科研成果汇编

本来集

卷二

中国农业出版社
北京

图书在版编目（CIP）数据

本来集：农业农村部管理干部学院科研成果汇编.
卷二/中共农业农村部党校，农业农村部管理干部学院
组编. —北京：中国农业出版社，2022.5
　　ISBN 978-7-109-29464-6

　　Ⅰ.①本…　Ⅱ.①中…　②农…　Ⅲ.①三农问题－研
究成果－汇编－中国－2019－2020　Ⅳ.①F32

中国版本图书馆 CIP 数据核字（2022）第 088140 号

本来集　卷二　农业农村部管理干部学院科研成果汇编
BENLAI JI　JUANER　NONGYENONGCUNBU GUANLI GANBU
XUEYUAN KEYAN CHENGGUO HUIBIAN

中国农业出版社出版
地址：北京市朝阳区麦子店街 18 号楼
邮编：100125
责任编辑：孙鸣凤
版式设计：杜　然　责任校对：沙凯霖
印刷：北京通州皇家印刷厂
版次：2022 年 5 月第 1 版
印次：2022 年 5 月北京第 1 次印刷
发行：新华书店北京发行所
开本：700mm×1000mm　1/16
印张：22.75
字数：350 千字
定价：95.00 元

序言

在古汉语中，"本"意为草木根茎、事物源起，取其根本之意。"来"释义繁多，其中一解可表示未来的时光，譬如来日方长。由本及来，思源致远，学院于建院 65 周年之际编辑出版《本来集（卷二）》，收录 2019—2020 年干院人在教学、科研、培训工作中研究思考的部分成果，作为《本来集》的续篇，是希望能以此回顾成绩、观照根本，引发交流、启望未来。

农业农村部管理干部学院成立于新中国"一五"计划时期，彼时农业建设百废待兴、农村急需干部人才。建院 65 年来，学院始终秉承培训农业农村干部、服务三农事业发展的初心，传承崇敬农业、崇爱农村的"崇农"情怀，将教育培训农业农村干部作为根本使命。在几代干院人的笃行不倦、奋斗拼搏下，培训规模不断提升，培训对象覆盖农业系统各类干部人才；培训方式与时俱进，培训特色化、专业化、品牌化优势初显；培训质量赢得多方赞誉，办学实力在中央国家机关部门所属学院（党校）中名列前茅；一系列精品培训班次在全国农业农村系统、中央和国家机关部门党校（干部学院）中享有良好口碑，成为教育培训农业农村干部的重要阵地。

经过长期努力，中国特色社会主义进入了新时代，这是我国发展新的历史方位。新时代，学院也开启了农业农村干部人才教育培训事业的新篇章。学院坚持以习近平新时代中国特色社会主义思想为指导，认真学习领会习近平总书记关于三农工作的重要论述，坚持党校姓党、实事求是、质量立校、改革创新、从严治校工作原则，扭住发展主题、增强创新活力、筑牢安全底线，稳步推进各项事业，以《中共农业农村部党组关于加强新时代农业农村部党校（管理干部学院）工作的意见》为统领，紧扣全面推进乡村振兴落地见效，主动作为、积极担当，把教育培训、科研咨询置于乡村振兴战略全局中来谋划，置于部党组中心工作大局中来部署，置于相关司局业务格局中来推进。尤其是，继续发挥部党校三农政策研究咨询重要智库作用，加强思想理论基础性研究、发展战略前瞻性研究、重大问题对策性研究、创新发展实证性研究，为提高教学质量服务，为推动政策创设服务，为科学民主决策服务，在强化思想宣传、发挥阵地作用、加强引领示范、讲好中国故事和建设特色智库等方面持续发力，为全面推进乡村振兴贡献党校智慧和力量。

全体干院人凝心聚力、蓬勃向上，超越成规、敢为人先，不断研究新情况、开创新局面，用创新思维拓展农业农村干部教育培训全新空间，努力把学院建设成为习近平新时代中国特色社会主义思想和习近平总书记关于三农工作的重要论述学习宣传主阵地，三农干部党性修养、法治素养、工作本领淬炼提升主阵地，乡村振兴创新实践总结推广主阵地，中国特色社会主义农业农村现代化道路国际传播主阵地，三农政策研究咨询重要智库。学院相继创设"乡村振兴高层论坛""崇农讲堂"等科教培平台，开办部系统年轻干部能力建设培训班、乡镇党委书记乡村振兴专题培训、基层党校骨干教师乡村振兴培训示范班、开展"聚力强社"——合作社领军带头人培育计划等培训班次，承担了国家社会科学基金，国家自然科学基金，中央财办"十四五重大课题研究"，中央农办、农业农村部乡村振兴专家咨询委员会软科学课题等重要科研项目。一批全新科教培平台、特色精品培训班次和科研咨询课题，推动了学院新型智库建设、特色课程开发、精品教材编著、科教培人才成长，提升了教育培训核心竞争力，增强了科研团队业界话语权，实现了培训教学和科研咨询的互促共进。

新时期，学院将一如既往地立乡村振兴之潮头、切三农工作之脉动、发思想理论之先声，唱响乡村振兴"主旋律"、构建乡村振兴"大课堂"、打造乡村振兴"样板间"、发出乡村振兴"好声音"、优化乡村振兴"工具箱"。

希望涵盖了学院培训研究实践等多个领域成果的《本来集》卷一、卷二，能继续激励读者，探寻根本，发现规律，指引未来。

向朝阳

2021 年 12 月 20 日

目录

基层党建与乡村治理

村党组织在乡村治理中的作用研究

——基于河北省村党组织的调查研究

课题组①

实现乡村"治理有效"，是国家有效治理的基石，也是我国社会建设的基石。村党组织是参与乡村治理的重要主体，新修订的《中国共产党农村基层组织工作条例》明确规定，乡镇党的委员会和村党组织是党在农村的基层组织，是党在农村全部工作和战斗力的基础，是党密切联系群众的桥梁和纽带，也是带领农民有效整合资源，推动农村经济效益最大化，实现农村治理有效的关键。农村要实现"治理有效"，就必须探讨村党组织领导地位的实现问题，在总结成功经验的基础上，梳理村党组织在推进"治理有效"中发挥作用的规律，这是党建研究的重要课题，也是我们农业农村部党校发挥智库作用的必然要求。2019 年 6—8 月，课题组面向来院参加河北省"万人示范"村党支部书记培训班的600 多名学员发放问卷，与学员开展访谈座谈，深入探究村党组织在推进乡村治理中的作用。

一、村党组织治理能力不断增强

村党组织也叫村级党组织，是指在行政村一级成立的党组织，包括党支部、党总支、党的基层委员会及其下属的党的组织。研究发现，河北省不断强化村党组织，加强村党组书记队伍建设，治理能力不断加强。

1. 村党组织治理基础得到夯实　河北省始终坚持加强村党组织建

---

① 课题主持人向朝阳、毕建英，本文执笔人王立全、娄凯强、翟梅帅。

设，出台《河北省村级组织工作规则（试行）》，强化基层民主，加强村务监督管理，进一步夯实组织基础。一是有序推进村党组织改选。河北省于 2018 年全面推进村党组织改选，年内完成 5 万多个行政村的党组织换届工作，有效提升了村党组织的工作基础。二是切实推进书记村民委员会（以下简称村委会）主任"一肩挑"。规范组织功能，不断理顺村党组织和村委会的关系，问卷调查显示，有 95.7% 来院参训的书记已经实现"一肩挑"，村党组织、村委会、村民代表会议、村务监督委员会"四位一体"的农村基层组织治理架构基本形成，有力强化了党组织在村级治理中的领导核心作用。三是制度执行更加规范。村党组织能够严格执行"四议两公开"制度，有 79.4% 的调查对象表示村中所有重大事项都通过"四议两公开"决策，还有 19.1% 的调查对象表示大部分重大事项是通过"四议两公开"决策。有 98.1% 的调查对象表示村集体经费开支能够做到定期公开。

2. 村党组织书记队伍不断加强　党的十八大以来，特别是党的十九大以后，河北省不断加强村党组织队伍建设，在 2018 年基本完成新一轮村党组织换届工作，换届后村党组织书记队伍得到明显加强。一是村党组织书记队伍换血明显。参加调研的 604 名村党组织书记中，党的十八大以后新任书记的占比达 63.6%，新任书记中有 76% 是党的十九大以后上任的，表明党的十八大特别是党的十九大以来，有更多新同志走上村党组织书记的位置，这为村党组织提供了更多的新鲜血液。二是年龄趋于年轻化。通过对比分析，调查对象中，党的十八大以前就任职的书记平均年龄为 51.9 岁，党的十八大到党的十九大召开之前新任书记平均年龄为 47.8 岁，党的十九大以来新任书记平均年龄为 45.1 岁，队伍年龄结构优化明显。三是工作经历更加丰富。调查对象中，有 46.7% 的书记有外出打工经历，有 18.6% 的书记有入伍经历，有 6.6% 的书记曾经是公务员或事业单位人员。从趋势来看，一方面，打工回乡任书记的占比有所提高，党的十九大以后新任书记中，有 50.7% 的人有外出打工经历，比党的十九大之前就任职的书记中有外出打工经历的比例高出 8 个百分点；另一方面，曾任公职人员占比提高，党的十九大以后新任书记中有 9% 曾经是公务员或事业单位人员，该比例是党的十九大以前就任职的书记中曾任公职人员的比例的 2 倍。四是学习能力更强。从学历上看，新任党组织书记的学历虽然没有明显提高，但是党的十九大以来新任书记中，已无小学及以下学历，党的十九大以前则有 1％为小学及以下学历。从学习主动性上来看，党的十九大以后新任书记中，有 86.3％的人能够主动阅读学习《中国共产党支部工作条例》，略高于党的十九大以前就任职的书记的 83.1％的比例。五是组织培训力度更加到位。河北省高度重视村党组织书记队伍建设，从 2015 年开始，每年组织实施村党组织书记"万人示范"培训项目，每年培训万余名村党组织书记，有力提升了村党组织书记的能力素质。

3. 基层政治生态明显好转　问卷调查显示，多数党员能够主动交党费，有 96.2％的书记表示党员能积极参加组织生活，有 98.3％的书记表示党员愿意参与村子重大事项的讨论决定。很多村党组织书记还创新工作方式，利用微信群等手段加强对外出党员的联系和管理。据了解，最新一轮换届选举中，河北省农村党员参选率达到 91.9％，选民参选率达到 75.1％，广大党员群众相信党、热爱党、跟党走的热情高涨。一些年迈的党员眼含热泪重温入党誓词，一些体弱多病的党员让家人搀扶到选举现场，一些原来不关心、不积极的群众主动参加，一些在外务工的村民专程返乡选举。

二、村党组织在推进乡村治理有效中的困境

治理有效，是实施乡村振兴的基础。村党组织是村级各种组织和各项工作的领导核心，是参与乡村治理的重要主体。河北省是我国传统农业大省，在几千年传统农耕文明的影响下，家庭、宗族等因素在传统乡村治理过程中一直发挥着重要作用。在新形势下，一方面，中央对村党组织在乡村治理中的角色和定位有了新要求；另一方面，随着经济社会的快速发展，乡村治理的外在环境和内部机制都发生了新改变。面对这些新要求和新改变，村党组织在推进治理有效过程中必然存在一定的困境。

1. 村党组织推进乡村治理的经济基础薄弱　维系组织运行、改善村庄基础设施、发展村庄经济、凝聚村民……这些都需要村庄具备一定

的经济积累。相较于江浙地区，除城郊村外，河北省大多数农村集体经济薄弱。调查显示，有近 1/3 的调查对象所在村集体资产低于 10 万元，其中，有 17.4% 的调查对象所在村没有村集体资产。参与调研的河北村党组织书记，都是河北各县市选送的优秀村党组织书记。在这些优秀村党组织书记所在村中还有近 1/3 的村集体资产低于 10 万元，甚至还有接近 1/5 的村没有集体资产，足以说明河北省村集体经济水平相对薄弱。从集体经营收入方面来看，有超过四成的调查对象表示所在村没有集体经营收入，有近两成的调查对象所在村年集体经营收入不足 2 万元。村集体经济薄弱，成为制约农村党组织正常运转的重要因素，也导致农村党组织失去了联系群众的主要物质纽带，成为制约村庄治理有效的客观因素。

2. 农村领域内的治理内容和治理方法对村党组织提出了更高要求

《中国共产党农村基层组织工作条例》中明确，村党组织是党的农村基层组织，承担贯彻中央要求、讨论决定本村经济建设和社会发展重要问题等 6 方面主要职责，从村党组织的自身建设到村子的经济发展、精神文明、民主管理、生产服务、公共设施、扶贫攻坚等，涵盖了方方面面。在国家治理体系和治理能力现代化的要求背景下，村党组织在方法上、治理内容上都还有很多不适应。调查显示，村党组织书记认为当前村级组织工作最大难点（9 项备选项）排在首位的就是任务太多太重，说明村党组织书记很大程度不能适应这么大强度的工作要求。如何让村党组织书记能够更好地适应新形势下的治理内容和方法要求，成为推进治理有效的关键。

3. 村党组织书记的能力还有不足　除了新形势新要求给村党组织书记带来的挑战，村党组织书记自身也还有很多能力素质上的不足。当问及当前基层党建最需要加强的事项时，综合排在前两位的是"提升党员带头致富、带动农民的能力""党组织负责人和党员培训"，都表明这一群体对提升能力的迫切需求。调查显示，只有不到 17% 的调查对象具备大学学历。高学历人员比例过低，一定程度上说明这一群体的素质能力存在一定的差距。在工作能力方面，只有不到 75% 的调查对象表示，村党组织的工作有计划能落实，有 1/4 的书记不能很好地制定工作计划并确保落实。关于村党组织书记应具备的能力，问卷统计排在前三位的分别是"学习、理解、宣传国家政策、法律的能力""干部之间、干群之间的沟通协调能力""带头创新创业、发家致富的能力"。

4. 部分村党组织的组织力明显欠缺 一方面，村党组织书记的政治意识有待提高。调查对象中，有 17% 的书记没有主动翻阅学习过《中国共产党支部工作条例》，更有超过 1/4 的书记没有主动翻阅学习过《村民委员会组织法》，说明有些村党组织没有把学习掌握中央决策和国家法律放在重要位置。另一方面，组织生活有待进一步严格。按照《河北省村级组织工作规则（试行）》规定，坚持"三会一课"制度，党员必须参加党员大会、党小组会和上党课，村党组织会议一般每月举行一次，党员大会一般每季度召开一次。问卷统计显示，有 32.6% 的调查对象所在村党组织 2018 年召开党组织会议的数量少于 12 次，其中有65 个书记所在党组织召开党组织会次数少于 5 次。另外，有 26 个村党组织书记所在党组织全年没有召开过一次党员代表大会。

三、村党组织建设与实现乡村治理有效的内在逻辑

2019 年 3 月，习近平总书记主持召开中央全面深化改革委员会第七次会议并发表重要讲话。习近平总书记在讲话中指出，加强和改进乡村治理，要建立健全党委领导、政府负责、社会协同、公众参与、法治保障的现代乡村社会治理体制，抓实建强基层党组织，整顿软弱涣散的村党组织，选好配强农村党组织带头人，深化村民自治实践，发挥农民在乡村治理中的主体作用。从河北的情况来看，虽然村党组织在治理基础、干部队伍、政治生态等方面有积极的变化，但离总目标的要求还存在很大差距。结合调查的结果梳理分析党组织建设与推进乡村治理的关系，始终要遵循一定的原则和规律。

1. "坚持党管农村工作"是乡村治理的根本原则 实施乡村振兴战略、推进乡村治理水平提升，必须以加强党建力度来提升乡村治理水平。没有坚持原则、尊重农民、清正廉洁、敢于负责的基层党组织，就难以振兴乡村。当前，我国农村基层党建存在薄弱环节，需要通过健全党管农村工作领导体制机制和党内法规，确保党在农村工作中始终总揽

全局、协调各方，为乡村振兴提供坚强有力的政治保障。《中共中央 国务院关于实施乡村振兴战略的意见》提出了实施乡村振兴战略的基本原则，第一项就是"坚持党管农村工作"，这是我们做好三农工作的根本。

2. 村党组织建设是乡村治理能力提升的重要引领力量 党建引领乡村治理，要求充分发挥农村党组织的政治优势、组织优势、群众优势。将政治优势转化为提升领导队伍乡村治理水平的向上推力，将组织优势转化为聚集乡村治理人才的外在推力，将群众优势转化为提升农民参与乡村治理自觉性的内生动力。以党组织建设引领乡村治理也是贯彻落实新时代党治国理政方略的内在要求，是把握农村发展脉搏的关键之举，是打造干净担当有作为的高素质乡村治理人才队伍的强大抓手和打造村民共建共治共享新格局的必然要求。

3. 完善村党组织领导乡村治理的体制机制、加强村党组织建设是实现乡村治理有效的主要任务 《关于加强和改进乡村治理的指导意见》将完善村党组织领导乡村治理的体制机制，列为加强和改进乡村治理17项任务之首，并指出，到2020年，现代乡村治理的制度框架和政策体系基本形成，农村基层党组织更好发挥战斗堡垒作用，以党组织为领导的农村基层组织建设明显加强，村民自治实践进一步深化，村级议事协商制度进一步健全，乡村治理体系进一步完善。到2035年，乡村公共服务、公共管理、公共安全保障水平显著提高，党组织领导的自治、法治、德治相结合的乡村治理体系更加完善，乡村社会治理有效、充满活力、和谐有序，乡村治理体系和治理能力基本实现现代化。

4. 实现乡村治理有效需要村党组织治理能力水平不断提升 乡村治理是一项系统工程，需要找准切入点，采取有力措施，不断加强改进。在目标确立上，必须认真分析新形势新任务对村党组织的乡村治理能力提出的要求，努力在社会治理的各个方面、各个环节，实现把党组织的政治优势、组织优势和密切联系群众的优势转化为乡村社会治理的优势①。就河北地区村党组织而言，需要在以下方面不断提升能力水

---

① 王海，2018. 乡村振兴背景下农村党组织乡村治理的困境与路径生成：以皖北地区为例 [J]. 大连干部学刊（6）：59-64.

平：一是贯彻中央决策部署的能力，准确把握中央决策最新精神，清晰明确自身定位，做到讲政治、不偏离、不走样。二是掌握科学决策的能力，不断增强党组织总揽村级经济社会发展全局的能力，重视调查研究、广泛听取民意，提高党组织化解农村社会矛盾、处置突发事件的能力水平。三是敢于担当作为的能力，要勇于承担推动发展的责任，增强带头创富能力，促进村经济发展，让群众享受丰富的物质成果，要具备法治思维，学会用法律手段加强社会治理，要能担当教育宣传群众的责任，构建和谐的基层党群关系，形成具有扎实群众基础的村党组织①。

四、新时代村党组织在乡村治理中的作用

依据村党组织建设与实现乡村治理有效的内在逻辑，根据《中国共产党农村基层组织工作条例》《关于加强和改进乡村治理的指导意见》中对村党组织的职责要求，可以将村党组织在乡村治理中的角色作用总结为五个方面。

1. 做农村治理的组织者　党的十九大报告将"坚持党对一切工作的领导"放在新时代中国特色社会主义基本方略的首要位置，强调要坚持和加强党的全面领导，把党的领导贯穿于国家治理、社会治理的全过程②。"火车跑得快，全靠车头带。"在农村，党的基层组织要充分发挥领导核心作用，动员组织广大群众，参与农村基层社会的治理，推动实现农村善治③。当前，要推动乡村治理的现代化，实现农村基层社会的治理有效，就必须继续发挥农村基层党组织组织动员群众这一有力武器，调动各个治理主体充分发挥工作的积极性，并有序地参与到农村事务中来。农村治理所面对的具体事物纷繁复杂，需要处理的矛盾和问题也层出不穷。农村的公共事务和公益事业的开展，经济社会的规划与社会公共秩序的维护，乡风文明建设以及社会主义核心价值观在农村的倡

---

① 王海，2018. 乡村振兴背景下农村党组织乡村治理的困境与路径生成：以皖北地区为例 [J]. 大连干部学刊（6）：59-64.

②③ 汤尧，2018. 多元主体背景下农村基层党组织领导创新研究 [D]. 北京：中共中央党校.

导，都离不开农村基层党组织的有效领导①。

2. 做多元主体的领导者 党章指出："街道、乡、镇党的基层委员会和村、社区党组织，领导本地区的工作和基层社会治理，支持和保证行政组织、经济组织和群众自治组织充分行使职权。"农村的多元治理主体除了农村基层党组织自身外，还包括基层自治组织、共青团组织和妇联以及广大农村经济组织、民间社团组织、宗族宗教组织等②。主体多元复杂，作为党在农村工作的坚实骨干力量，村党组织必须科学有效采取措施，领导其他治理主体，整合治理力量，推动农村基层社会治理有效实现③。

3. 做基层服务的示范者 进入新时代，改革进入攻坚期和深水区，许多改革发展稳定举措直接关系群众切身利益。当下，随着生产力的发展以及思想的多元化，农民对生活的需求越来越多样化，对公共服务的要求也越来越高，这从客观上也对农村基层党组织提出了更高的要求④。党组织要加强自身建设，不断强化服务功能、扩大服务载体、创新服务形式。同时党组织也要发挥示范引领作用，以优秀的党风促民风、转社风，激发农村基层社会其他治理主体的服务功能，引导其他治理主体参与服务、自我服务、互相服务，形成以党组织为核心、全社会共同参与的服务格局⑤。

4. 做利益分配的整合者 在农村中，每一个治理主体都代表了相应阶层的一种利益，每一个治理主体都具有利益表达的要求。作为农村发展的领导核心力量，在决定农村重大事务、制定相关政策时，农村基层党组织就要充分发挥利益整合功能，寻找公共利益的平衡点，及时整合各方利益，主导正确方向，凝聚各方共同为实现乡村振兴，推动农村治理有效贡献力量⑥。

5. 做农村稳定的维护者 农村经济社会的发展在提高农民生活水平的同时，也让农民有了更多参与公共事务的欲望。但在社会转型的过程中，由于相关体制机制的不健全，无法完全满足农民政治参与的诉

---

①②③④⑤⑥ 汤尧，2018. 多元主体背景下农村基层党组织领导创新研究 ［D］. 北京：中共中央党校.

求，因此导致了农村社会的不稳定。干部自身水平不够、工作方式单一等，尤其是拆迁、征地、干部腐败带来的种种问题，往往成为不稳定因素。稳定是改革与发展的前提和基础。没有稳定，一切都无从谈起。要推动农村基层社会治理有效，就必须维护农村基层社会的稳定。农村党的基层组织作为领导核心，必须要做好农村基层社会秩序的稳定器，坚决维护好农村的稳定①。

五、发挥村党组织在乡村治理中积极作用的策略建议

基于对河北省村党组织负责人的调查研究，我们初步了解了党的十八大以来特别是党的十九大之后，村党组织治理能力的可喜变化和推进实施治理有效存在的困难和问题。乡村治理 2020 年和 2035 年两阶段目标的实现，需要遵循乡村治理的内在逻辑，切实发挥村党组织的积极作用。

1. 强化村党组织建设，夯实乡村治理组织基础 一是严格组织生活。探索机制创新方式，立足村党组织现状，确保"三会一课"制度落实到位，提升组织生活的感染力、影响力、凝聚力，提升广大党员组织意识、党员意识。二是加强政治引领。强化村党组织负责人对中央政策方针的学习组织，引导党员干部认真学习《中国共产党支部工作条例》《村民委员会组织法》等，提升政治意识，把握正确的政治方向。三是加强党组织班子建设。把政治素质好、文化程度高、群众信得过、责任感强、热心服务、甘愿奉献的优秀人才选拔到村党组织领导班子中来，全面推行村党组织书记通过法定程序担任村委会主任和村级集体经济组织、合作经济组织负责人，强化党组织的领导核心作用，发挥好村党组织领导农村经济社会发展的战斗堡垒作用②。四是加强干部教育培训。紧紧围绕乡村振兴战略推进要求与村党组织党员干部培训需求，通过多

---

① 汤尧，2018. 多元主体背景下农村基层党组织领导创新研究［D］. 北京：中共中央党校.

② 陈玲昌，2018. 乡村振兴背景下农村基层党组织的挑战与对策［J］. 天水行政学院学报（6）：33-37.

种形式对其进行教育与培训，提高党员干部政治素养，提升农村党员队伍整体素质，增强乡村治理的能力和本领。

2. 构建"三治结合"的乡村治理体系，提升党组织治理能力水平
村党组织必须大力推进构建"三治结合"的乡村治理体系，即构建自治、法治、德治融合发展的乡村治理体系①。首先，健全乡村治理体系的核心是健全村民自治制度。民主选举产生村民委员会这一形式，保障了农民的民主权利、参与决策和监督的实现，畅通了村民利益诉求表达渠道。必须坚持党对村民自治制度的绝对领导，必须健全党组织领导下的村务监督机制，以村务监督激活基层活力。其次，法治是健全乡村治理体系的重要保证。乡村治理体系能否平稳有序运行，主要取决于乡村治理法治化水平。村党组织必须引导乡村广大党员干部运用法治理念、法治思维、法治方式推进治理，维护群众利益、促进乡村和谐，引导村民群众依法有序维护自身合法权益。依据党的方针政策和国家法律法规，制定各项自治章程、村规民约，加大普法力度，推动全面形成学法、懂法、信法、用法的思想意识。同时，对村内的重大事项进行协商，保证村民自治权利，形成良性互动的协商机制，并确保依法治村得以实现。最后，辅以德治。在实施乡村振兴战略中，乡风文明是德治成效的重要体现，要弘扬传统文化精华，塑造乡村治理德治秩序，培育和弘扬社会主义核心价值观，形成新的乡村社会道德标准。要在乡村治理中推崇家庭文明和社会文明，营造崇德向善、见贤思齐的乡村氛围。引导广大村民践行文明乡风，培育乡村德治土壤，推动乡村有效治理。

3. 发展壮大村级集体经济，增强乡村治理经济基础 乡村治理有效，离不开强有力的经济支撑②。村党组织要发挥带头作用，把推动乡村经济发展作为重要任务，通过兴办企业、租赁承包、入股分红、服务创收、土地流转等方式发展壮大村级集体经济，为农业农村现代化发展

---

① 参见《关于加强和改进乡村治理的指导意见》。
② 王海，2018. 乡村振兴背景下农村党组织乡村治理的困境与路径生成：以皖北地区为例［J］. 大连干部学刊（6）：59 - 64.

奠定物质基础[①]；找准助推农民群众致富的切入点，致力于促进、带动全体村民致富，在服务村民中实现发展，提高农民群众收入。要抓住土地流转这个农业现代化的"牛鼻子"，引导土地向农业企业、专业大户等群体流转，实现土地集中集约经营[②]；探索采取反租倒包式土地流转、入股式土地流转、新型集约化经营土地流转等模式，合理有效地利用当地资源，把资源优势转化为产业优势，不断增强村级集体经济实力[③]。

①②③　王海，2018.乡村振兴背景下农村党组织乡村治理的困境与路径生成：以皖北地区为例［J］.大连干部学刊（6）：59-64.

乡村治理模式的探索创新与政策蕴含^①

刘红岩　　张庆忠

党的十九届四中全会提出，必须加强和创新社会治理，完善党委领导、政府负责、民主协商、社会协同、公众参与、法治保障、科技支撑的社会治理体系，建设人人有责、人人尽责、人人享有的社会治理共同体。近年的中央1号文件和乡村振兴战略也对乡村治理的治理机制创新、治理体系建设和治理能力提升提出了新要求、新任务。许多地方开展了有益的探索，丰富了新时代乡村治理的有效实现形式，也一定程度上回应了当前部分地区乡村治理领域面临的诸如村级党组织软弱涣散、村民自治失灵、自治功能与行政职能混淆、村庄秩序"亚瘫痪"等实践难题。本文基于江苏苏州、贵州毕节和湖北荆州的实地调研，从不同侧面展现和分析了新近的创新实践，并重点讨论了这些探索实践对完善乡村治理体系顶层设计存在的政策蕴含和启示。

一、乡村治理的新近探索与实践

1. 江苏苏州枫桥街道：上浮行政类事务　苏州在推进城乡发展一体化的进程中，社区股份制改革与传统"政经不分"的村级治理模式之间矛盾凸显，急需村级治理机制的改革创新。苏州市高新区枫桥街道在政经分开改革基础上，将原来的"街道—居委会"调整为"街道—社区服务中心—社区居委会"。街道将7个社区"一站式"服务大厅合并为3个社区服务中心，分别对应2~3个社区居委会。街道和居委会负责社区社会管理责任，社区服务中心负责行政事务和公共事业类的审批，

① 本文是 2019 年国家社科基金一般项目"乡村振兴战略中自治、法治、德治相结合的基层治理创新内在逻辑与实现形式研究"（项目批准号：19BGL210）的阶段性研究成果。

社区服务、教育、宣传、保障等职能归社区居委会。这是剥离并上浮了社区的行政类事务，归位和强化了自治功能。

2. 贵州威宁同心社区：强化微自治，下沉民生类事务　同心社区基于威宁的网格化管理建立了"社区两委＋自管委＋十户一体"的三级自治体系。"自管委"按照"发展意愿相近、人地相邻"原则，依托自然村寨建立，由 1 名主任、2～4 名委员组成。"十户一体"由 10 户左右农户联合，选出 1 名政治素质好、带富能力强、热心公益的村民作为联户长。社区"两委"总揽全局并负责行政和政治类事务，"自管委"负责公益事业建设、生产生活服务、矛盾纠纷化解、治安群防群治自管自治等工作，"十户一体"联户内部实现生产联产、诚信联建、治安联防、卫生联保、公益联合、新风联育。2017 年，521 件邻里纠纷小事在"十户一体"内解决，71 件联保联防急事在"自管委"内解决，11 件难事在社区"两委"解决。同心社区下沉民生类事务，实现了民事民议、民事民办、民事民管。

3. 湖北荆州枪杆村：选优配强村党支部书记　枪杆村在农村税费改革前是一个欠债高达 250 万元的落后典型；2002 年现任村党支部书记上任后，重整治理格局，2013 年彻底偿清村级债务，2017 年荣获"全国文明村镇"。枪杆村的华丽转型得益于村党支部书记这位关键带头人的关键作用。一是创新组织方式，重塑治理结构。充分挖掘"三老"（老干部、老党员、老书记）的正能量，帮助和感化"三员"（"两劳"回归人员和无赖人员），最大化村民参与；创建道德评议会、党员大会、全村群众大会，制定《说事"三字经"》《村民文明公约》等，畅通群众表达利益诉求、参与村级事务治理的渠道。二是创新经营方式，重配要素资源。拍卖、租赁机动地、荒地、林地、鱼塘等集体土地资源的经营权，结合招商引资盘活原村级小学等村级存量资产，实现保值增值并投资发展特色产业。全村经营权流转土地 8 000 亩[①]，成立 6 个专业合作社和 2 个家庭农场，以"公司＋农户＋基地"的发展模式，形成了四大生态农业板块基地，同时引进 8 家农业企业和 1 家工业企业，参与村级

---

① 亩为非法定计量单位，1 亩＝1/15 公顷。下同。——编者注

产业和集体经济发展。三是创新领导方式，重启发展活力。坚持"村民自己的事情自己办"，让群众唱主角，巧下功夫，做到了花小钱、办大事，少花钱、能办事。切实实行"三公开"，增强村"两委"权威性和公信力。

二、乡村治理的政策蕴含与启示

1. 治理结构随治理功能和治理需求的变化而变化，这是乡村治理结构发展演变的内在逻辑　社会问题的治理没有灵丹妙药，特定的问题要用特定的方案来解决。中国地域辽阔，各地情况千差万别，不存在"万能药"的治理模式，要"靠山吃山，靠水吃水"，探索符合各地实际的治理模式。现代治理的研究和实践证明，管理和决策越是接近问题实际发生的地方，治理效率就越高。因此，需求所在就是功能所在，功能所在就是结构所在。村民自治治理结构和治理模式的发展演变规律，如枫桥街道和同心社区的治理结构的调整，也没有超出这个逻辑。村民对于村级公共产品、公共服务以及社会治理的自下而上的需求变化带来了村级治理功能的变化，进而推动了乡村治理结构和治理模式的变化。当村民需求发生改变时，村民自治功能效用发挥受阻和功能效用的内在需求之间产生张力，其解决途径或者在既有组织架构内调整，或者打破原有的治理组织和治理体制，重构治理单位和组织体系。

2. 不断深化村民参与，这是村民自治模式发展演变的主线　村民自治本质上是要在村民间达成集体行动的一致。解决本区域范围内的公共事务和公益事业问题，同时使其"恰如其分"地落入国家治理的框架目标内，协调好国家与农民、行政事务与自治事务、党的领导与自治组织之间的关系，协调好自上而下的资源配置与自下而上的农民需求之间的关系，是村民自治的终极目标。本区域范围内村民的广泛和深度参与，不仅有利于具体事项的充分讨论、协商，提高决策质量和治理绩效，还有利于达成村民间的合作，提升治理精英的参与激励和参与程度，提高村庄承接外来供给的能力；从而有利于国家与农民在自治组织这一平台达成合作和一致，形成"强政府、强社会"的善治局面。治理功能的拓展、细化和分解，服务功能的下移和行政职能的上浮，实际上是使本区域范围内的村民能够针对某一具体事项进行广泛参与和充分协商，并最终在村民间达成集体行动的一致，从而使公共事务和公益事业得到有效解决，也能使自治目标与政府目标在自治框架内同时实现。

3. 细分治理事务，是对乡村发展需求多元化的有益回应 村庄治理事务的分离，是农村经济社会发展的内在需求。农村经济社会发展的新形势、新任务、新问题，以及农民的多元化、精细化需求，带来了民生类事务和行政类事务的细分和分离。民生类事务，涉及经济发展和民生保障，其特点是事小、量大，难以量化考核，比如宅基地分配、承包地发包及调整、集体收益分配、农业生产服务、公共设施修建、村庄环境卫生整治和维护、纠纷调解、治安维护等。行政类事务，涉及社会发展和稳定，其特点是事大、量小，易于指标化、数量化和技术化考核，包括村民事务代办、党群工作等。分离治理事务，有利于提高治理效率。

4. 适配治理事务，是治理结构创新发展的基本动因 民生类事务更加关涉农民的切身利益，是贴近于问题和需求的事务，适宜于下沉。作为农村公共产品和公共服务的内生性供给者，"自管委""联户体"等建制村以下的单位，便于"自家的事情自家办"，激发农民作为治理主体的积极性。这既有利于解决公共产品供给问题，也有利于提升"四个民主"的实施效果。行政类事务主要是上级布置的政策任务，是自上而下的具有较强政治性、规范性和国家主导性的事务。因其要与行政体制机制有效衔接，与上级行政机构和管理机构有效对接，故适宜上浮。治理单位适宜并更加有效地回应治理功能对于治理组织的设置需求，以及农民对于自下而上的公共事务治理和公共产品、公共服务需求，是理清事务分类治理层级性并重配治理事务的内在要求。

5. 发挥好农村基层党组织的战斗堡垒作用，是乡村善治的根本前提 基层党组织的战斗力、凝聚力、影响力直接决定着党的方针政策在基层贯彻落实的好坏与程度，决定着村民自治功能发挥的好坏。"办好农村的事，要靠好的带头人，靠一个好的基层党组织。"选好用好并发挥好关键带头人的关键作用，是实现组织振兴，进而实现乡村振兴、乡村治理体系和治理能力现代化的首要前提。实践同样表明，凡是乡村治理良好、乡村建设成效突出的村庄，都有强有力的党支部和关键带头人的引领带动。

完善乡村治理机制　助力乡村全面振兴

娄凯强

习近平总书记强调，民族要复兴，乡村必振兴。脱贫攻坚取得胜利后，全面推进乡村振兴，是三农工作重心的历史性转移。乡村振兴以农村经济发展为基础，既包括人才、产业、组织等多要素的全面推进，也要求农村文化、治理、民生、生态等在内的乡村发展水平的整体性提升，是乡村全面的振兴。作为国家治理的基石，没有乡村的有效治理，就没有乡村的全面振兴。党的十九大报告指出，要"加强农村基层基础工作，健全自治、法治、德治相结合的乡村治理体系"。当前，农村基层治理存在一些薄弱环节，乡村治理体系和治理能力现代化水平还不高。促进乡村宜居宜业、农民富裕富足，必须着力加强乡村治理体系和治理能力建设，健全自治、法治、德治相结合的乡村治理体系，推动广大村民群众真正成为实施乡村振兴战略的主体。

一、从历年中央 1 号文件看乡村治理顶层设计的历史变迁

改革开放以来，在 1982—1986 年、2004—2021 年，中共中央、国务院先后发布 23 个以三农为主题的中央 1 号文件。在这些中央 1 号文件中，虽然没有颁布系统性地乡村治理政策，但是却随着我国社情农情现实情况的变化，党和国家对乡村治理政策不断进行修订和完善，成为我们研究乡村治理的重要依据。通过梳理历年来中央 1 号文件中乡村治理相关政策，我们发现在乡村治理主体、内容、方式机制等政策走向方面发生持续演变，大致情况如下：

1. 乡村治理主体实现由"一元"向"多元"的转变 改革开放初期，新中国成立以来形成的乡村治理"政社合一"体制逐渐被打破，1982—1986 年中央 1 号文件中依然明确农村基层党组织是乡村治理的

唯一主体，但 1987 年 11 月 24 日第六届全国人民代表大会常务委员会第二十三次会议通过《中华人民共和国村民委员会组织法（试行）》后，全国普遍建立村民委员会，成为乡村治理新的主体之一。2005—2008 年中央 1 号文件专设"完善村民自治制度"章节，明确提出健全基层党组织领导的充满活力的基层群众自治制度，充分发挥农民群众在村级治理中的主体作用。其中 2006 年文件指出增强农村集体组织经济实力和服务功能，培育农村新型社会化服务组织，社会化服务组织成为乡村治理主体重要组成部分。2008 年中央 1 号文件首次提出要创新农村社区管理，优先在城市郊区开展农村社区建设的实验工作①。2013 年和 2014 年的中央 1 号文件提出，要加强合作社的党建工作，使合作社成为改善乡村治理机制的抓手之一②。随后 2015 年提出重点培育和优先发展农村专业协会类、公益慈善类、社区服务类等社会组织。2021 年提出建立县级领导干部和县直部门主要负责人包村制度。乡村社会的治理主体不断增量扩容，除农村基层党组织和村民委员会外，还包括共青团、妇联、民兵组织、合作社和社区红白理事会等各类组织。坚持党组织对乡村的绝对领导，适应农村社会内部差异性治理要求，乡村治理主体实现从一元到多元的演变，体现了国家对乡村社会治理探索的不断深化与完善。

2. 乡村治理内容实现由"单一"到"全面"的转变　从历年中央 1 号文件来看，以 2004 年中央 1 号文件为分水岭，乡村治理的内容实现了从聚焦生产关系调整的单一经济功能逐步转向经济、社会、文化、生态等多重功能的全覆盖。1982 年及 1985 年中央 1 号文件鲜明要求：农村基层党组织抓好农村经济生产，做好管理协调工作。这一阶段乡村治理的重点仍然是生产关系和权力关系的调整。2004 年中央 1 号文件第一次提出把解决好三农问题作为全党工作的重中之重，指出要从农村公共事业入手，在农村教育、农村医疗卫生、农村道路交通乃至人居环境等多个方面持续推进③。2006 年中央 1 号文件首次提出"完善建设社会

---

①②③　赵晓峰，冯润兵，2018. 乡村治理发展顶层设计：政策演变与前瞻　基于中央"一号文件"的改革回顾［J］. 天津行政学院学报（2）：58 - 66.

主义新农村的乡村治理机制"，乡村治理机制第一次在中央 1 号文件中被明确提出。2007 年中央 1 号文件首次提出要创新农村社会管理体制机制，2010 年中央 1 号文件再度提出完善符合国情的农村基层治理机制。此后数年中央 1 号文件对农村社会治理问题关注持续升温。与党的十八大以来提出国家治理体系和治理能力目标相适应，中央 1 号文件也不断提出新的要求，2018 年的中央 1 号文件在乡村治理内容上明确了农村基层党组织建设、深化村民自治实践、建设法治乡村、提升乡村德治水平和建设平安乡村等五大方面，2020 年中央 1 号文件将农村人居环境整治、宅基地管理、集体资产管理、民生保障、社会服务、家教家风等内容列入乡村治理范围。2021 年中央 1 号文件将法治乡村建设列为重点内容。

3. 乡村治理方式实现由"一治"向"三治结合"转变 农村基层党组织是落实中央农村政策、做好三农工作的重要组织基础。加强党组织建设是巩固和加强党在农村执政基础的需要，历年来的中央 1 号文件都坚持加强基层党组织建设这一根本遵循，并将其作为乡村治理的重要手段。随着经济体制改革推进，村民自治作为农村基层民主治理的重要载体被放到了极为重要的位置，2005 年以来，它在中央 1 号文件中出现 10 余次，突显村民自治在基层社会治理中的重要性[①]。2014—2021 年的中央 1 号文件连续 8 年提出，健全和完善（创新）村党组织领导的充满活力的村民自治机制，推进村民自治制度化、规范化、程序化[②]。2020 年中央 1 号文件要求，扎实开展自治、法治、德治相结合的乡村治理体系建设试点示范，推广乡村治理创新性典型案例经验。得益于村民自治的建设，乡村社会治理实现了从农村基层党组织的一元治理向多元治理转型[③]，"自治、德治、法治"相融合成为乡村治理方式的必然选择，必将极大促进农村社会事业的繁荣发展。

---

①②③　赵晓峰，冯润兵，2018. 乡村治理发展顶层设计：政策演变与前瞻　基于中央"一号文件"的改革回顾［J］. 天津行政学院学报（2）：58-66.

二、从乡村全面振兴的角度充分认识完善乡村治理机制的必要性和紧迫性

乡村振兴是全面的振兴。当前，我国经济社会快速发展，农村社会大局稳定，社会形势总体良好，但是由于工农及城乡二元结构差异、农村传统治理结构失范、农民利益诉求失衡等诸多问题，乡村治理体制机制建设面临诸多问题与挑战。

1. 传统乡村治理体制难以发挥治理有效作用　在乡村治理过程中，矛盾主要体现在乡镇党委、村党组织与村委会三者之间出现权责不清、工作不协调不合作现象。一方面，村委会作为村民代表组织，是乡村治理主体。法律虽然规定村委会为乡村自治组织，与乡镇政府无隶属领导关系，但在实践中，乡镇政府往往采用行政命令的方式，对乡村社会进行行政领导和直接控制，包办村民自治的事项，出现职能"越位"。另一方面，村级党政关系紧张也直接影响乡村治理有效性的最大化[1]。村党组织是管理乡村社会的领导核心，在直接参与村庄管理中，与执行机构村委会产生分歧、发生冲突不可避免[2]。另外，乡村振兴最基层的抓手在村，在于村干部，乡村干部既要维持村庄秩序稳定，又要发展乡村经济，带领农民发家致富。受自身能力素质限制，部分村干部的动员能力和整合能力逐渐变弱，在推进乡村振兴战略以及乡村治理有效方面难以发挥应有作用。

2. 农村社会结构的急剧变化迫切需要健全乡村治理体系　当前，农村经济获得显著发展，但原有的城乡二元结构问题并没有完全破解，城乡之间差异较大，城市对农村产生巨大的虹吸作用[3]。一方面，在一些村级集体经济发展不充分的农村，村民更愿意涌入城市谋求更好的发展机会。农村仅有的少数精英人才资源以及物质资源的流失，在促进城市经济发展的同时，也使乡村治理面临治理主体虚化、物质资源匮乏的

---

① ② ③　史叶婷，2018. 新时代探索乡村治理现代化的新方向 [J]. 改革与开放（15）：52-55.

困境①。另一方面，在城市郊区或者产业发达农村，出现"逆城镇化"现象，农民社会阶层也发生急剧变化，工商个体户、种养大户、乡镇企业家等纷纷兴起、日趋多样，原有农村简单、单一的依靠宗法伦理、乡规民约、道德礼俗的管理体系已经被打破，同时围绕农村资源，基层政府、开发商、农民等各方出现极度不和谐现象，甚至导致群体性事件发生。农村社会结构的变化以及由此带来的利益追求变化迫切需要构建新型乡村治理体系，破解制度失灵、农村秩序失范难题。

3. 人民对美好生活的向往必然要求健全乡村治理体系　一方面，体现在有效公共物品供给不平衡方面，有效的公共物品供给是乡村治理的一项重要内容和目标，是直接影响人民生活幸福指数的重要因素。然而，当前农村公共物品供给制度不完善，许多农村存在公共产品无法正常供给、公共服务无法按需提供等现象②。比如，教育、基础医疗等设施不完善，贫困地区资金紧张难以满足公共服务产品需求等。另一方面，在一些相对发达地区乡村，农民法治意识、权利意识等逐步增强，在满足物质生活需求外提出了比如民主、公平、正义、道德等更高的需求，这也必然要求完善乡村治理体系，在保障农民群众合法权益的同时，积极引导农民群众树立正确的价值观，实现农民向往的美好生活③。

三、以党建为引领构建"三治融合"新型乡村治理体系

2019 年，中共中央办公厅、国务院办公厅印发《关于加强和改进乡村治理的指导意见》，就推进乡村治理体系和治理能力现代化目标、任务等作了明确说明，就夯实乡村振兴基层基础，提出了加强和改进乡村治理的总体要求，明确了当前和今后一个时期 17 个方面的重点任务，为做好新时代乡村治理工作提供了重要指导。实现乡村社会治理有效、充满活力、和谐有序，必须建立健全党组织领导的自治、法治、德治相结合的乡村治理体系。

---

①②③　史叶婷，2018. 新时代探索乡村治理现代化的新方向 [J]. 改革与开放（15）：52－55.

1. 完善村党组织领导乡村治理的体制机制 党政军民学，东西南北中，党是领导一切的。党对农村工作的领导是最根本的保障，必须建立以基层党组织为领导、村民自治组织和村务监督组织为基础、集体经济组织和农民合作组织为纽带、其他经济社会组织为补充的村级组织体系。村党组织全面领导村民委员会及村务监督委员会、村集体经济组织、农民合作组织和其他经济社会组织。村党组织书记应当通过法定程序担任村民委员会主任和村级集体经济组织、合作经济组织负责人，村"两委"班子成员应当交叉任职。健全村级重要事项、重大问题由村党组织研究讨论机制，全面落实"四议两公开"。

2. 增强村民自治的自我管理、自我服务功能 目前，我国超过98％的村都制定或修订了村规民约和村民自治章程。应进一步健全党组织领导的村民自治机制，完善村民（代表）会议制度，推进民主选举、民主协商、民主决策、民主管理、民主监督实践；进一步加强自治组织规范化建设，拓展村民参与村级公共事务平台，进一步提升农民群众自我管理、自我服务水平；丰富村民议事协商形式，健全村级议事协商制度，形成民事民议、民事民办、民事民管的多层次基层协商格局；推进村务公开，发挥社会各类人才、新乡贤等群体在乡村治理中的作用，厘清农村基层自治组织职责，对符合条件的公益类农村社会服务组织给予政策、技术、资金等方面的支持①。

3. 提升乡村治理法治化水平 运用法治思维、法治方式解决农村改革过程中面临的问题是国家治理现代化水平的重要体现，乡村治理水平提升必须要实现法治化。要规范乡镇执法人员培训，法无授权不可为，将政府涉农事项纳入法治化轨道；要开展农村法治宣传教育，引导广大农民群众自觉守法用法，用法律维护自身权益；要加强平安乡村建设，深入进行扫黑除恶行动、扫除邪教活动行动，健全农村公共安全体系，为农民创造安全、法治的良好外部环境；县、乡党委政府及有关部门应带头尊法学法守法用法，依法加强对村务治理的指导、对农村各类

---

① 万舟，杜玲，2018. 乡村振兴战略中农业农村现代化的实现 ［J］. 天水行政学院学报（6）：95-98.

问题的预防和监管，让广大农民群众感受法律力量、认知法律尊严、增强法律信仰[①]。

4. 发挥德治在农村社会治理中的基础作用　培育良好村风民风、加强和改善乡村治理，德治具有基础性作用。要发挥道德模范引领作用，深入实施公民道德建设工程，加强社会公德、职业道德、家庭美德和个人品德教育，引导人们讲道德、守道德；开展农村道德模范、最美邻里、身边好人、新时代好少年、寻找最美家庭等选树活动，开展乡风评议，弘扬道德新风；持续推进农村精神文明建设，进一步在广大农村培育弘扬社会主义核心价值观，弘扬中华优秀传统文化和文明风尚，发挥乡贤道德感召力量，依托村规民约等褒扬善行义举、贬斥失德失范，推进乡村移风易俗，唱响主旋律，育成新风尚[②]，促进农村社会和谐稳定。

---

①②　万舟，杜玲，2018. 乡村振兴战略中农业农村现代化的实现 ［J］. 天水行政学院学报（6）：95 - 98.

乡村振兴理论探索与热点问题

推进乡村振兴需要科学精神引领

——习近平总书记有关重要论述学习体会

朱守银

科学精神是人们在长期的科学实践活动中形成、需要持续坚持的共同信念、价值标准和行为规范的总称。坚持科学精神引领，对落实高质量发展要求、促进实践健康可持续发展意义重大。"不忘初心、牢记使命"主体教育中，笔者全面学习了《习近平关于"三农"工作重要论述摘编》，深入学习了习近平总书记《求是》杂志 2019 年第 11 期的署名文章《把乡村振兴战略作为新时代"三农"工作总抓手》，感受颇深、收获很大。习近平总书记有关重要论述，深刻揭示了推进乡村振兴需要坚守的科学精神，必须认真遵循、扎实践行，指导政策设计和实践发展。

一是要遵循客观规律。习近平总书记强调，"实施乡村振兴战略，首先要按规律办事"。因此，无论是顶层设计、规划编制，还是探索创新、推动发展，推进乡村振兴都必须遵循市场规律、自然规律、乡村建设规律、城乡发展规律等。一个国家或地区的资源禀赋条件是客观存在的，从根本上决定着其农业现代化乃至整个乡村发展的道路与模式。"人均一亩三分地、户均不过十亩田"，是我国大多数地方农业的真实写照，总体上不具备普遍开展大规模农地经营的资源条件，小规模、集约化是我国农地经营的基本格局。因此，有关政策不宜从面上激励"大规模"农地经营，更不宜利用行政手段、财政补贴等方式推动农地经营权流转、规模经营；实践中农地经营规模的大小，应由市场主体按照市场机制自主选择。农业结构调整要遵循市场规律，通过深化农业供给侧结构性改革，完善相关政策制度体系和组织实施方式，优化产业体系、经营体系、生产体系，提高农业供给体系的质量与效率，引导市场主体按照市场需求和市场机制决定生产经营行为；政府为发展"高效产业"，不宜通过给基层定指标、下任务、给支持等方式，短时间内推动市场主体大规模发展。好东西也不是短期内越多供给越好。要遵循城乡发展规律，实行以城带乡、以乡促城，推进城乡融合发展。但以城带乡、以乡促城不是"以城灭乡""以乡拖城"，城乡融合发展不是"一样"发展。城乡融合强调的是发展规划、体制机制、要素市场的融合，强调的是基础设施、公共服务、生态环境的融合等。如同男女结婚融合为一个家庭，但男还是男、女还是女一样，城就是城、乡还是乡，重要的是要突出城乡各自优势、功能互补、相互促进。

二是要承认乡村差异。习近平总书记指出，"党中央已经明确了乡村振兴的顶层设计，各地要解决好落地问题，制定出符合自身实际的实施方案""编制村庄规划不能简单照搬城镇规划，更不能搞一个模子套到底"。城镇与乡村不一样，乡村与乡村不一样。区域之间、乡村之间，资源禀赋、文化传统、乡风民俗、发展阶段、经济实力、气候条件不一样，且不可移动、不可替代、不可交换，没有完全一样的区域和乡村。作为乡村振兴主战场的乡村，现状千差万别，发展千变万化，形态千姿百态，问题千奇百怪，不可能有完全一样的乡村振兴模式。习近平总书记强调，"要科学把握乡村的差异性，因地制宜，精准施策，打造各具特色的现代版'富春山居图'"。乡村的多样性、差异性，本身就是乡村的价值，同时也决定着乡村的未来价值。各地要按照习近平总书记"解决好落地问题"的要求，在编制省、市、县层面乡村振兴规划的同时，更加重视编制乡村层面的振兴规划或实施方案，突出乡村的特点、体现乡村的多样性、差异性，突出乡村内部功能的多重性、乡村之间功能的互补性。防止在缺少科学规划或方案的情况下就盲目推进、随意推动，防止忽视乡村差异性、多样性盲目模仿、千篇一律，防止脱离实际盲目攀比、功能雷同。要真正落实总书记"因村制宜，精准施策"要求，切实作好调查研究，科学编制实施方案，科学谋划发展思路、政策措施、推进路径，以利乡村振兴实现高质量、可持续健康发展。

三是要统筹协调推进。习近平总书记指出，实施乡村振兴，"是'五位一体'总体布局、'四个全面'战略布局在'三农'工作的体现"

"我们要统筹推进农村经济建设、政治建设、文化建设、社会建设、生态文明建设和党的建设，促进农业全面升级、农村全面进步、农民全面发展"。实施乡村振兴战略，是一个事关国家现代化建设全局、"两个一百年"奋斗目标实现和社会主要矛盾解决的国家战略，必须牢记和遵循总书记"农业农村农民问题是一个不可分割的整体"的思想，按照"五位一体"总体布局、"四个全面"战略布局的部署要求，全面推进、整体推进、全面发展。实施乡村振兴战略，是一个需要满足"五句话、二十个字"总要求的国家战略，必须高度重视"产业兴旺"这个物质前提、"生态宜居"这个内在要求、"乡风文明"这个紧迫任务、"治理有效"这个重要保障、"生活富裕"这个根本目的，它们之间相互促进、相互影响，必须按照总书记"乡村振兴是包括产业振兴、人才振兴、文化振兴、生态振兴、组织振兴的全面振兴"的要求，统筹推进、协调推进、均衡发展，不可单兵突进、过度偏向。否则，乡村振兴的整体质量、发展水平就会大打折扣，不利于实现全面、健康可持续发展。要防止出现只重视发展而忽视改革，只重视物质文明建设而忽视精神文明建设，只重视生态环境建设而忽视社会文明建设，只重视"富口袋"而忽视"富脑袋"等现象和行为。

四是要充分尊重农民。习近平总书记指出，实施乡村振兴，是"顺应亿万农民对美好生活的向往作出的重大决策""是亿万农民的殷切期盼""要发挥亿万农民的主体作用和首创精神"。包括农村土地在内的乡村资源，绝大多数属于农民集体所有，农户家庭对土地拥有用益物权性质的农地承包经营权，对农村宅基地拥有使用权，对农房拥有所有权；作为在乡土社会具有血缘地缘关系的农民，与农村要素资源、经济发展、社区建设、乡风民俗、传统文化具有天然的内在联系，是乡村振兴的主体。习近平总书记强调，"要顺应农民的新期盼""要尊重广大农民意愿，激发广大农民积极性、主动性、创造性，激活乡村振兴内生动力，让广大农民在乡村振兴中有更多获得感、幸福感、安全感"。农民，是乡村振兴内生动力之源。编制乡村层面的规划或实施方案，必须依靠农民动力源、调动农民积极性、提高农民参与度、反映农民新期盼；设计乡村振兴政策措施，要广泛征求农民意见、符合农民意愿、获得农民支持；推进乡村振兴实践，必须尊重农民、依靠农民，充分发挥农民的主体作用；推进农业人口城镇化，必须尊重农民的意愿和选择，要高度重视和稳步推进农民在城镇稳定就业、居住、生活。缺少农民参与、违反农民意愿的乡村振兴，很难实现高质量发展和健康可持续发展。推动乡村振兴，既要防止一味追求让农民转出土地、进城落户、上楼生活，过度依赖政府和外来主体，包办、代替农民，又要充分调动农民的积极性、主动性、创造性，防止出现干部着急、农民不急，干部忙、农民闲，干部干、农民看等不正常现象。

五是要保持足够耐心。习近平总书记强调，"实施乡村振兴战略是一项长期而艰巨的任务""是前无古人、后无来者的伟大创举，没有现成的、可照抄照搬的经验"。乡村振兴战略，是个需要经过30多年努力才能完成的国家战略，是个"管长远""分阶段"的国家战略，目标长远、任务艰巨。从乡村总体看，区域之间、乡村之间存在差异性、多样性；从具体乡村看，"五大振兴"任务相互关联、相互影响；从乡村振兴路径看，制约因素多、投资需求大、进展见效慢，是个长期复杂的系统工程。因此，实施乡村振兴战略，必须按照习近平总书记"要有足够的历史耐心，把可能出现的各种问题想在前面，切忌贪大求快、刮风搞运动，防止走弯路、翻烧饼"的要求，着眼长远目标和未来方向，着力绿色发展和高质量发展，坚持科学规划、注重质量、从容建设，不过度着急、求速度，不时而刮风、搞运动。必须按照习近平总书记"坚持尽力而为、量力而行，不能超越发展阶段、不能提脱离实际的目标"的要求，坚持循序渐进、久久为功，一件事情接着一件事情办，一年接着一年干，积小胜为大成。要防止为了追求政绩而急功近利、急于求成，防止为了考核评比搞形式主义和"形象工程"，防止为了增强曝光度而过度集中资源和财力造盆景、树典型。调研期间，笔者曾看到一地级市提出"到2020年，乡村振兴要取得重大进展"的目标要求，感觉到，如果把30多年的战略急于求成地推进，就难免走弯路。

"十四五"时期的农业农村现代化：
形势、问题与对策[①]

彭　超　　刘合光

　　五年规划在引导市场预期、设定发展约束等方面发挥着重要作用[②]。农业农村农民问题是关系国计民生的根本性问题，解决好三农问题是全党工作的重中之重。三农相关的五年发展规划在国民经济和社会发展的规划体系中也应当具有"重中之重"的战略地位。当前是"十三五"收官和"十四五"谋划的重要时期，有必要识局辨势，把握发展新特征和政策改革方向。

　　三农相关的第十三个五年规划体系是以《全国农业现代化规划（2016—2020）》为引领的，组成体系中除了种业结构性调整、生猪生产发展、草食畜牧业发展、农业农村信息化、农村一二三产业融合发展、农业科技创新等更为细致的专项规划外，国家战略规划部门还专门印发了《全国农村经济发展"十三五"规划》。可见，到"十三五"时期，农业发展和农村发展仍是分开规划的。

　　农业现代化的本质是要通过农业转型升级，实现农业的生产效率和经济效益的提升。所面临的基本问题是农民如何获得公平的市场机会，这就需要农业农村农民的系统性变革[③]。农业现代化和农村现代化本质上是交织在一起的。二者融合规划，可以为解决好三农问题优化顶层设计，有利于形成一体推动、一体落实的整体部署和工作机制。党的十九大提出"加快推进农业农村现代化"，为农业发展和农村发展规划融合

　　①　本文发表于 2020 年《改革》第 2 期。

　　②　PRICE L，LEVINE M D，ZHOU N，et al.，2011. Assessment of China's energy-saving and emission-reduction accomplishments and opportunities during the 11th Five Year Plan [J]. Energy policy，39（4）：2165 - 2178.

　　③　陆益龙，2018. 乡村振兴中的农业农村现代化问题 [J]. 中国农业大学学报（社会科学版），35（3）：48 - 56.

提供了制度基础和理论依据。新一轮党和国家机构改革的深化，为农业农村现代化规划的融合提供了体制机制保障。2018年，中共中央、国务院印发了《乡村振兴战略规划（2018—2022年）》，已经开始把农业农村发展放在一起谋划。"十四五"时期，有必要立足新时代我国社会主要矛盾发生变化的国情，着眼夯实现代化经济体系基础，建设社会主义现代化强国的基本方略，实现农业农村现代化融合谋划、一体规划。

一、当前中国农业农村现代化面临"五期交汇"

"十三五"收官和"十四五"谋划，恰逢"两个百年目标"交接、精准脱贫与乡村振兴衔接、供给侧结构性改革深化等重要历史节点。总体而言，中国农业农村现代化面临"五期交汇"。

（一）全面建成小康社会将如期实现

第一个"百年奋斗目标"是到中国共产党成立100年的时候，我国全面建成小康社会。"小康不小康，关键看老乡"。农业、农村、农民的发展，是检验全面建成小康社会的成色和质量的关键指标。"十三五"所处的历史时期，正是小康社会从基本建成到全面建成、从农村局部小康到乡村全面振兴的历史阶段①。"十三五"末，农业现代化要取得明显进展，城乡发展的融合协调性需要明显增强，农民生活水平和质量需要普遍提高。"十四五"农业农村现代化和农民生活要再迈上一个新台阶，筑牢小康社会的根基。

（二）第二个百年目标建设需要顺期开局

第二个"百年奋斗目标"是到中华人民共和国成立100年的时候，我国建成富强民主文明和谐美丽的社会主义现代化国家。"十三五""十四五"两个五年规划，正逢两个"百年奋斗目标"的历史性交接。这就

---

① 尹成杰，2019. 关于农村全面建成小康社会的几点思考［J］. 农业经济问题（10）：4－10.

需要在第一个"百年目标"实现的同时，为中华民族的伟大复兴筑牢根基。"中国要强，农业必须强；中国要美，农村必须美；中国要富，农民必须富。"要建成富强民主文明和谐美丽的社会主义现代化强国，基础在三农。到 2050 年，要达成乡村全面振兴的目标，真正实现农业强、农村美、农民富。把我国从一个农业大国建设成为农业强国，从乡土文明建设成城乡融合文明①，把农民发展成高素质的城乡公民，"十四五"要作好开篇布局。

（三）精准脱贫任务需要按期完成

"十三五"末，要确保现行标准下农村贫困人口实现脱贫，贫困县全部摘帽，解决区域性整体贫困。党的十八大以来，我国平均每年减贫 1 300 万人以上，接近 1 亿人口脱贫。2019 年全国农村贫困人口减少 1 109 万人，至 2019 年末全国农村贫困人口仅剩 551 万人②。2020 年绝对贫困将按期消灭。"十四五"是检验"脱真贫、真脱贫"的重要时期，其间要保证已脱贫人口不返贫，已摘帽贫困县不反复。这就需要继续帮扶已脱贫地区，尤其加强对不稳定脱贫户、边缘户和边缘村镇的动态识别，夯实精准脱贫成绩。

（四）乡村振兴战略需要即期有机衔接

在精准脱贫的基础上，巩固提升精准脱贫成果，加快补齐乡村振兴的基础设施和社会民生短板，实现产业兴旺、生态宜居、乡风文明、治理有效、生活富裕。一个重要的衔接点在于，加快缓解农村相对贫困问题。相对贫困首先在于收入，世界银行制定了每天生活费 5.5 美元的相对贫困标准③，以 2019 年汇率计算，相当于人均年可支配收入

---

① 刘守英，王一鸽，2018. 从乡土中国到城乡中国：中国转型的乡村变迁视角［J］. 管理世界，34（10）：128 - 146.

② 方晓丹，2020. 2019 年全国农村贫困人口减少 1 109 万人［EB/OL］.（01 - 23）［2022 - 03 - 22］. http：//www. stats. gov. cn/tjsj/sjjd/202001/t20200123_1724700. html.

③ WORLD BANK，2018. Poverty and shared prosperity 2018：Piecing together the poverty puzzle［R］. Washington，DC：World Bank.

13 843.51 元人民币。2019 年我国农村居民人均可支配收入中位数 14 389 元，仅高于该数值 545.49 元。因此，我国农民还有相当一部分处于相对贫困。解决乡村相对贫困问题，不仅是收入要达标，而且要在产业、人才、文化、生态、组织方面全面振兴乡村，实现城乡融合发展。尤其是相对落后的农村地区，要把推动产业扶贫帮扶资源、政策举措等有序转到乡村产业振兴[①]。从"十四五"开始，要把农业发展成有魅力的希望产业，把乡村建设成为宜居宜业的乐土，让广大农民群众可持续地增收致富。

（五）农业供给侧结构性改革需要适期深化

"十三五"期间，农业供给侧结构性改革不断深化（表1）。产品结构初步调优，2016—2018 年，非优势产区籽粒玉米面积调减 4 300 万亩，大豆面积增加 2 400 多万亩，棉油糖、肉蛋奶、水产品品种结构和品质结构都有所提升，农产品质量安全例行监测总体合格率连续 3 年稳定在 97.5% 以上。生产方式初步调好，"一控两减三基本"取得明显成效，2018 年农田灌溉水有效利用系数为 0.554，化肥和农药使用量均实现负增长，秸秆、养殖废弃物和农膜综合利用取得明显进展。产业体系初步调顺。2018 年规模以上农产品加工企业 7.9 万家，经营收入 14.9 万亿元，农产品精深加工水平加快提升，共享农业、体验农业、中央厨房等农业新业态蓬勃发展，农业多种功能不断拓展，2018 年休闲农业和乡村旅游接待游客 30 亿人次、营业收入超过 8 000 亿元。农业政府管理进一步改善，农业补贴制度不断优化，托市政策改革攻坚阶段顺利完成，信贷、保险支农政策力度加大，2018 年银行业涉农贷款余额达到 32.68 万亿元，农业保险提供风险保障 3.46 万亿元。但是，"十四五"期间，我国农产品需求总量仍然刚性增长、需求结构还会持续升级。这就仍然需要真正由市场引导[②]，顺应从"有没有"到"好不好"

---

① 魏百刚，2020. 千方百计提高产业扶贫质量 为巩固脱贫成果防止返贫提供有力支撑 [J]. 农村工作通讯（5）：15-17.

② 孔祥智，2016. 农业供给侧结构性改革的基本内涵与政策建议 [J]. 改革（2）：104-115.

的转型升级，实现创新为第一动力、协调为内生特点、绿色为普遍形态、开放为必由之路、共享为根本目的的农业高质量发展。

表1　农业供给侧结构性改革三年部分成效

	指　　标	2015 年	2018 年
调优产品结构	玉米种植面积/亿亩	6.75	6.32
	大豆种植面积/亿亩	1.02	1.26
	畜牧业产值占农林牧渔业总产值比重/%	28.12	26.80
	农产品质量安全监测总体合格率/%	97.1	97.5
调好生产方式	农田灌溉水有效利用系数	0.532	0.554
	主要农作物化肥利用率/%	35.2	38.5①
	主要农作物农药利用率/%	36.6	39.3②
	农作物秸秆综合利用率/%	80.1	85.5
	养殖废弃物综合利用率/%	60	74
	农膜回收率/%	60	75
调顺产业体系	农产品加工业与农林牧渔业总产值比	2.16	2.30
	农产品电商零售额/亿元	884③	2 305
	休闲农业和乡村旅游营业收入/亿元	4 400	8 000
改革	全国公共财政农林水事务支出总额/万亿元	1.74	2.08
	农业结构调整补贴/亿元	31.06	98.38
	农业资源保护与利用资金/亿元	254.03	323.27
	粮油储备支出/亿元	1 409.57	1 157.88
	金融机构涉农贷款余额/万亿元	26.35	32.68
	农业保险深度/%	0.62	0.88

资料来源：笔者根据统计年鉴和各类官方公开报道测算、整理。

注：①根据官方公布数据，2018 年并没有测算主要农作物的化肥和农药利用率，主要农作物化肥利用率 2017 年为 37.8%，2019 年为 39.2%，2018 年数据为二者取算术平均。

②原因同上，主要农作物农药利用率 2017 年为 38.8%，2019 年为 39.8%，2018 年数据为二者取算术平均。

③农产品电商零售额数据经过一次调整，2015 年数据根据 2016 年到 2018 年的同比增速推算。

二、我国农业农村现代化面临十大不平衡不充分问题

我国社会主要矛盾已经转化为人民日益增长的美好生活需要和不平衡不充分的发展之间的矛盾。中国发展最大的不平衡是城乡发展的不平衡，最大的不充分是农村发展的不充分。以前，我国社会的主要矛盾是人民日益增长的物质文化需要同落后的社会生产之间的矛盾。这个主要矛盾的转化是消费需求升级、产业结构升级、治理体系升级的必然要求。在"十三五"和"十四五"五期交汇的背景下，我国农业农村发展中诸多不平衡不充分一起碰头。

（一）高质量的农产品和生态需求与落后的市场意识产生了矛盾

我国粮食产量已经连续 5 年稳定在 1.3 万亿斤[①]以上，重要农产品供给比较丰富，已经基本告别了农产品总量短缺的时代。但是在农业高产出的背后，是农产品消费结构升级产生的矛盾。城乡居民不仅要求"吃得饱"，还要求"吃得好"（即要求高质量），还要"吃得巧"（也就是营养健康），对乡村的绿水青山还有需求。农业并不是单纯的"种出来""养出来"再卖出去，而是需要满足个性化、多样化、多功能性的消费需求，才能有市场。改革开放以来，我国农业生产经营主体产权意识逐步觉醒，尤其是对土地承包权、经营权等意识逐步强化。但是，产权意识觉醒的同时，农业生产经营主体的市场意识仍然落后。从事农业的主体，找到政府部门"不要政策，要资金"，经营过程中"不要建议，要项目"，产出产品后"不找市场，找市长"的情况经常出现。总体而言，农业供给侧还没有转到满足市场需求升级上来。例如，有机农产品发展已经鼓励多年，但是产量仍然较少。即使是在我国有机农产品种植较多的黑龙江，有机稻谷产量也仅占稻谷总产量的 2.3%，有机玉米则仅占 1.4%。主要原因还是在于，农民囿于经验性的行为习惯，种植结

---

① 斤为非法定计量单位，1 斤＝0.5 千克。下同。——编者注

构和种植行为调整转型困难[①]。

（二）新技术、新产业、新业态大量涌现与新动能点状存在混合在一起

新技术、新产业、新业态、新商业模式不断涌现，但是多数仍然只是小部分主体的尝试。例如，电商普遍被认为是一种新业态，地方发展热情较高，大部分县域都鼓励农村电商发展。到2018年，农产品网络零售额已经达2 305亿元[②]，县域农产品、农产品加工品及农业生产资料网络零售额为4 018亿元[③]。然而，农产品电商发展的速度并不及预期。2015年，农产品网上零售额占农林牧渔业总产值比重约为1.5%。根据指数增速，相关部门在农业农村信息化发展规划中提出了2020年底要增加到8%的目标[④]。经历3年发展，到2018年这一比重仅为2.0%。这其中尽管有计算方法调整的因素，但是比例偏低、增速低于预期，已经成为事实[⑤]。其他新技术、新产品、新业态也面临着增速低于预期，仍然依赖投入，很少找到可持续的赢利模式。在点状存在下，新技术、新产业、新业态不足以形成规模经济和范围经济效应，新动能接续远未完成。

---

① 高晶晶，彭超，史清华，2019. 中国化肥高用量与小农户的施肥行为研究：基于1995—2016年全国农村固定观察点数据的发现［J］. 管理世界，35（10）：120 - 132.

② 商务部电子商务和信息化司，2019. 中国电子商务报告2018［M］. 北京：中国商务出版社.

③ 农业农村信息化专家咨询委员会，2019. 中国数字乡村发展报告（2019年）［R/OL］.（11 - 19）［2022 - 03 - 22］. http：//www. moa. gov. cn/xw/bmdt/201911/P020191-119505821675490. pdf.

④ 2015年比重和规划目标比重均来自《农业部关于印发〈"十三五"全国农业农村信息化发展规划〉的通知》（农市发［2016］5号）.

⑤ 经比较2015年以来商务部电子商务和信息化司发布的各年度中国电子商务报告，根据农产品网络零售额增长幅度倒推，可以发现同一年度的农产品网络零售额有所不同。经过向大数据专家咨询，农产品网络零售额的数据根据算法、农产品分类方法于2018年进行了合理化调整，能够更为准确地反映农产品电商发展情况。

（三）成本不断抬升与农业基础竞争力乏力并存

2018 年，中国三大主粮总成本达到 1 093.77 元/亩，比 2010 年增长 62.6%。农业基础竞争力乏力。与世界主要农产品出口国相比，中国单位生产成本较高。以玉米为例，2018 年中国每吨玉米的生产成本已经达到 2 125.99 元，美国每吨玉米的生产成本仅为 962.30 元（表 2），中国玉米生产成本是美国的 2.21 倍。对成本按细项分析，中国高成本起因首先来自劳动力成本。劳动力的高成本主要来自家庭劳动力折价，也就是自家劳动力的机会成本。中国种植 1 吨玉米家庭劳动力折价为 845.55 元，雇工费用 44.60 元，均远高于美国。上述两项相加，中国玉米种植的劳动力成本是美国的 19 倍，绝对数值更是高出 843.44 元。其次的成本差距来自土地，中国土地机会成本比美国高出 239.77 元[①]。造成中国农业成本抬高、基础竞争力乏力的主要原因在于"隐性成本显性化"[②]。以往，农业生产者主要依靠自家劳动力和自家土地从事生产，不必给家庭成员支付货币化的工资，也不用给自己的家庭交纳地租。因此，劳动力和土地成本主要是隐性成本，并不用考虑成本。然而，随着土地经营权流转加速、新型农业经营主体增加，越来越多的规模农业经营主体要雇工和租入土地。到 2018 年，全国家庭承包耕地经营权流转面积超过了 5.3 亿亩，土地适度规模经营占比超过 40%，畜禽养殖规模化率达到 60.5%。这种情况下，以往被单家独户小农户生产所"隐藏"的劳动力和土地成本，开始越来越显性化出来。农业规模经营主体更是要把这些成本计入财务成本。更为重要的是，这种"隐性成本显性化"造成的成本上升，只会越来越明显，降成本难度较大。

---

① 其他的分项成本中，中美机械作业、燃料动力和修理费等方面有差异，主要由于中国农业机械化的实现方式与美国不同，美国以农场主自有农机作业为主，燃料和修理费多为自付，而中国则多是农户支付作业费用，把机械作业环节外包给农机经营主体。实际上，如果把固定资产折旧计算在一起，中美机械和其他装备使用成本的差距也不大。剩下的细项项目并不构成成本主要差异。

② 薛岩，彭超，2020. 粮食市场全面放开后的政策调控及其改革方向［J］. 理论探索（1）：115－123.

表 2 中美玉米生产成本比较

单位：人民币/吨

	中国	美国
种植成本	2 125.99	962.30
种子费	114.41	136.21
肥料费	309.21	161.05
农药费	35.15	48.92
作业费	240.79	31.83
燃料动力费	1.15	41.53
修理费	8.25	48.00
排灌费	35.75	0.38
利息	0.02	4.88
雇工费用	44.60	6.87
家庭劳动机会成本	845.55	39.84
固定资产折旧	6.53	172.20
土地机会成本	467.21	227.44
税金与保险费	15.87	16.69
管理费	1.50	26.46

资料来源：根据《农产品成本收益资料汇编》测算。

（四）新型农业经营主体迅速发展的同时各种软硬件配套滞后

截至 2018 年底，全国在市场监督管理部门注册登记的农民专业合作社数量已达到 217.3 万家，经农业部门认定或市场监督管理部门注册登记的家庭农场有 87.7 万个，县级以上农业产业化龙头企业近 9 万家，高素质农民队伍已经超过 1 700 万。但是，各种软硬件配套滞后。例如，以往小农户生产粮食较少。根据第二次全国农业普查数据，2006 年 76.1% 的农户种植面积在 8 亩以下，根据当年的粮食单产计算，大部分农户家庭粮食产量在 5 000 斤以下。这个粮食产量，村内晒场、房前屋后，甚至马路上，都可以晾晒干燥。但是，经过多年发展，2016 年第三次全国农业普查时，从事粮食生产的合作社、家庭农场等新型经营主体种植面积多在 50 亩以上，而且 500 亩以上合作社已经比较多见。根据目前的粮食单产，这些新型农业经营主体粮食产量已经在 10 000 斤甚至 100 000 斤以上。这种情况下，继续使用传统的晾晒干燥方式就不现实，这就需要购置谷物烘干设施。但是，谷物烘干设施造价高，即使是规模经营主体也难以承担；而且每年仅在谷物收获季节使用，利用频率低，成本回收周期长。新型农业经营主体进行硬件建设往往需要补贴或金融支持。在软件建设方面，制度健全完善和分层落实相对滞后。"营改增"后，合作社等新型经营主体缴纳的增值税等与一般农业企业相差不大，直接影响了财富积累及扩大再生产。财政补助形成的新型经营主体资产，应该如何在财务上进行入账等操作，甚至如果新型农业经营主体资产清理了，财政补助形成的资产如何清理，都需要有相应的制度规定。再如，高素质农民培养效果停留在"发了多少结业证"上，而缺乏培训后的跟踪服务。

（五）农村人口老龄化日趋严重与外出劳动力就业不稳定并存

20 世纪 90 年代以来，我国人口结构变迁趋势明显，劳动力老龄化速度加快，人口和劳动力更加向城市群、都市圈集中。我国农村青壮年劳动力大规模向城镇转移，农村劳动力短缺情况也来越严重。农业吸引力下降，青年农民务农积极性明显下降。"'60 后'还在种地、'70 后'不种地、'80 后'不想种地、'90 后'不会种地"。根据全国第三次农业普查，农业生产经营人员年龄在 55 岁以上的比例已经达到 33.6%。农业青壮年劳动力短缺，老龄农民对现代科技和新型业态掌握能力有限，越来越不适应农业农村现代化的要求。即便是农业劳动力进入城镇非农产业，他们中的大多数就业稳定性也较差，只能通过从事简单的、机械的、低水平的劳作，换取在城市稍作停留的机会。如果发生经济下行，这部分农业转移劳动力在"男 50 岁、女 45 岁左右"就离开工作岗位回到农村老家[①]。一方面会加剧农村老龄化态势，另一方面还要与刚刚兴

---

① 徐林，2019. 建言"十四五"规划：合理目标与全方位创新［EB/OL］. （05 - 27）［2020 - 03 - 22］. http://opinion.caixin.com/2019 - 05 - 27/101420283.html.

起的新型农业经营主体争夺已经稀缺的土地等农业生产资源。

（六）农产品相对过剩与短缺交替出现

在我国，人均粮食占有量超过 400 千克，是一个平衡点。如果供过于求，且不加调控，产需矛盾积累两三年之后，就可能出现库存高企的局面。这一局面曾经出现在 20 世纪 90 年代中后期，当时粮食产大于需、陈化粮出现。上一轮比较大的粮食市场调控政策改革就发生在此阶段（图 1）。再看当前粮食市场供需变化的态势：2004 年以来，粮食连年增产。2010 年人均粮食占有量稳定地超过 400 千克，超过这一平衡点后，2013 年我国粮食出现了高库存的问题。目前人均粮食占有量超过 474 千克，稻谷等部分品种仍然有较大的库存压力。与此同时，玉米从短缺到过剩再到相对不足，已经经历了一个完整的周期。2005 年玉米供不应求，库存消费比仅为 20%。此后受临储政策刺激，玉米连续增产。2015 年，玉米严重供过于求[①]。市场普遍预期，玉米库存高达 2.5 亿吨。2016 年玉米临储政策取消后，随着一系列"去库存"措施的

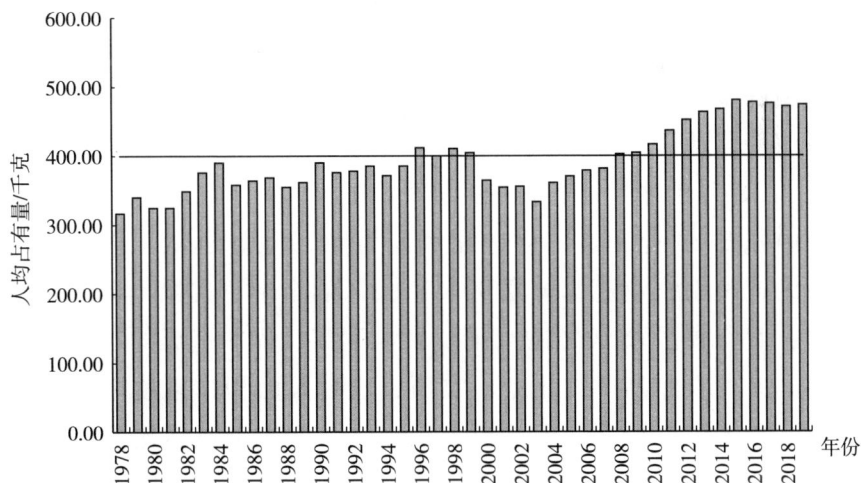

图 1　粮食人均占有量

---

① 丁声俊，2016. 玉米供求的阶段性转变与收储制度改革［J］. 价格理论与实践（8）：25-28.

实施，玉米库存又迅速消化。到 2019 年，市场再度出现了玉米供求偏紧的预期。

（七）水电路气房网建设滞后

全国第三次农业普查表明，2016 年尚有 52.3％的农村居民还未能用上经过净化处理的自来水，38.1％的村内主要道路没有路灯，还有 10.5％的村内主要道路为沙石或砖石板等，44.2％的农户还在使用柴草做生活能源，钢筋混凝土结构住房的比例仅为 12.5％，52.2％的农户手机联通不了互联网。农村道路尽管实现了"村村通"，但是农村道路多数以 3.5 米标准建设，难以满足未来农村小客车增长速度，也很难满足城镇居民返乡下乡休闲旅游、养生养老、创业创新的需求。

（八）资源环境承载力已达到或接近上限

很多土地资源实际上已经不适合粮食生产。目前我国有 3 亿亩耕地受到镉、镍、铜、砷、汞、铅等重金属污染，每年受重金属污染的粮食达 1 200 万吨。2013 年湖南销往深圳的多批次大米被检出镉超标，揭开了我国粮食重金属污染的冰山一角。水资源开发利用模式不可持续。我国许多地区尤其是华北和西北地区水资源过度开发问题十分突出。目前华北地区地下水超采累计亏空 1 800 亿米^3 左右，超采的面积达到了 18 万千米^2，约占平原区面积的 10％。2018 年全国高效节水灌溉面积 3.34 亿亩，占耕地比例仅为 16.5％，远低于以色列、法国等集约式利用农业资源国家 80％～90％的水平，也低于美国等粗放式利用农业资源国家 50％的水平。农业生产过程中造成的污染较为严重。为了追求农业高产，化肥、农药、农膜大面积过量使用，造成地表和地下水体污染严重、土地板结、沙化。近年来虽然化肥农药农膜减量化不断推进，但是减少仍然需要过程。2018 年，我国化肥（折纯）使用量达到 5 653.42 万吨，每亩用量仍高达 27.89 千克，远超国际公认的亩均 15 千克的安全上限。农药施用量达到 150.26 万吨，亩均用量超过 0.74 千克，农用地膜使用量突破 246.48 万吨，残留率高达 40％左右。

（九）农村基本公共服务和社会事业滞后

经过多年努力，广大农民已经基本实现了"上学不交费，看病不太贵"。但是，农村社会公共服务历史欠账仍然较多，城乡之间在教育、养老、医疗、社会保障等方面的差距已经成为社会民生最大的痛点。根据第三次全国农业普查数据，2016 年全国仍有 3.5％的乡镇没有幼儿园、托儿所，其中这一比例在西部达到 6％；全国近 41％的村没有体育健身场所，其中西部为 54％；全国 33.2％的乡镇没有社会福利收养性单位，西部为 46.7％；全国 58.7％的村没有农民业余文化组织，中、西部这一比例分别高达 59.2％和 63.3％；全国 45.1％的村没有执业医师，其中东部和西部分别为 50.6％和 50.1％。2020 年春节期间，新型冠状病毒肺炎疫情在全国蔓延。广大农村地区应急防控体系建设不足、防控手段落后。更值得关注的是，最基本的疫区返乡、需要隔离的人数等农村数据，都没有权威的统计数据，反映出农村应急统计监测手段十分落后。

（十）城乡就业收入和生活方式差异仍然较大

从相对数上看，城乡居民收入比已经缩小为 2.64∶1。但是，收入的绝对差距已经拉大到 26 338 元。实际上，城乡收入差距只是一个方面。农村经济繁荣的程度也无法与城镇相比。在就业总量上，2014 年城镇就业人口已经超过乡村，目前城镇的产业吸引了 4.34 亿人就业，而乡村则容纳了 3.42 亿人就业（图 2）。在就业质量上，乡村就业多是临时性、非完全的就业，从事产业层次和水平也不高。而且，乡村水电路气房的基础设施落后，生活单调、乏味，缺乏青壮年向往的生活方式。农村利益格局深刻调整、新老矛盾交织。"农二代""农三代"已经成长为乡村建设的主要力量，也成为农村生活方式改善的主要需求者。

三、"十四五"期间政策改革的方向

党的十九大提出实施乡村振兴战略，农业农村优先发展基本框架建

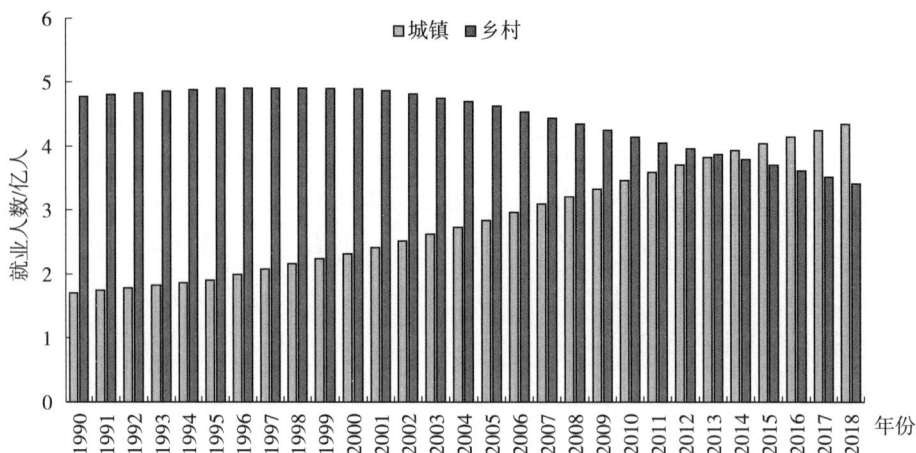

图 2　城乡就业人数

立，全社会关心农业、关注农村、关爱农民的氛围更加浓厚。我国已是世界第二大经济体，人均国内生产总值（GDP）超过 1 万美元，支持农业农村发展的物质基础更加雄厚；工业化城镇化进入中后期，生产要素的内涵和外延不断扩张，农业农村产业跨界融合；生物技术、数字资源等将为农业农村现代化提供弯道超车的加速器，农产品市场空间和农业多功能性进一步拓展，乡村多元价值将更加凸显；农业进入高质量发展新阶段，农村改革不断深化，绿色发展理念深入人心，农业农村现代化建设的阶段性起点之高前所未见。在"五期交汇"的历史背景下，要进一步认清形势，针对上述十大"不平衡不充分"问题，把握政策改革的方向，科学制定"十四五"规划。

（一）在顶层设计上转向城乡融合发展

以往的规划在顶层设计的表述上是"统筹城乡发展""以城带乡"，实际上是"城市主导、农村从属"的城乡发展思路。城乡融合发展，就是要促进城乡社会现代化经济体系、民主政治、文化活力、社会治理、生态文明互联互通。城镇化红利在于规模经济效应、范围经济效应和集聚经济效应，而城乡融合发展则在于让规模、范围、集聚三大经济效应辐射到乡村。城乡融合的体制机制和政策体系要加快建立，实现城乡基础设施和公共服务一体化建设、一体化管护、一体化运营，城乡之间的要素自由流动。城乡融合发展的基础是要让城镇居民和农村居民的权利实现互联互通。要保障农民的"十大权利"，既要保障农民在乡村的土地承包经营权、宅基地使用权、集体资产收益分配权，也要保障城乡融合过程中的人身财产安全、就业创业、体面居住、医疗卫生、养老社保、公平教育、政治参与方面的权利。

（二）政策支持更多地向农村发展倾斜

以往的政策目标主要指向为农业产业支持。一个很典型的证据是，农业补贴的测算依据一度是按照家庭承包经营耕地的面积，而且基本实现了不减存量、保持增量。按照单位耕地面积所获得的补贴计算，中国农业补贴已经超过美国[①]。新时期则需要农业产业支持和农村发展协调并行。未来的政策支持要更多地向农村人居环境改善、农村社会事业等倾斜。而农村发展只依靠财政投入，是不可持续的，必须增强农村地区的自我发展能力。这就需要发展壮大农村集体经济，让农村集体经济集中力量办大事。但是，农村集体经济实力仍然不强。根据第三次全国农业普查10%村庄样本数据（约5.5万个村），2016年平均每个村集体全年收入才105.19万元，每年还要支出64.32万元人员的工资、办公物品支出等村集体办公经费。如果以中位数计，村集体收入才8万元，支出2.5万元。根据农村社会事业促进部门测算，一个村建设一个公共厕所，投入资金至少需要10万元。在这种集体经济发展水平下，很难指望农村集体经济在集中力量办理基础设施、民生服务等"大事"。未来，要在保障农民利益的前提下，落实土地政策改革成效，千方百计盘活农村资源资产，放大产权制度改革经济效应，健全完善审批、财税、金融等政策，促进农村集体资源资产保值增值并创造实实在在的红利，释放农村集体经济活力。

---

① 彭超，2017. 我国农业补贴基本框架、政策绩效与动能转换方向［J］. 理论探索（3）：18-25.

（三）财政支农资金集约化和市场化使用

以往的规划主要依靠补贴、投资和工程项目等大幅增加财政投入。2003—2015 年，国家财政支持农林水事务年均递增速度曾经达到 21.2％。但是，随着国内经济转向中高速增长，经济下行压力加大，财政收入在 2014—2018 年连续 5 年增速在 10％以下。"十四五"期间，减税降费政策效应会大概率地进一步释放，民生领域仍然需要财政资金补短板，其他多元化财政投入需求巨大[①]。这种背景下，财政对农业农村投入的增速大幅增长的空间有限。未来的财政支农资金会更加整合集约使用，更多地发挥杠杆作用，激发社会资本和市场主体投入积极性。近年来，农林水事务财政支持资金探索使用了"大专项＋任务清单"的方式，采取因素法测算分配，就某一薄弱环节的建设内容按地区切块，加强对建设任务的绩效评估。例如，国家现代农业产业园就参考了"大专项＋任务清单"。以园区为单位投入，设立建设清单，直接验收建设清单项目。与此同时，未来政府分配资源所依赖的项目制补贴方式会进一步改革。未来的农业农村支持手段会更多地依靠信贷、保险等市场化的方式，以大数据追踪的方式，实现市场化的精准支持，激发市场主体投入。

（四）农业产业本身的支持要保供给、调结构、转方式并行

以往规划的目标主要是支持农产品尤其是粮食产量增加。例如，农业部门一度把粮食年度产量作为绩效考核的主要指标。这就造成无论是农业补贴，还是农业投资，其政策作用机制主要是鼓励生产经营主体增加资源要素投入。从财政支农结构上看，农业生产资料与技术补贴仍然占到农业公共财政支出的 20％以上。而农业结构调整补贴一度在 1％以下，农业资源保护与利用是"十二五"之后才逐步增加起来的（表 3）。新时期的农业产业支持政策，一方面要继续保障农产品供给，让城乡居

---

① 刘昆，2019. 以习近平新时代中国特色社会主义思想为指导奋力开创中国财政学会工作新局面［J］. 财政研究（12）：3 - 7.

民在物质上和经济上获得足够、安全和富有营养的食品①。另一方面，则需要保供给、调结构、转方式并行。尤其是，需要促进农业结构、生产方式与资源环境承载力相匹配。特别需要指出的是，应当支持农业资源休养生息，耕地有序休耕、轮作，坡度较大的耕地有序退出耕种或进入后备耕地。

表3　部分农业产业政策资金支持情况

年份	农业公共财政支出/亿元	稳定农民收入补贴		农业生产资料与技术补贴		农业结构调整补贴		农业资源保护与利用	
		金额/亿元	占比/%	金额/亿元	占比/%	金额/亿元	占比/%	金额/亿元	占比/%
2010	3 949.43	12.49	0.3	444.36	11.3	28.2	0.7	8.58	0.2
2011	4 291.16	21.76	0.5	1 134.44	26.4	40.79	1.0	163.22	3.8
2012	5 077.41	18.8	0.4	554.57	10.9	30.69	0.6	185.71	3.7
2013	5 561.57	20.31	0.4	546.86	9.8	38.17	0.7	208.33	3.7
2014	5 816.57	98.18	1.7	531.02	9.1	34.68	0.6	222.82	3.8
2015	6 436.18	69.23	1.1	756	11.7	31.06	0.5	254.03	3.9
2016	6 458.59	170.05	2.6	1 605.55	24.9	38.84	0.6	256.22	4.0
2017	6 194.61	274.02	4.4	1 427.44	23.0	54.93	0.9	300.58	4.9
2018	6 156.09	291.62	4.7	1 350.92	21.9	98.38	1.6	323.27	5.3

资料来源：历年《财政统计年鉴》。

（五）统筹国际国内资源、市场、制度

以往的农业支持政策主要立足国内，对国际规则参与较少。当前世界面临着百年未有之大变局，国际格局和政治力量对比加速演变，全球经济发展进入再平衡时期，传统国际贸易投资规则加速重构，我国面临大国战略性竞争的严峻考验。农产品消费总量刚性增长，消费结构从以

---

① 朱信凯，2012. 现代农业发展视野下的国家粮食安全战略［J］. 中国人大（15）：36-43.

谷物消费为主，快速升级到高级植物纤维、动物蛋白和脂肪兼重。此外，工业加工需求导致原料消耗增长。尽管农业技术进步增产效应已经一定程度上实现了对消费增长的追赶，但是受国内耕地资源和淡水资源约束，仍然需要从国外进口农产品。根据虚拟土地贸易模型计算，2017年中国农作物播种面积25亿亩，而进口农产品折算耕地超过12亿亩[1]。另外根据虚拟水贸易模型计算，2015年我国进口粮食相当于净进口了2 005亿吨淡水资源[2]。既然相当规模的农产品进口不可避免，那么就需要适应这一趋势。"十四五"时期则需要统筹国内资源、市场、制度，根据土地和淡水资源来合理布局农产品进口来源，以市场需求的力量驱动国内外资源为我所用。在国际农业合作的过程中，更多地参与推动国际贸易规则和多边体制改革。

（六）更加依靠信息化技术促进政策落地

以往的规划主要是靠自上而下的执行。从公共经济学的角度看，"自上而下"需要有相应的行政体制的保障，很可能导致政策执行的监督成本过高[3]。实际情况也是如此。以往的规划和各种政策，主要依靠地方政府分层对接。涉及农业农村的规划和政策落地，经常需要村和乡镇干部核实，经过县（市、区）再到省（自治区、直辖市）层层上报。新一轮科技革命和产业变革迅速发展，信息技术深刻改变了农业农村发展的基础，也改进了政策执行和落实的方式。农业农村现代化虽然仍要激活从中央到地方的各类参与主体的积极性[4]，但是手段可以更加依靠大数据、物联网、移动互联网、云计算、人工智能、区块链等技术手

---

①　胡冰川，2018. 中国农产品进口增长：原因与结果 [J]. 清华金融评论 (7)：48-50.

②　王秀鹃，胡继连，2018. 中国粮食虚拟水国际贸易研究：基于2001—2015年的数据 [J]. 山东社会科学 (2)：117-122.

③　BANERJEE A，IYER L，SOMANATHAN R，2007. Chapter 49：public action for public goods [M] //Schultz T P，Strauss J A. Handbook of development economics. New York：North-Holland Publishing Company：3117-3154.

④　刘合光，2018. 激活参与主体积极性，大力实施乡村振兴战略 [J]. 农业经济问题 (1)：14-20.

段。例如，区块链技术在农产品电商的质量安全控制方面具有非常好的前景，每个环节的农产品投入都会在线形成"记账本"，从而自动实现农产品质量安全可追溯。但是，以信息化手段促进政策落实，需要考虑技术使用的成本收益。目前，给一台深松整地机加装能够准确测量上报深松作业质量的传感器，成本需要 1 200 元，而深松整理作业补贴每亩40 元。为了监督政策落实，一个传感器的成本相当于作业 30 亩的补贴。当然，随着技术的进步，成本收益的平衡点会向低成本移动。在那之前，需要正确把握监督政策落实过程中技术监督执行与人力监督执行的对比关系。

总体而言，"十四五"农业农村现代化面临的形势更加复杂。而且，粮食等重要农产品需求刚性增长的趋势不会改变，人多地少的基本国情农情不会改变，农业小部门化的规律不会改变，推动农业高质量发展的迫切要求不会改变，新旧动能转换接续的态势不会改变，资源环境约束趋紧的生态基础不会改变，国际国内"黑天鹅""灰犀牛"交织的局面不会改变，农村经济社会加速转型的趋势不会改变。新老因素叠加，"十四五"农业农村现代化规划的编制可能会难于以往。未来，需要坚持底线思维，科学编制规划，提升规划的可行性，避免"规划规划，墙上挂挂"的局面。

我国粮食安全政策：
演进轨迹、内在逻辑与战略取向[①]

陈祥云　李荣耀　赵劲松

一、引言

粮食安全事关民生福祉、国家安全，自古都是治国理政的头等大事。在我国的人口和资源禀赋条件下，保障粮食安全是确保国家安全和经济社会稳定的永恒主题[②]。新中国成立 70 多年来，我国始终坚持独立自主、自力更生的原则，在极端困难的条件下，经过艰难曲折的政策探索，粮食生产取得瞩目成就。1949—2019 年，粮食年均增产 157.3 亿斤，单产年均增长 66.55 千克/公顷，总产量突破 1.3 万亿斤并持续丰产，以世界 9% 的耕地、6% 的淡水资源养活了世界 20% 的人口[③]。这既是对我国粮食政策的肯定，更彰显了中国特色粮食安全道路的正确性。回顾我国粮食政策的探索历程，相关研究主要集中在两个视角进行探讨：一是从政策制度演进的视角，对粮食的财政政策[④]、补贴政策[⑤]、

①　本文系教育部人文社会科学研究青年基金项目"农业补贴对粮食生产的激励效应及政策优化研究"（15YJC790013）的阶段性成果。

②　蒋和平，尧珏，蒋黎，2020. 新时期我国粮食安全保障的发展思路与政策建议[J]. 经济学家（1）：110 - 118.

③　中华人民共和国国务院新闻办公室，2019. 中国的粮食安全[M]. 北京：人民出版社.

④　赵和楠，侯石安，2019. 新中国 70 年粮食安全财政保障政策变迁与取向观察[J]. 改革（11）：15 - 24.

⑤　杨芷晴，孔东民，2020. 我国农业补贴政策变迁、效应评估与制度优化[J]. 改革（10）：114 - 117.

流通制度①②、储备制度③等进行梳理和总结；二是从实施效果的角度对政策进行评估，包括对最低收购价④、临时收储⑤、目标价格补贴⑥、收入保险⑦等具体政策工具实施效果的实证分析。可以发现，多数研究主要从单一政策角度进行分析。而从演进特征来看，我国粮食政策表现为典型的供给主导型制度变迁，政府对不同阶段粮食的生产、流通、分配、消费等相机选择制度安排，取得成效亦是多个政策共同作用的结果，长短期效果存在差异，且不同阶段各有侧重⑧。因此，本研究尝试从相对宏观的视角，对新中国成立以来不同阶段的重大粮食政策探索进行梳理，以理清我国粮食政策演进的逻辑、把握政策内涵，进而探讨在国内外环境深刻变化背景下的粮食安全政策取向，以补充相关研究、为政策实践提供参考。

二、新中国成立以来的粮食政策主要演进历程

纵观 70 多年来我国粮食政策探索，具有鲜明的阶段特征，主要经历了新中国成立初期的短暂自由流通到统购统销的政策转变、改革开放后逐渐走向市场化调控的四轮粮食改革、新世纪从"取"到"予"的政策转变以及"三量"齐增背景下的结构性调整四个阶段。

---

① 陈锡文，罗丹，张征，2018. 中国农村改革 40 年［M］. 北京：人民出版社.

② 钱煜昊，曹宝明，武舜臣，2019. 中国粮食购销体制演变历程分析（1949—2019）：基于制度变迁中的主体权责转移视角［J］. 中国农村观察（4）：2-17.

③ 秦中春，2010. 完善我国粮食储备管理制度［J］. 重庆理工大学学报（社会科学版），24（7）：1-7.

④ 童馨乐，胡迪，杨向阳，2019. 粮食最低收购价政策效应评估：以小麦为例［J］. 农业经济问题（9）：85-95.

⑤ 蔡颖萍，杜志雄，2020. 玉米临时收储政策调整对家庭农场土地流转租金的影响分析［J］. 中国农村观察（3）：114-129.

⑥ 张杰，杜珉，2016. 新疆棉花目标价格补贴实施效果调查研究［J］. 农业经济问题，37（2）：9-16.

⑦ 庹国柱，朱俊生，2016. 论收入保险对完善农产品价格形成机制改革的重要性［J］. 保险研究（6）：3-11.

⑧ 刘英基，2019. 回顾、反思与展望：中国粮食政策的演变及趋势研究［M］. 北京：中国财经出版传媒集团.

（一）从短暂的自由购销到统购统销政策

新中国成立后，土地改革和合作化的推进，激发了农民的生产积极性，粮食生产迅速恢复。但由于同期农民粮食消费增长、原地主富农土地所有制下粮食归集方式失效、商人投机及农村余粮户待价而沽等原因，进入市场流通的粮食不增反降，国家粮食供销面临脱节的混乱局面。为满足城市和工业发展需要，保障国家建设计划顺利进行，1953年中共中央通过《关于实行粮食的计划收购与计划供应的决议》，指出由国家控制粮食市场，规定统购价格、收购粮种、分配数量，向农村余粮户进行收购，对城市、集镇、经济作物区、灾区和一般农村实行计划供应，统购统销政策正式出台。1955年进一步出台《农村粮食统购统销暂行办法》和《关于市镇粮食定量供应暂行办法的命令》，实行"定产、定购、定销"制度，对市镇粮食实行"四证三票"[①]，按照区域、劳动差别、年龄等凭粮票定量供应。党的十一届三中全会后，以"对农民在思想上加强教育，经济上关心其物质利益，政治上保障其民主权利"作为政策总基调，在粮食供给相对充足情况下逐渐提高粮食统购价、降低统购数量。1985年中央1号文件正式提出不再下达统购派购任务，实行以"倒三七"[②] 价格合同定购和市场收购相结合的"双轨制"，统购统销政策正式退出历史舞台（表1）。统购统销政策是物资极度贫乏情况下推进国家工业化的不得已选择，为新中国成立初期经济社会稳定发展提供了重要支撑，但农民也作出了巨大利益牺牲，并对此后中国农业农村与工业化城市化长期的发展失衡产生深远影响。

---

① "四证"即市镇居民粮食供应证、工商行业用粮供应证、市镇饲料供应证、市镇居民粮食供应转移证；"三票"指全国通用粮票、地方粮票、地方料票。

② "倒三七"即按照原统购价格的三成和原超购价格的七成计价。

表 1 粮食统购统销政策的演进

时间	文件	内容	评价
1953 年 10 月 16 日	《关于实行粮食的计划收购与计划供应的决议》	对农村余粮户进行粮食计划收购；对城市和农村缺粮人民计划供应；国家控制粮食市场；中央地方分工负责	粮食统购统销政策出台
1955 年 8 月 25 日	《农村粮食统购统销暂行办法》《关于市镇粮食定量供应暂行办法的命令》	定产、定购、定销；核定余粮户交售任务，三年不变。市镇粮食实行"四证三票"	过量收购背景下统购统销政策的完善；票证供应制度的开始
1978 年 12 月 22 日	《关于加快农业发展若干问题的规定（草案)》	统一对农业的认识；对农民思想上加强教育，经济上关心物质利益，政治上保障民主权利；统购任务减量加价	重新认识农业问题；奠定了三农政策的总基调；减轻农民征购负担，提高农民收入
1985 年 1 月 1 日	1985 年中央 1 号文件	除个别品种，不再下达统购派购任务，实行合同定购＋市场收购，合同定购"倒三七""双轨制"计价	由统购统销转向

（二）四轮粮食政策改革的曲折探索

1985—2004 年，面对粮食由长期供给不足到过剩、农产品"卖难"、通货膨胀严重、加入世界贸易组织（WTO）等新情况，我国粮食政策进行了多轮的市场化尝试（表 2）。一是购销价格倒挂背景下的市场化尝试。改革开放后，农民的生产热情充分释放，1978—1984 年，粮食产量从 6 095.3 亿斤增长到 8 146.1 亿斤，同期粮食供应价格未作调整，粮食购销价格"倒挂"，差价由政府进行补贴，财政压力迅速增加。1985 年中央认为农村生产向商品经济转化不协调，统购派购制度不适应农村商品生产发展的需要，正式开始了对粮食政策市场化尝试。二是提高种粮积极性的保护价收购制度。在合同定购价低于原购加价、市场价高于定购价下，农民的粮食交售意愿和种粮积极性下降。1985—1988 年粮食产量持续徘徊，年均增长率－0.29％。1989 年起政府出台

表2　四轮粮食改革的政策探索

时　间	文　　件	内　　容	评　　价
1990年9月16日	《关于建立国家专项粮食储备制度的决定》	敞开议购粮收购；不得低于保护价；建立专项粮食储备制度	解决"卖粮难"，保护种粮积极性，建立粮食储备制度
1993年2月20日	《关于建立粮食收购保护价格制度的通知》	执行范围为国家定购和专项储备的主要品种；建立粮食风险基金制度	调节市场与保持农民种粮积极性的政策探索
1998年5月10日	《关于进一步深化粮食流通体制改革的决定》	以"四分开一完善"为原则；完善储备体系；政府调控下的粮食价格市场形成机制	粮企亏损严重，财政压力巨大下的政策调整
2000年6月10日	《关于进一步完善粮食生产和流通有关政策措施的通知》	促进生产结构调整；继续敞开收购、缩减保护价范围品种；扩大仓储建设；促进顺价销售	继续推进"三项政策、一项改革"的政策完善
2004年5月23日	《关于进一步深化粮食流通体制改革的意见》	全面放开粮食收购市场；以有利于增产增收稳定市场和粮食安全推进流通体制改革	放开粮食流通市场、直接补贴

相关政策提高合同定购价、开展农田基本建设、增加农业生产资料供应，以调动农民的粮食生产积极性。1990年印发《关于建立国家粮食储备制度的决定》，决定建立国家专项粮食储备实现丰歉调剂，以保护价收购议价粮。三是通货膨胀背景下的宏观调控。在政策刺激下，1988—1993年，粮食产量从7 881.62亿斤增长到9 129亿斤，而同期经济高速增长，货币投放量增加、修正计划经济时代不合理定价、工资改革等多种因素共同作用下通货膨胀迅速增加[①]。为防止粮价大幅波动，1993年国家建立了保护价制度和粮食风险基金制度，1995年中央农村工作会议强调继续坚持国家定购和市场收购，保持农民生产积极性、规范市场，落实粮食供求平衡省长负责制。四是粮食过剩背景

---

① 卢锋，彭凯翔，2002. 中国粮价与通货膨胀关系：1987—1999 [J]. 经济学（季刊）（3）：821-836.

下的市场化改革。系列宏观调控措施带动粮食产量快速增长，开始了新一轮过剩。1996 年我国粮食产量首次突破万亿斤关口，1998 年党的十五届三中全会作出从长期短缺到总量大体平衡且丰年有余的论断。为保持农民种粮积极性，政府尝试进行结构性调减，并加强仓储能力建设敞开收购，但当时粮食流通体制难以适应需求，财政不堪重负。1998 年开始，提出"三项政策、一项改革"①，以"四分开一完善"②为原则对粮食流通体制进行改革。至 2004 年进一步推进流通体制改革，全面放开粮食收购市场，以有利于增产增收稳定市场和粮食安全。经过多轮探索，此阶段逐渐建立了粮食收储制度、保护价收购制度、粮食风险基金制度，"米袋子"省长负责制等政策，取得了突出的成效，但面对不断出现的新情况，政策工具准备不足，粮食流通体制市场化探索也在曲折中不断反复。

（三）粮食支持保护政策的逐渐完善

新一轮粮价下跌和面积调减带来粮食产量的不断下降，1998—2003 年，粮食种植面积减少 2.16 亿亩，粮食产量下降 1 632 亿斤，供求形势严峻。为提高农民种粮积极性、促进农民增收，我国粮食政策开始了新一轮探索，逐渐完善支持保护政策体系（表 3）。一是取消农业税。2004 年开始提出按照"多予、少取、放活"的方针，逐步降低农业税税率，2006 年起正式取消了农业税、牧业税、屠宰税等。二是完善补贴政策。推出农民种粮直接补贴、良种推广补贴、农资综合补贴，之后逐渐增加农机购置补贴、农业保险费补贴等多项补贴政策，并不断增加补贴范围、力度，提高补贴标准。三是出台托市政策。分别在 2004 年、2007 年出台了最低收购价和临时收储政策，并逐渐演变成刺激农民持续增产的常态化支持政策。四是出台激励政策增加投入。为缓解产粮大县的财政困难，调动地方政府抓粮食生产的积极性，2005 年 4 月财政

---

① 即按照保护价敞开收购、农业发展银行收购资金封闭运行、收储粮食顺价销售，推进粮食流通体制改革。

② "四分开一完善"，即实行政企分开、中央与地方责任分开、储备与经营分开、新老财务账目分开，完善粮食价格机制。

部印发《中央财政对产粮大县奖励办法》，对产粮大县分三类地区进行奖励。并在2008年《国家粮食安全中长期规划纲要（2008—2020）》提出新增粮食千亿斤生产能力计划，强化粮食生产投入。此阶段，政府通过降税减负、新增补贴、价格支持、激励政府等多项政策组合应用，以较大的财政力度调动了农民产粮、地方政府抓粮的积极性，粮食综合生产能力有效提升，产量持续快速上涨，夯实了经济社会稳定发展基础。

表3　支持保护政策的逐渐完善

时间	文　件	内　容	评　价
2003年12月31日	2004年中央1号文件	逐步减免农业税；增加种粮直补良种补贴等三项补贴；重点品种主产区实行最低收购价	促进农民增产增收，提高种粮积极性；奠定了新世纪以来的总基调
2005年4月8日	《中央财政对产粮大县奖励办法》	缓解产粮地区财政压力，调动地方政府抓粮积极性	出台对地方政府的激励政策
2008年11月13日	《国家粮食安全中长期规划纲要（2008—2020）》	大幅增加对农业农村投入，向提高粮食综合生产能力倾斜；完善四项补贴；完善最低收购价，探索目标价格补贴等	农业支持政策逐渐完善
2009年12月31日	2010年中央1号文件	继续加大投入力度；增加四种补贴种类、范围适时采取临时收储政策	自然灾害和应对国际金融危机冲击背景下，为保障稳产增收，加大政策支持

（四）"三量"齐增背景下的结构调整

系列支持保护政策的完善带动粮食产量的快速上涨，但同时进口量、库存量也在持续增加，出现了"国粮入库、外粮入市"的尴尬局面，并且政策托市价格不断提高，财政负担沉重，开始了新一轮的政策调整。2014年中央1号文件提出探索农产品价格与政府补贴脱钩，并对东北和内蒙古的大豆、新疆地区的棉花试点目标价格补贴制度，探索农产品目标价格保险；同时强化对农业的支持保护，新增补贴向粮食等重要农产品、新型经营主体、主产区倾斜，加大对粮食主产区财政支持。并从 2015 年开始对"镰刀弯"地区玉米进行结构性调减①。2016 年中央 1 号文件提出对重要农产品价格形成机制与收储制度进行改革完善，正式取消临时收储，按"市场定价，价补分离"的原则，建立玉米生产者补贴制度。同年 4 月，《全国种植业结构调整规划》指出，我国的农业主要矛盾已经由总量不足转为结构性矛盾，要推进农业供给侧结构性改革，稳定稻谷、小麦等种植面积，优化结构，对非优势区玉米进一步调减。2018 年中央 1 号文件提出，农产品当前存在阶段性供过于求和供给不足并存，要加快消化政策性粮食库存，探索对粮食主产区的利益补偿，扩大"绿箱"政策范围和规模，探索新型农业支持保护政策体系（表 4）。

表 4 "三量"齐增背景下的政策转型

时间	文件	内容	评价
2014 年 1 月 19 日	2014 年中央 1 号文件	立足国内、适度进口；探索农产品价格与政府补贴脱钩；逐步推行目标价格制度并展开试点；完善主产区利益补偿机制	开始新一轮的政策调整
2016 年 1 月 28 日	2016 年中央 1 号文件	完善价格形成机制与收储制度，坚持市场化与保护农民利益并重；改革玉米收储制度，实行"市场定价、价补分离"	收储制度的市场化改革
2018 年 1 月 2 日	2018 年中央 1 号文件	藏粮于地、藏粮于技；扩大"绿箱"政策范围；消化库存；试点完全成本保险和收入保险	支持政策的进一步完善
2019 年 2 月 20 日	2019 年中央 1 号文件	稳定粮食种植面积 16.5 亿亩；从增产向提质转变；保障重要农产品供给；完善金融服务	

---

① 《关于"镰刀弯"地区玉米结构调整的指导意见》指出，对东北冷凉区、北方农牧交错区、西北风沙干旱区、太行山沿线区及西南石漠化区玉米进行结构性调减。

三、新中国成立以来的粮食政策的演进逻辑特征

长期以来，在传统"民以食为天"的安全观和"人多地少水缺"先天不足的资源条件下，我国坚持独立自主、自给自足的粮食政策导向，政府主导的粮食政策供给基于经济体制和战略的调整，在安全和效率等多重目标下相机选择[①]，具有鲜明的政策逻辑和演进特征。

（一）政策基调：从以"取"为主向"多予、少取、放活"转变

较长时期内，三农政策基调是以"取"为主，在改革开放后全党统一了对农业的认识，以"取"为主的政策逐渐取消。具体表现为，一是统购统销政策的取消。在物资紧缺时期，通过统购统销政策在保障国家粮食基本供应的基础上，把剩余价值尽量多地积累下来用于工业化建设。二是农业税费负担的取消。新中国成立初期，农民的税费负担在10%～13%，1958年统一以户为单位的累进税制，改革开放后体现为以农业税和农林特产税为两大税种。20世纪80年代中期后，乱收费、乱摊派、乱集资等问题凸显，最多时农民要承担"三提留、五统筹、农业四税和两工"[②]以及一些地方附加税，负担沉重。据统计，1990—2000年，农民的税费负担从469亿元增加到1 359亿元，其中摊派收费等增长470.8%，且基层收取相关税费行政成本高昂，据党国英[③]计算，2001年华北某村收取1元税费成本达到1.23元。2006年农业税取消，才彻底根除了附加在农业税之上的不合理税费负担[④]。新世纪以来，在吃饭问题基本解决、城乡关系重塑的背景下，以"予"为主的政策逐渐

---

① 周洲，石奇，2017. 目标多重、内在矛盾与变革循环：基于中国粮食政策演进历程分析［J］. 农村经济（6）：11-18.

② "三提留"指由村一级收取的公积金、公益金和集体管理费；"五统筹"指由乡一级政府收取的计划生育、优抚、民兵训练、乡村道路建设和民办教育费用；"农业四税"指农业税、农林特产税、耕地占用税和契税；"两工"指农村义务工和劳动积累工。

③ 党国英，2003. 乡村低水平制度均衡的破解路径：一个案例研究［J］. 战略与管理（4）：34-49.

④ 胡志辉，2014. 农业税改革与中国农民的变迁［D］. 天津：南开大学.

构建。党的十五届三中全会提出，新时期农业农村发展方针，要切实减轻农民负担，坚持多予少取，让农民得到更多实惠。2002年中央农村工作会议进一步指出，要"多予、少取、放活"，加大对农业投入、减轻农民负担、搞活农村经营体制，确定了新世纪以来农业农村政策的总基调。2004年党的十六届四中全会认为我国已经到了以工促农、以城带乡的发展阶段，此后逐渐构建了以"予"为主涵盖多项补贴、价格支持、农业保险等的支持政策体系。

（二）政策内容：从单一到多元的政策工具体系完善

为满足供求关系变化，经过不断探索，我国逐渐构建了以粮食储备制度、流通制度、支持政策体系为主的多个政策工具体系。一是从"506"粮、"甲字粮"到现代粮食储备制度。新中国成立初期，粮食储备主要体现为应对台海紧张局势建立的代号"506"[①] 的战备粮油储备和应对重大灾荒或突发事件的"甲字粮"，为社会稳定发挥了重要作用，但总体储备量较小、调节作用较弱。1990年国务院正式提出构建专项粮食储备制度，此后逐渐形成了中央为主、各级地方为补充的储备体系，并在2000年成立中国储备粮管理总公司，全面接收储备粮管理业务。2003年国务院颁布《中央储备粮管理条例》，对粮食储备制度进行规范，至此基本建立了中央储备为主、地方储备为辅、多主体参与的现代粮食储备制度。二是从统购统销到市场化粮食流通体制的逐步建立。1953年开始的统购统销政策，由政府以计划代替市场发挥调节功能。至1985年以"合同定购＋市场收购"的双轨制代替统购统销政策，开始了市场化的初步尝试。1993年开始，在社会主义市场经济背景下，逐渐放开粮食经营和粮食价格，并经过"四分开一完善""三项政策、一项改革"的尝试之后，从2004年开始逐渐全面放开粮食购销市场，形成了国有粮企为主、多元市场主体参与的格局，实现了粮食流通从计划向社会主义市场的调整。三是粮食补贴政策体系的补充构建。从早期以农养工的城镇居民粮油补贴，保供给、稳价格的流通领域补贴，到新世纪以

---

① "506"战备粮即指供50万人6个月用量的军用战备米面粮油等储备物资。

来的逐步构建了包含以降低生产资料投入成本为主的良种推广补贴、农机购置补贴等生产性补贴，以维持价格、保护生产者利益的粮食最低收购价补贴等流通性补贴，为适应 WTO 规则的与产量脱钩的粮食直接补贴、农资综合补贴及玉米大豆的生产者补贴等收入性补贴的粮食补贴政策体系。

（三）调控方式：供过于求的市场化尝试与供不足需的政府主导

在粮食供求发生重大变化时，对粮食的宏观调控在政府与市场之间反复。一是首次供过于求的市场化尝试。20 世纪 80 年代中期，出现了新中国成立以来的首次粮食相对过剩，政府财政负担沉重，粮食"收不起、存不下、调不走、销不掉"。1985 年开始了首次市场化尝试，定购价格的调整和粮食的过剩在市场上表现为粮食价格的快速下跌，农民的种粮积极性降低以及政府压粮扩经带来粮食产量的下滑，至 1989 年持续徘徊不前[①]。二是更深程度粮食过剩的市场化探索。1988 年开始，在政府主导提升粮价等因素刺激下，开始新一轮更严重粮食过剩。1991年国务院印发《关于进一步搞活农产品流通的通知》，放开粮食流通限制，鼓励多主体、多组织、多渠道经营，更多发挥市场机制作用。但面对水稻减产带来的粮价上涨和通货膨胀压力，政府再次强化宏观调控，《中共中央、国务院关于一九九四年农业和农村工作的意见》（中发〔1994〕4 号）要求提高粮食价格，对粮食批发企业进行清理，由国有粮企掌握粮食批发。三是相对过剩下政府主导的结构性调整。1994 年和 1996 年政府对粮食定购价格的两次上调，引发了新一轮粮食的周期性过剩。1998 年粮食产量达到新中国成立以来的新高 1.2 万亿斤，粮食供过于求，库存严重过量。为兼顾农民种粮积极性和粮食宏观调控目标，以政府主导由国有粮食企业垄断敞开收购，不再允许其他未经批准主体参与，并大幅调减水稻、小麦、玉米的种植面积。四是结构性过剩矛盾下的市场转型。从 2004 年以来，在政府主导的以强补贴、托市收购等政策的刺激下粮食产量连续快速增长，2015 年达到空前的 1.32 万

---

① 高小蒙，1989. 余量调节型经济的农产品供给形成机制及市场均衡的特点［J］.经济研究（8）：12 - 19.

亿斤。此轮粮食过剩表现为结构性矛盾为主，三大主粮中小麦基本平衡、稻谷平衡略余、玉米阶段性供过于求。对此，除了调减非优势区玉米种植面积，政府还取消了对玉米的临时收储，采取"市场定价＋生产者补贴"的方式，尝试以市场方式调节生产并保障农民利益不受损。

（四）政策导向：从增产增收到竞争力导向

长期以来，我国以增产增收作为粮食政策的基本导向。新中国成立初期的粮食增产，主要来自生产关系的调整和科技进步等因素，真正意义的增产导向政策在改革开放后才逐渐成形。主要包括：一是粮食保护价格。从党的十一届三中全会提高粮食统购价格，到"双轨制"改革后4次大幅提高粮食定购价、对农民以保护价敞开收购，初步形成了粮食保护价。2004年、2007年先后出台的最低收购价制度和临时收储制度意味着保护价制度的正式形成，并逐渐成为促进农民增产增收的常态化政策。二是粮食补贴政策。2004年开始实行的3项补贴等政策，补贴方式皆以当年标准与粮食种植面积挂钩，鼓励多种粮、多调粮，引导粮食增产和农民增收，在资金分配上优先向优质产区倾斜，是真正意义上对农户种粮行为产生直接影响的补贴政策。2005年出台了针对产粮大县的奖励政策，以补贴其财政困难。三是政府责任制度。1994年以来，逐渐强化粮食安全省长责任制，要求地方行政主官发展粮食生产，提高粮食生产能力，抓好粮食收购保护农民种粮积极性，管好粮食储备和流通供应。

随着粮食的持续增产增收，政策导向逐渐转为提高竞争力。20世纪90年代初期，在南方早籼稻卖难的同时，优质农产品价格高、销路好。在此背景下，国务院印发《关于发展高产优质高效农业的决定》，提出高产与优质并重，把扩大优质产品生产放在重要位置，开始了提高农产品品质竞争力的尝试。此次尝试建立在农业全面丰收的基础上，奠定了一定时期的粮食政策导向，但随后在粮食供求关系变化下再次转为以增产为主。2014年以来，在粮食连年丰产、结构性过剩的基础上，探索以提高竞争力为主要导向对种植业结构进行调整，并探索新的农业支持政策。此后多个中央1号文件均强调转变农业发展方式，推进农业供给侧结构性改革，增强农业可持续发展能力，以科技驱动引领现代农业发展，从扩大经营规模、消除市场扭曲、增加一般投入、强化质量安全等多方面，为提高竞争力作出部署。

四、现阶段我国粮食安全面临的新形势

经过 70 多年的努力，我国基本端牢了"中国饭碗"、装满了"中国粮"，粮食安全得到有效保障。1949—2019 年，我国粮食总产量从 2 263.68 亿斤增长到 13 276.87 亿斤（图1），人均粮食占有量从 209 千克增加到 474 千克，粮食供求关系极大改善，粮食结构不断优化。然而，也要看到在国际国内环境发生深刻变化、新阶段主要矛盾转化的背景下，我国面临的粮食安全形势也在不断变化。

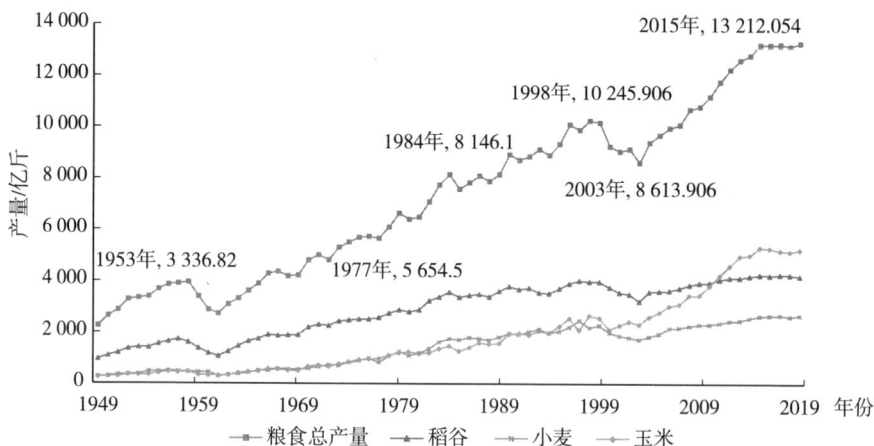

图 1　新中国成立以来我国粮食产量变化情况

（一）粮食增产乏力与资源环境条件约束趋紧并存

虽然我国粮食产能大幅提升，但目前达到的产能是付出巨大生态环境代价，通过过量施用农药化肥、超采地下水、侵占湿地等换来的不健康产能[①]，粮食持续增产乏力。2004 年以来，粮食总产量和单产的增幅持续降低，尤其 2015 年粮食总产量突破 1.3 万亿斤之后，产能接近顶

---

① 叶兴庆，2016. 演进轨迹、困境摆脱与转变我国农业发展方式的政策选择 [J]. 改革（6）：22-39.

峰，粮食产量增幅波动减小，且下降特征显著（图 2）。同时，我国
"人多、地少、水缺"的资源条件和环境约束进一步收缩。一是耕地面
积持续减少，耕地质量不高。《2019 中国国土资源公报》数据显示，截
至 2018 年末，全国耕地面积为 18.26 亿亩，耕地面积净减少 61.01 万
亩。耕地质量以中等为主，2019 年全国耕地质量等级 4—6 等占
46.81％，7—10 等耕地占比为 21.95％[①]。二是水资源总量持续减少，
利用效率不高。2019 年《中国水资源公报》显示，2018 年我国水资源
总量为 27 462.5 亿米^3，比 2017 年减少 4.5％，耕地灌溉亩均用水量为
365 米^3，农田灌溉水有效利用系数为 0.55。三是农业污染形势严峻。
2019 年全国化肥施用量 340.5 千克/公顷，农药施用量 150.4 万吨，平均
利用率分别为 39.2％和 39.8％，相对发达国家存在较大差距。同时，秸
秆、粪污、病死动物、废弃农膜造成的污染，进一步恶化粮食生产条件。

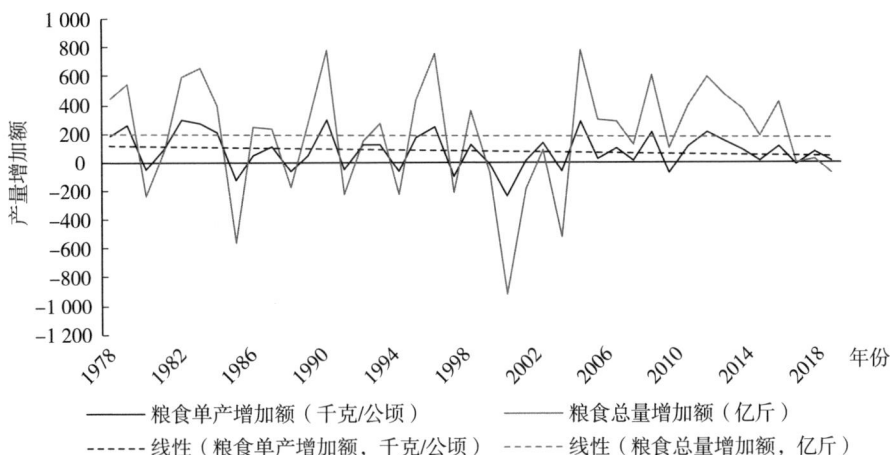

图 2　1978 年以来我国粮食总量和单产增减幅度与趋势

资料来源：国家统计局。

（二）国内粮食竞争力不足与国际粮食市场冲击并存

加入 WTO 以来，随着对外开放水平不断提高，我国农业承受的挑

---

① 根据《2019 年全国耕地质量等级情况公报》，全国耕地质量由高到低划分为 1～10
等，平均等级 4.76 等。

战和压力不断增加[①]，相对于发达国家，我国粮食竞争力仍然较弱。一是价格竞争力不足，主要粮食品种国内外价格长期倒挂。2012年10月、2013年6月、2013年7月开始，大豆、小麦、玉米国内价格分别全面高于进口到岸税后价（图3）。二是基础竞争力较差，资源禀赋先天不足。我国人多地少矛盾突出，"人均一亩三分地，户均不过十亩田"的小农分散经营状况没有大的改观，粮食生产降成本空间不足，相比美洲大陆国家的规模经营仍有较大差距。三是质量竞争力较弱，缺少优质特色品种。虽然我国粮食品种主要品质指标与国外相差不大，但优质品种

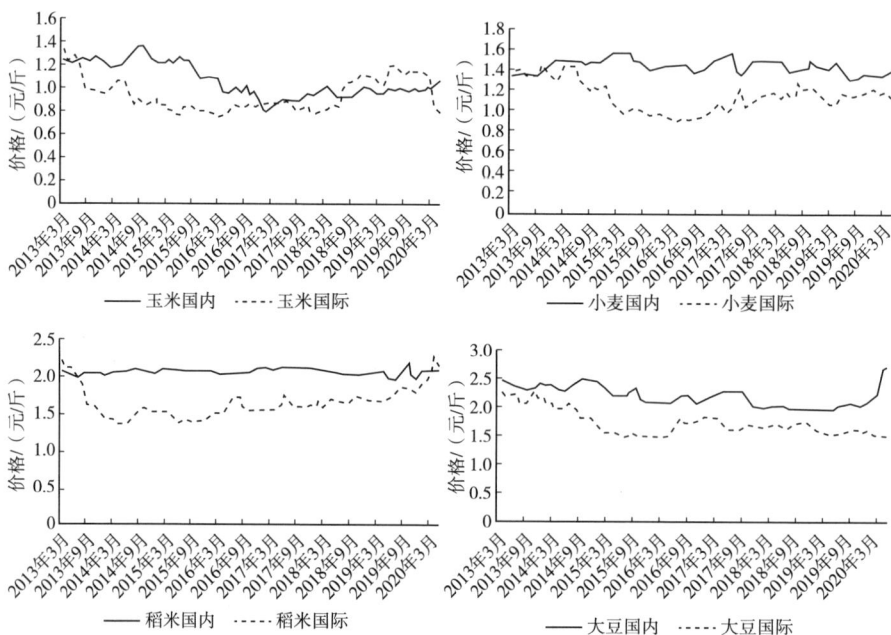

图3　主要粮食品种国内外价格变化情况

资料来源：根据农业农村部市场司发布的《农产品供需形势分析月报》整理。稻米国内价格为全国晚籼米批发均价，国际价格为泰国曼谷大米到岸税后价格；小麦国内价格为广州黄埔港优质麦到港价，国际价格为美国墨西哥湾硬红冬麦到岸税后价；玉米国内价格为东北2等黄玉米广州黄埔港平仓价，国际价格为墨西哥湾2级黄玉米运到黄埔港的到岸税后价；大豆国内价格为山东国产大豆入厂价，国际价格为青岛港进口大豆到岸税后价。美元汇率按照当月银行基准均价计算。

---

① 叶兴庆，2020. 加入WTO以来中国农业的发展态势与战略性调整［J］. 改革（5）：5-24.

尤其小麦特制粉、专用粉品种，玉米直链淀粉含量高品种等存在不足，优质农产品仍然需要依赖国外进口。

同时，我国粮食对外依存度不断提升，受国际粮食市场波动影响程度加深。近年来，我国主要粮食品种丰产的同时进口量持续增加，2011年我国农产品进口额首次超过美国，成为全球最大的农产品进口国，进口品种主要集中在小麦、大豆等缺少生产优势品种，尤其大豆在15年间进口量增长了2.7倍。并且我国进口渠道相对单一，美国作为最大的粮食出口国，是我国粮食进口依赖的重要对象，尤其在中美贸易谈判第一阶段协议达成以后，自美国进口农产品数量进一步增加，2020年一季度自美国进口的大豆、棉花、猪肉等产品增长迅速，总额达到355.6亿元，季度增速为110%，对国内粮食市场冲击明显。

（三）粮食结构性过剩与消费需求转型升级并存

虽然粮食产量持续稳定提升，尤其2015年以来突破并稳产在1.32万亿斤左右，但不同的粮食品种面临结构过剩与短缺并存问题。从主要粮食品种来看，玉米表现为产能持续过剩，2015年产量达到峰值5 299.8亿斤，同期玉米供给量是消费量的2.19倍，2016年玉米库存达到史上最高位5 173.9亿斤，虽经近几年面积调减及下游需求快速增长，但当前库存仍处于较高水平，且市场供给充足；随着播种面积的缩减、产量偏低且需求快速增长，大豆产需缺口突出，截至2019年大豆的自给率仅为15.51%，大豆产需缺口达到9 230万吨；得益于我国口粮绝对安全的粮食安全战略底线，小麦、水稻产量长期稳定增长，产销基本平衡，略有盈余且库存充足。与此同时，居民消费需求转型升级，粮食消费结构显著变化。从饮食结构看，1978—2017年，城乡居民粮食消费量分别减少31.44%和37.62%，蔬菜消费量分别减少21.15%和37.46%，而水果、猪牛羊肉类产品、牛奶等消费占比逐步提升，消费结构更加合理、多元[①]。相应的，反映在粮食消费用途结构上，1978—2017年，饲料用粮占比从25.48%迅速增长到39.98%，口粮消

---

① 汪希成，谢冬梅，2019. 中国粮食发展40年［M］. 北京：人民出版社.

费占比则从 61.92% 下降到 44.17%（图 4）。粮食品种方面，稻谷、小麦消费总体稳中有升，玉米、大豆消费则快速增长。总体看来，口粮供应基本充足，但是间接用粮缺口可能会增加。以猪肉为例，根据预测2030 年全国消费量将达到 3 204 万吨，以 1∶4.6 系数折算肉粮比例，需间接用粮 1.5 亿吨[①]。

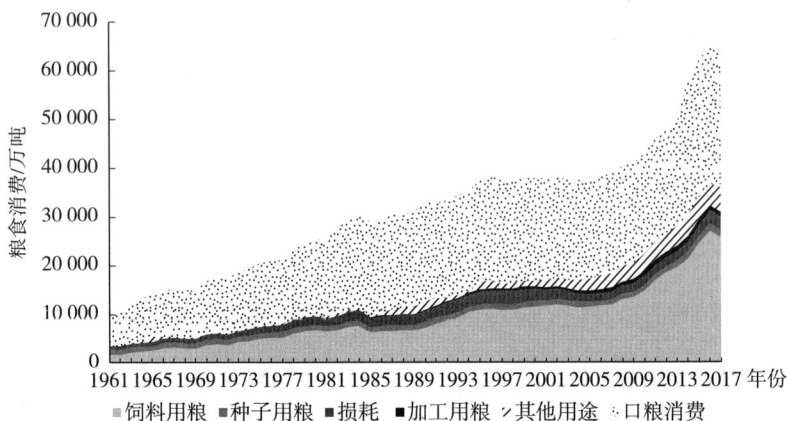

图 4　1961—2017 年我国粮食消费用途结构

资料来源：联合国粮农组织数据库。

（四）种粮抓粮积极性下降与政策选择空间不足并存

近年来，农民种粮和地方政府抓粮食生产的积极性在不断下降，粮食生产隐患逐渐累积。其原因在于，一是粮食生产成本提升和国际粮价挤压，种粮收益空间压缩[②]。1991—2018 年，我国三大主粮生产亩均成本增加 6.1 倍，亩均净收益则从 2016 年开始由正转负（图 5），2018 年全国稻谷、小麦、玉米亩均净收益分别为 65.9 元、－159.4 元和－163.3 元，农民种粮亏损 2 880 亿元，种粮负担沉重。二是工资性收入成为农民增收的主要途径，对经营性收入依赖降低。2019 年全国农民人均可支配收入为 16 021 元，其中工资性收入和经营性收入对农民

① 龚波，2019. 中美贸易摩擦对中国粮食安全的影响 [J]. 求索（4）：107-112.
② 薛岩，彭超，2020. 粮食市场全面放开后的政策调控及其改革方向 [J]. 理论探索（1）：115-123.

增收贡献率分别为 41.8% 和 28.8%①。三是农业逐渐小部门化、农产品加工业发展滞后以及对产粮大县财政扶持不足，地方政府抓粮食生产的积极性下降。虽然农林牧渔业总产值不断提高，但农林牧渔业总产值占比不断下降且快于农业人口的析出，农业比较收益低。2019 年第一产业增加值为 70 467 亿元，在国内生产总值中占比仅为 7.1%，同期第一产业固定投资增长基本停滞。从刺激政策上看，当前补贴政策效能下降，政策工具选择空间收窄。尽管多项补贴的政策初衷是促进农业生产，但当前多数补贴沦为收入补贴，补贴对象错位、缺乏指向性等带来补贴效能下降②。并且，在 WTO 框架下，把我国对面积、价格、数量等挂钩的生产和贸易可能产生扭曲行为的补贴政策都归为"黄箱"政策范畴，按照贸易协议，非特定农产品"黄箱"政策支持力度不得高于农林牧渔业总产值的 8.5%，通过"黄箱"政策工具对粮食生产进行支持的空间不足。

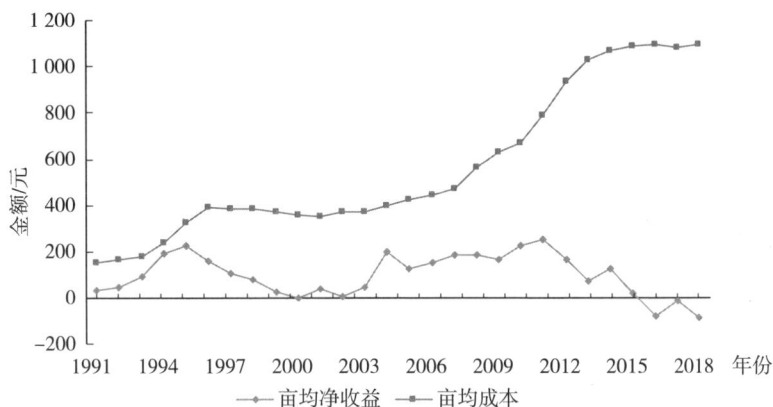

图 5　主要粮食品种成本收益情况

五、新形势下保障粮食安全的政策取向

当前，国内环境宏观经济下行，尤其在新冠肺炎疫情冲击之下系统

---

① 魏后凯，黄秉信，2019. 中国农村经济形势分析与预测 [M]. 北京：社会科学文献出版社 .

② 张磊，罗光强，2019. 粮食生产补贴政策的可及性及优化策略研究：基于粮食规模经营完全成本视角 [J]. 山西农业大学学报（社会科学版），18（2）：59 - 67.

性风险隐患增加，国际贸易保护主义抬头，多领域摩擦常态化、长期化影响逐步显现，并且南方洪涝、非洲猪瘟、草地贪夜蛾等重大灾害频发。在此背景下我国仍然保持粮食丰产势头不减、市场粮食供应充足，充分彰显了中国特色粮食安全道路的正确性。面对复杂形势，需要继续保持党的十八大以来的粮食安全战略定力，坚持"以我为主、立足国内、确保产能、适度进口、科技支撑"的粮食安全战略，坚持粮食安全底线思维，毫不放松地抓好粮食生产，稳住三农基本盘，对于经济社会平稳运行意义重大。

（一）坚持"两藏"战略，严格耕地保护，巩固产能

实施"藏粮于地、藏粮于地"战略，推广轮作休耕、休养生息，调整粮食部分品种，优化种植结构、面积，实行最严格的耕地保护制度，建设高标准农田，推进农业科技发展，提升粮食综合生产能力。一要实行最严格的耕地保护制度，留足粮食生产空间。严格控制耕地保有量，加强对耕地保护和用途管制，严格遏制永久基本农田的非农、非粮倾向，科学规划控制建设用地指标，保持种粮面积总体稳定，因地制宜实行轮耕休耕、秸秆还田、深松深耕、增施有机肥，提升耕地质量。明确耕地保护责任主体，整合中央地方涉农资金，建立耕地保护补偿制度加强激励。二要推进高标准农田建设，提高粮食综合生产能力。我国农业基础薄弱、防灾抗灾能力差，建设高标准农田是巩固提升粮食生产能力、保障粮食安全的重要举措。增加对农田水利路网等一般性投入，按照优先向粮食生产功能区和重要农产品生产保护区倾斜的原则，实现2020年建成8亿亩、2022年建成10亿亩高标准农田的目标，改善当前以中等地、中低产田为主的耕地现状。三要"藏粮于技"，向科技要产能。科技进步是农业现代化的重要支撑，也是粮食增产的根本出路。根据《中国农业农村科技发展报告》，我国的农业科技进步贡献率持续提高，2019年我国农业科技进步贡献率为59.2%，表明科技进步对农业产值增长的贡献率已经超过土地、资本等要素之和，但与发达国家还存在明显差距。需要通过推广优质品种、推广测土配方施肥、完善农作物栽培技术、推进农业机械化等措施，提高粮食生产和土地产出效率。

（二）推进绿色发展，保护资源环境，提高竞争力

长期以来，我国的粮食产能是以透支资源、过度开发为代价换取的，亟须转变农业发展方式，推进农业绿色发展，实现节本增效、节约增收，提升农产品市场竞争力。一是治理面源污染，加强产地环境保护。推广测土配方施肥、改进施肥方式精准施肥，提高化肥利用率，增施有机肥替代化肥。利用生态控制、生物防治、统防统治等手段，在粮食主产区实行绿色防控，带动农药减量增效，提高利用率。推进禽畜粪污资源化利用、农作物秸秆还田、农膜和包装废弃物回收，加强产地环境保护。二是保护农业资源，提高资源利用率。在粮食主产区尝试保护性休耕，提升耕地质量，推广粮食生产节水技术，提高水资源利用效率，发展种养结合、立体循环农业，提高资源利用水平。三是推动粮食绿色生产，提高优质农产品供给。推动不同粮食品种生产优势区发展，调减玉米、大豆等非优势地区生产，提高粮食品种与水土资源的匹配度。修订农药残留限量标准和肥料安全性标准，制定符合我国国情的农药、肥料有毒有害物质残留等标准体系，以绿色、有机、优质等行业标准和生产规程规范粮食绿色生产。四是打造特色品牌，推动绿色农产品优质优价。强化绿色、有机、地理标志产品等认证和管理，着力扶持和提升优质、特色农产品品牌，以优质优价为核心，提升农产品的品质竞争力和价格竞争力，以高价格覆盖高成本，提高农民的种粮收益，释放优质、特色农产品的市场竞争力。

（三）立足国内外两个市场，提高利用两种资源能力

面对丰富多元的转型升级消费需求，在我国的资源条件下仅靠国内难以满足，需要在国内大循环为主体、国内国际双循环相互促进的新发展格局下，继续坚持"立足国内、全球供应"，树立大粮食观，提高综合利用两个市场、两种资源能力。一方面，立足国内确保口粮绝对安全，把"饭碗"端在自己手中。虽然当前我国粮食连年丰收，部分粮食品种出现阶段性结构过剩，但是从长期来看，仍然处在"紧平衡"的状态。尤其在新冠肺炎大流行冲击下，全球粮食供应链面临巨大压力，越

南、印度、俄罗斯等国限制粮食出口，南亚、非洲等地受蝗灾影响面临粮食减产，联合国发出 50 年来最严重的的粮食危机预警。因此，我们更需要保持粮食安全战略定力，集中优势资源条件，突出稻谷、小麦等主要粮食品种，坚持口粮绝对安全底线，合理配置资源条件，坚持谷物基本自给，为我国应对国际粮食市场异动，发挥粮食安全"压舱石"作用提供基本保障。另一方面，面向国际调剂品种结构适应消费需求。虽然当前国际贸易保护主义、逆全球化思想抬头，但是开放与合作依然是时代趋势。对于不存在生产优势的大豆、粗粮等品种，要面向全球粮食市场调剂品种结构，多元化进口途径拓展贸易渠道，以保持进口的稳定。对于城乡居民口粮消费下降，肉、蛋、奶等消费需求的提升，要树立大粮食观，"米袋子""菜篮子""果盘子"兼顾，增加肉、蛋、奶、水产等粮食终端产品进口。

（四）完善支持政策体系，提高种粮抓粮的积极性

一要按照完善粮食支持政策体系，调整"黄箱"政策、扩大"绿箱"政策、完善"蓝箱"政策的思路，重构新型支持政策体系，提高农民种粮积极性。按照我国加入 WTO 时对农产品贸易产生扭曲的"黄箱"政策进行约束和削减的承诺，进一步减少以最低收购价、三项补贴等对价格和投入进行的干预和补贴措施，充分发挥市场机制作用，调整生产结构。扩大"绿箱"政策适用范围，完善生产者补贴制度，推进"保险＋期货"适用范围，增加一般性投入，对农田水利、道路交通、网络通信等基础设施进行完善，降低农民的粮食生产成本，完善农业信息服务，为农户提供充分的市场信息，保障种粮农民的基本收入水平。按照 WTO 规定，以固定面积和产量为基期的补贴，在基期 85% 及以下水平免于削减，在此条件下，棉花目标价格补贴和玉米生产者补贴都具有相关特征，可尝试在制度框架下完善"蓝箱"政策，保障农民的基本收入水平。二要完善区域间利益补偿机制，提高地方抓粮食生产的积极性。长期以来，产粮大县等粮食主产区缺少发展机会，产粮大县奖补等措施额度难以满足地方发展需要，多数地区经济发展相对滞后。需要完善产粮大县补偿政策，加大对粮食主产区公共服务、公共物品的政策

倾斜，增加对产粮大县的转移支付，强化主销区对主产区的利益补偿。三要压实粮食安全省长责任制，明确中央地方责任划分。明确省长责任制的增强粮食综合生产能力、保持粮食播种面积和产量、完善粮食储备、促进粮食流通、提高粮食应急保障能力的重要责任，严格考核办法，明确粮食安全的中央和地方责任划分，提升粮食生产、储备、流通能力。

中国农民与土地关系思想的演变历程[①]

穆向丽

"新形势下深化农村改革，主线仍然是处理好农民和土地的关系"。从古至今，在中国这样一个农业大国，农民和土地的关系从来都是一个根本性问题。农民稳，则国家稳；农业发展，则国家发展；农村现代化，则国家现代化。当下，我国处在中国特色社会主义进入新时代的历史方位，要处理好这一根本性问题，需要在理论和实践上给予全面且正确的回答。

一、马克思、恩格斯关于农民和土地思想的主要观点

马克思和恩格斯通过分析认为只有社会主义才能实现农业合理化与社会化的有机结合，资产阶级主张实行土地国有，"不过是产业资本家仇视土地所有者的一种公开表现而已"；农业工人只有把"土地从大农民和更大的封建主私人占有中夺取过来，而变作由农业工人的合作团体集体耕种的社会财产时，他们才能摆脱可怕的贫困"。

1848 年初，马克思和恩格斯发表的《共产党宣言》第一次对农民作了科学的分析，指出随着资本主义的发展，作为中间阶级的农民日益破产和走向没落，只有同工人阶级联合，同工人阶级结成同盟并在它的领导下，才能促进革命，推动历史发展。他们认为，农业小生产方式"也是农业本身发展的一个必要的过渡阶段"，但小农制的灭亡最终是不可避免的。"这种生产方式必然要被消灭，而且已经在消灭"，资本主义

① 本文获得国家社会科学基金项目"农业供给侧结构性改革中农户农地休耕补偿机制研究"（项目编号：16CJY044），国家社会科学基金项目"新时代农村绿色发展的外溢效应测度及补偿政策研究"（项目编号：18BGL173），北京市社科基金课题"京津冀生态文明协同建设中区域生态补偿总值量化方法研究"（编号：16LJC009）资助。

农业是其发展的必然趋势。

1894年，恩格斯在《法德农民问题》一文中，阐明农业工人、小农、中农和大农都应该组织成合作社，而这几种合作社是有差别的。其中，小农的合作社是无产阶级国家通过示范和社会帮助，逐渐使小农自己愿意"把他们的私人生产和私人占有变为合作社的生产和占有"。并且，在农民占居民大多数的农业国家里，小农阶级的消亡是一个漫长的历史过程，应该将农民小土地所有制过渡到集体所有制，使小农走合作化道路。

1842年，恩格斯在《英国工人阶级状况》的序言中提出了在社会共同占有土地基础上实行共同耕种。1867年，马克思、恩格斯在《资本论》中阐释了大工业在农业中的应用所引起的最重要的变革是，加速了以小块土地所有制和小生产为主要特征的小农经济的解体过程。马克思指出："生产资料无止境地分散，生产者本身无止境地互相分离。人力发生巨大的浪费。生产条件越来越恶化和生产资料越来越昂贵是小块土地所有制的必然规律。"同时，他们认为土地的集中是现代大农业发展的重要条件，而土地的自由流通和自由交易促进了土地的集中。只有土地的集中才能在农业中使用机器，实行大规模的劳动分工，促进现代大农业的发展，并使工商业同农业相互配合，从而有利于缩小城乡差别和工农差别。1872年，马克思在《论土地国有化》中，提出了在社会主义土地国有化基础上有计划地发展农业的思想。恩格斯在《住宅问题》一文中指出："现存的大土地所有制将给我们提供一个良好的基础来由组合工作者经营大规模的农业。"在《法德农民问题》中，恩格斯提出要发展土地集体所有制条件下的农业合作社，并把这些合作社逐渐变成全国大生产合作社，由国家经营农场。1874—1875年，马克思在《巴枯宁"国家制度和无政府状态"一书摘要》中，首次明确提出把农民小土地所有制改变为集体所有制，并让农民通过经济的道路来实现。

二、马克思主义农民和土地思想在20世纪中国的实践与发展

"中国最大的问题是农民问题，农民最大的问题是土地问题"。中国

共产党遵循国情实际，致力于探索具有中国特色的解放和发展农村生产的道路，辩证地应用马克思主义农民和土地思想，积极开展相关探索，积累了大量宝贵经验，也开展了一些值得再思考的实践。

1925年10月，中国共产党在北京召开中共中央扩大执行委员会议，第一次在党内提出了解决农民土地问题，确定了"耕地农有"的土地政纲。1936年毛泽东在延安回答美国记者埃德加·斯诺有关革命、农民和土地问题的提问时谈道："谁赢得了农民，谁就会赢得中国；谁能解决土地问题，谁就会赢得农民。"为彻底解决封建土地所有制对生产力发展的桎梏，新中国成立后，伴随着《中华人民共和国土地改革法》的颁布实施，通过统一分配，农民实现了土地的个体所有，家庭自主经营。1953年6月，毛泽东在中共中央政治局会议上作了关于过渡时期总路线的重要讲话，提出："就农业来说，社会主义道路是我国农业唯一的道路。发展互助合作运动，不断提高农业生产力，这是党在农村工作的中心。"为更好地满足工业发展需要，并及时遏制农村中出现的新的"剥削"和贫富分化的现象，农民和土地的关系逐渐由"土地个体所有，家庭自主经营"向"土地个体所有，劳动互助"转变。随着农业互助合作的发展，互助组逐步向初级社进而高级社演进，人民公社制度实现了土地、劳动力等资源的集中。

党的十一届三中全会后，我国实行了农村土地集体所有制和家庭承包经营责任制。改革开放以来，小农重新成为农业经济主体，农业生产力大幅提高，我国基本实现了由"自然小农"向"商品小农"的转变。可以说，中国农业生产的迅速发展、农民收入的快速提高和城乡收入差距的缩小，一定程度上归功于以均田承包为主要特征的家庭承包经营责任制。但不容忽视的是，种植业规模小、生产经营成本高、土地细碎化经营、劳动力投入成本大、难以与市场接轨、比较效益低下等问题渐露端倪。与此同时，承包周期的有限性导致农民生产经营行为的短期化、土地流转制度不健全、公共基础设施和大型农田水利建设缺乏管护、农民增收困难、城乡收入差距日益扩大、粮食生产远低于种植经济作物和外出打工的收益、沿海经济发达地区大批粮田撂荒、粮食产量增长缓慢甚至滑坡等问题一度成为社会关注的焦点。因而，必须深化农村改革，实施制度创新，建立更完善的农民土地制度。

三、新时代中国特色社会主义农民和土地思想

中国要强，农业必须强；中国要美，农村必须美；中国要富，农民必须富。伴随着改革的不断深化，在当前全面建成小康社会的决胜期，如何正确认识现行农村土地制度和经营方式的利与弊，怎样落实党的十九大报告提出的构建现代农业产业体系、生产体系、经营体系，发展多种形式适度规模经营，培育新型农业经营主体，实现小农户和现代农业发展有机衔接等问题，需要在理论和实践上给予全面且正确的回答。习近平将对农民与土地问题的思考与治国理政的总体思考相结合，将农民问题、土地制度、粮食安全、城乡一体化、生产技术、农业科技相结合，形成具有中国特色的新时代农民与土地思想。

一是强调了规模经营。2014年，习近平在河南省考察时指出："家庭经营和规模经营要统一起来，积极稳妥推进土地流转，加快农业现代化进程。"2015年，习近平指出："土地流转和多种形式规模经营，是发展现代农业的必由之路，也是农村改革的基本方向。"2016年召开的中央农村工作会议上，习近平强调："发展适度规模经营，优化经营结构，把促进规模经营与脱贫攻坚和带动一般农户增收结合起来。""要把发展农业适度规模经营同脱贫攻坚结合起来，与推进新型城镇化相适应，使强农惠农政策照顾到大多数普通农户。""要让农民成为土地适度规模经营的积极参与者和真正受益者。"党的十九大报告明确提出发展多种形式适度规模经营，培育新型农业经营主体。

可以预期，随着城镇化、工业化进程进一步加快，还会有越来越多的农村人口进入第二、第三产业，农村土地流转比例将进一步提高，随着农业现代化的发展，推动农业适度规模经营已成为基本共识。对此，习近平强调："把选择权交给农民，由农民选择而不是代替农民选择，可以示范和引导，但不搞强迫命令、不刮风、不一刀切。""要与城镇化进程和农村劳动力转移规模相适应，与农业科技进步和生产手段改进程度相适应，与农业社会化服务水平提高相适应。"

二是确定了农村土地承包关系长久不变。习近平指出:"最大的政策,就是必须坚持和完善农村基本经营制度,坚持农村土地集体所有,坚持家庭经营基础性地位,坚持稳定土地承包关系。"党的十九大报告中明确指出,保持土地承包关系稳定并长久不变,第二轮土地承包到期后再延长 30 年。改革开放以来,我国农村土地进行了两轮承包。第一轮承包期 15 年,后来延长 30 年,这次承包到期之后下一轮承包再延长 30 年,将使农村的土地承包关系稳定在 75 年。这体现了长久不变,意味着农村的经济依然是集体经济,农村土地集体所有、家庭承包经营的农村基本经营制度不会改变,集体经济组织成员依法承包集体土地的基本权利不会改变,实现了土地承包"变"和"不变"的辩证统一。拥有承包地的农户和流转承包地的新型农业经营主体都有了稳定的预期,有利于促进多种形式的适度规模经营。同时,"三权分置"制度的实施和承包地确权登记颁证工作的基本完成,可以确保政策的衔接和平稳过渡。

三是提出了新农民的发展理念。2008 年党的十七届三中全会通过的《中共中央关于推进农村改革发展若干重大问题的决定》中明确提出:"有条件的地方可以发展专业大户、家庭农场、农民专业合作社等规模经营主体。"时隔 5 年,2013 年中央 1 号文件指出,要扶持发展专业大户、家庭农场和农民专业合作组织等经营主体。家庭农场作为新型农业经营主体,以农民家庭成员为主要劳动力,以农业经营收入为主要收入来源,利用家庭承包土地或流转土地,从事规模化、集约化、商品化农业生产,坚持了家庭经营的基础性地位,适合我国基本国情,符合农业生产特点,已成为引领适度规模经营、发展现代农业的有生力量。由此可见,中国的农民与土地的发展前景,不是私有制的家庭农场,而应该是以集体经济为基础,以农民合作社、种粮大户、家庭农场等适度规模经营主体为支撑,涵盖一二三产业融合、拥有较高农业附加值的绿色农业、优质农业、高效农业和特色农业。

"农,天下之大本也,民所恃以生也。"历史和实践反复证明,农民和土地思想,始终关系着党和国家的前途命运。回顾历史,不难发现,中国共产党一直坚持从实际出发,将马克思主义农民和土地思想与中国国情紧密结合，以解放和发展生产力为目标，循序渐进，灵活应对，切实维护了广大农民的合法权益。在乡村振兴战略实施的今天，我们应该始终坚持以深化改革为动力，推动农业全面升级、农村全面进步、农民全面发展，谱写新时代乡村全面振兴新篇章。

新型农业经营主体发展

新冠肺炎疫情对新型农业经营主体的不利影响：结构特征、风险判断与对策建议

——基于网络问卷与电话访谈的调研思考

课题组①

为打赢新冠肺炎阻击战，全国各地采取"非常"防控举措，使疫情得到有效控制。在跟踪疫情防控影响过程中，我们深刻感受到，各地采取的全面"断流"举措，给新型农业经营主体及农业生产经营活动带来了全方位不利影响，这已引起各级政府高度关注，采取了一些补救措施；但同时也发现，这种影响的覆盖范围、作用力度、不利程度等，对各区域各产业各主体并不相同，呈现明显的结构性特征，必须有针对性的应对举措。为此，2020年2月15—23日，农业农村部党校（管理干部学院）围绕疫情不利影响，面向新型农业经营主体开展了在线问卷、电话访谈调研，共获取涉及29个省（自治区、直辖市）2 861份问卷和27个案例的样本信息。

一、不利影响的结构性特征

问卷显示，受访新型农业经营主体反映受疫情不利影响的占86.6%，其中受到"非常大""比较大"不利影响的占63.4%；75.6%的受访主体反映疫情造成的经济损失平均达37万元。进一步分析数据、案例信息，这些不利影响，呈现5个结构性特征：

疫情越重的省份，受访主体受到的不利影响越大。问卷显示，疫情

---

① 执笔人朱守银、邵科。段晋苑、韩洁、尚旭东、沈兴兴、刘帅、李荣耀、朱云云参与电话访谈。

越重①，受访新型农业经营主体认为自身农业生产经营受到的不利影响越大：重度疫区湖北省，参与问卷调查的新型农业经营主体有 613 家（占总样本的 21.4%），本身就说明受到的不利影响严重；受访主体认为受不利影响"非常大""比较大"的占 76.5%。中度疫区省份，受访主体认为受不利影响"非常大""比较大"的占 72%。轻度疫区省份，受访主体认为受不利影响"非常大""比较大"的占 58.6%。从"疫情"带来的经济损失看，重度和中度疫区受访主体经济损失更大，平均高达 53.4 万元，而轻度疫区同比只有 28.6 万元。

经营规模大、水平高的受访主体受到的不利影响更大。问卷显示，2019 年经营规模在 500 万元以上的受访主体，认为受疫情不利影响"非常大""比较大"的占 80%，平均损失达 126.4 万元；规模在 25 万～500 万元的，占 66.9%，平均损失 23.3 万元；规模在 25 万元以下的，只占 52%，平均损失只有 9.1 万元。而获得国家级荣誉资质的受访主体②，认为受疫情不利影响"非常大""比较大"的占 76.3%，获得省地级荣誉资质的占 68.7%，没有获得地级以上荣誉资质的只占 59.3%。

以果蔬、禽类和水产等类农产品销售为主的受访主体受到的不利影响更大。问卷显示，相比粮油类、非禽畜产品产地销售者，销售果蔬类产品的受访主体，反映产地销售数量下降明显的占 46%，反映产地销售价格下降明显的占 37.3%，销售粮油类产品的分别只占 37.1% 和 26.2%。而销售禽类和水产类产品的受访主体，认为产地销售数量下降明显的占 46.5%、销售价格下降明显的占 39.5%，销售非禽畜产品的分别只占 34.6% 和 23.8%。

以超市、餐饮等为农产品主销售渠道的受访主体受到的不利影响更大。问卷显示，相比以产地批发、零售、电商等销售渠道为农产品主销渠道的主体，以超市为农产品主销渠道的受访主体，认为受疫情不利影

---

① 本文按严重程度，将受疫情影响的省份分为 3 类地区：一是重度疫区，即湖北省；二是中度疫区，即截至目前累计确诊人数超过 500 人的 10 个省份，包括除湖北省以外的广东、河南、浙江、湖南、安徽、江西、山东、江苏、重庆、四川等省；三是轻度疫区，即累计确诊人数低于 500 人的其他省份。

② 如国家农民合作社示范社、农业产业化国家重点龙头企业等。

响"非常大""比较大"的占91.1%("较小""没有"不利影响的只占8.8%),以餐饮酒店业为农产品销售主渠道的受访主体,认为其受疫情不利影响"非常大""比较大"的占73.3%,都高于以其他渠道为主销方式的不利影响程度(占66.1%)。

从事粮油和果蔬种植的受访主体受到的不利影响更大,且规模越大程度越深。问卷显示,从事粮油和果蔬种植的受访主体,认为其生产活动受疫情不利影响"非常大""比较大"的占65.3%,而从事非禽畜产品(猪牛羊等)养殖的受访主体只占57.7%。而且,从事粮油和果蔬种植的受访主体的经营规模越大,不利影响越严重:2019年经营规模在500万元以上的,认为受疫情不利影响"非常大""比较大"的占74.3%,规模在25万~500万元的占67%,25万元以下的只占56%。

二、不利影响的风险性判断

调研显示,疫情已对农业尤其是新型农业经营主体带来较大不利影响;如果"疫情"持续、应对不利,可能引发甚至加重三大风险。

一些新型农业经营主体面临倒闭风险,不少乡村人才恐遭受打击。调查显示,目前受访主体面临诸多困境:一是固定成本支出持续。即使停产,受访主体中仍需支付工资的占76.8%、水电费的占73.8%、贷款利息的占63.5%,还有地租、房租、产品储存等成本。而且规模越大,固定成本支出越高:500万元以上仍需支付工资、水电费、贷款利息成本的分别高达89.5%、83.5%、79.5%,月均支付固定成本26.9万元,规模在25万元以下的月均支付只需2万元。二是农业用工明显不足。受不让、不愿、不能复工因素影响,反映农业用工明显不足的受访主体占50.8%;而且规模越大,用工不足越严重,规模在500万元以上的高达60.5%,25万元以下的只有31.7%。三是物流通道严重受阻。受访主体反映农产品运输不畅的占59.1%,反映肥药、饲料等进不来的分别占33.2%和21.8%;其中从事粮油和果蔬种植的有48.7%反映农资进不来,从事畜牧水产养殖的有48.6%反映饲料进不来。因此,如果疫情严防延续,诸多受访主体将面临巨大生存压力,甚至倒闭风险：除了经济损失外，73.3％反映会使 2020 年经营收入下滑，下滑幅度平均达 32.3％，45.5％反映目前流动资金已经明显不足，57.9％反映最多只能维持半年。这会严重打击新型农业经营主体及乡村人才的从农信心和创业创新积极性。

不少新型农业经营主体农作物生产延误农时，面临减产减收风险。从事粮油和果蔬种植的受访主体受疫情不利影响比从事猪牛羊等非禽养殖更大，原因在于农作物生产受季节、气候等时令因素的根本制约，误农一时，损失一季甚至一年。调研显示，受用工明显不足、物流严重受阻、流动资金受限的影响，受访主体中有的不能按时整地、播种、育苗，有的不能及时栽苗、间苗、补苗，有的不能适时测土施肥、浇水用药、杀虫灭菌，有的不能因时采收、加工、运销……这势必造成农作物生产错失农时、地力不足、病虫害发生等风险，导致农作物减产减收。经营规模大的粮油和果蔬等农作物种植者受疫情不利影响更大，原因在于"船大难掉头"，对已经形成的成熟的种植结构、销售渠道，不能、不易、不宜、不敢随便调整结构。因此，如果疫情严控延续，不少新型主体农作物生产可能面临减产减收风险。此外，一些受访者还担心，一旦各地集中复工复产开业，物资、物流需求必将大增；如果市场监管不力、流通不畅，物资价格和流通费用上涨，将进一步提高农作物生产成本。

农民收入已受影响，促进农民增收、防止返贫面临压力。电话访谈显示，多数受访主体认为，之前的疫情防控，使绝大多数农民处于只消费无收入状态，农民增收压力巨大。综合调研信息，对农民收入造成不利影响的因素主要有：一是之前的全面"断流"举措，农民外出务工和本地兼业务工务农严重受阻，使往年以打工为主要收入来源的农民，至少已经损失一个月工资收入。二是多数乡村实体商店关闭、小业主停业，产品、物资流通严重受阻，农户多种经营收入缩水。三是新型农业经营主体农产品外销受阻，农产品收购价格下跌，农民农业经营性收入减少。四是如疫情严控持续，不仅会使上述收入继续减少，还会因延误农时，普通农户农业增产增收面临困难。不少受访主体反映，在上述因素影响下，农村尤其是贫困地区的产业扶贫、就业扶贫工作将面临较大困难，促增收、防返贫压力不小。

三、应对不利影响对策建议

面对不利影响，必须以科学方法精准施策，加大力度积极应对。综合研判问卷、案例样本信息，我们建议：

切实提升疫情防控的科学性精准性。严格疫情防控举措十分必要，但科学、精准是关键。农业农村地域广、空间大、人口分散、多数独居，对防控传染源、防止人员扎堆等更具优势。目前，各地疫情持续向好，对绝大多数乡村，只要 14 天内无确诊病例，只需教育农民戴口罩、勤洗手，应全面取消"断流"举措、推动复工复业；尤其是农业生产，要抢抓 3 月关键农时，将损失降到最低；而且，恢复农业生产，有利于农村社区疫情防控。

着力抓好已有政策措施及时和有效落地。当前，各级政府及部门都对农业农村复工复业等出台了系列支持政策，但关键在及时有效落地。要尽可能减少申报、填表、审批等政策落实方式，防止形式主义、官僚主义；要深入基层排查政策落实情况、落地效果，防止优惠政策落空；要让税费减免、迟缴缓缴等优惠政策一视同仁、应享尽享，防止人为设限、只及个别；要统筹疫情防控与复工复业、人员流动，下游企业与上游企业等相关政策衔接配套，防止相互抵触、掣肘。

重点保护新型农业经营主体和乡村人才。一是要尽快筛查各地新型农业经营主体所受不利影响程度，摸清生产经营、人流物流、产品销售难题，打通复工复产通道。二是要将与农业生产和普通农户利益联结密切、损失较大的农民合作社和家庭农场及其带头人，作为保护的重中之重，稳定新型农业经营主体和人才队伍。三是加强农产品产销对接服务，利用信息化手段，组织商贸、加工、物流等企业与新型农业经营主体对接，支持新型农业经营主体开展农产品线上销售。四是加强对新型农业经营主体带头人的线上培训力度，增强新型农业经营主体应对突发事件、防范营销风险、创新营销方式的能力水平。

不断增强财政金融政策的针对性有效性。财政政策上，重点帮助新型农业经营主体缓解基础设施投资压力，补贴水电路、网络通信、电子商务等设施建设及新品种新技术新设备引进；全额补贴 2020 年各种政策性农业保险保费。金融政策上，一是发改、金融等部门要将更多的新型农业经营主体作为疫情防控重点融资支持对象，享受优惠利率政策。二是提高新型农业经营主体 2020 年授信规模，增加期限长、利率低、贴息多信贷产品，并简化手续、尽快到位。三是减免新型农业经营主体 2019 年新增贷款利息 50%，推迟半年还款、付息；减免新型农业经营主体 2020 年上半年养老、失业、工伤保险保费，不收滞纳金，不影响正常待遇和权益。

大力加强农村物资流通市场及价格监管。保持农用物资价格和流通秩序稳定，对新型农业经营主体复工复产及农业农村经济发展极其重要。一是组织农用物资供应单位加大调配力度，保证货源；二是组织农资经销单位开展点对点服务，推动农资直达农村、农户和新型农业经营主体；三是全面放开农资运输管制，让农用物资运输车辆享受绿色通行优惠政策；四是坚决打击借机囤积农资，哄抬物价，保持价格基本稳定。

多措并举拓展农民增收渠道和防止返贫。一是各地要优化农民工外出就业服务，摸清滞留农民工的数量及就业单位、岗位等，精准对接用工单位用工信息，积极稳妥组织农民工返工就业；二是着力加强新型农业社会化服务，推动小农户通过托管半托管、入社入股等方式，与新型农业经营主体、现代农业有机衔接，挖掘农业增产增收潜力；三是加大补实乡村公共服务和基础设施短板的财政投入，增加乡村公共服务和基础建设就业岗位；四是积极稳妥推进乡村小商品零售、特色商品运销、废旧物品回收等实体复工复业。

农民合作社带动小农户发展的
作用机制、实践模式和政策建议

于占海　邵　科　孙超超　杨艳文

党的十九大报告明确要求实现小农户和现代农业发展有机衔接，2019 年中共中央办公厅、国务院办公厅印发《关于促进小农户和现代农业发展有机衔接的意见》，全面支持小农户发展。理论研究和国际经验都表明，农民合作社是带动小农户发展的有效组织形式和理想载体。但现阶段，我国农民合作社带动农户发展的潜力尚未得到充分释放。因此，需要进一步解析农民合作社带动小农户发展的作用机制和实践模式，提出相应的对策建议。

一、农民合作社带动小农户发展的作用机制

本研究认为小农户的发展包括小农户家庭收入的增长与能力素质的提升。合作社带动小农户发展包含两个维度内容：一是既包括带动成员农户发展，也包括带动非成员农户发展；二是既包括给农户带来收入的增长，也包括给农户带来能力素质的提升。农民合作社带动小农户发展的作用机制主要体现为四个方面：一是通过产品统购统销等方式带动小农户增加家庭经营收入；二是通过土地、资本、劳动力等要素合作与小农户产生更为紧密的利益联结，提高小农户的财产性收入、工资性收入和转移性收入；三是依托社会化服务使小农户与专业化生产更好衔接，不同程度降低小农户农业生产经营成本，将部分小农户从农业生产中解放出来；四是通过引导小农户参与合作社经营管理提升小农户综合业务能力（图 1）。

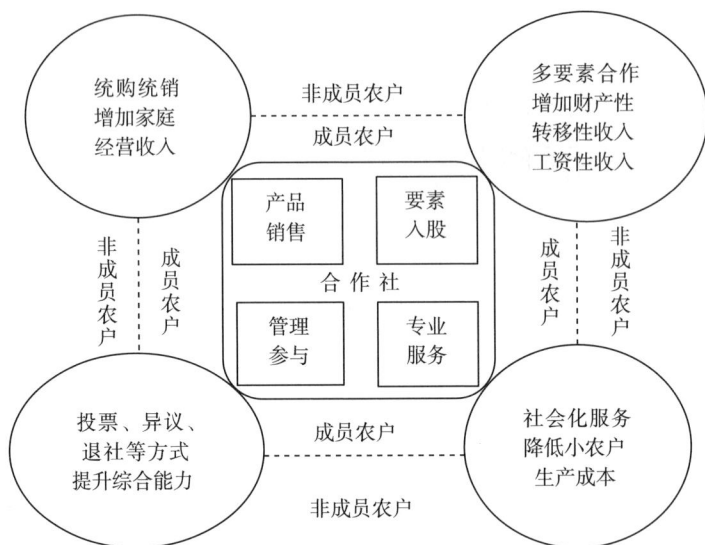

图 1　农民合作社带动农户发展理论机制

二、农民合作社带动小农户发展的实践模式

根据合作社带动小农户发展情况的差异，可以将合作社带动小农户发展模式分为松散型、半紧密型和紧密型三类。具体如下：

（一）产品买卖等松散型带动模式

1. 概念内涵　小农户利用合作社提供的产前、产中、产后等社会化服务降低农业生产成本、提高销售收入，最终实现家庭经营收入的提高。

2. 带动机制与效果　该模式下，农民合作社对小农户的带动作用主要体现在产品销售上。小农户可以通过利用合作社提供的社会化服务降低生产成本，找到稳定的销售途径，但不容易获得价格改进空间（多为随行就市）；同时，合作社通过与小农户建立口头或合同契约，获得稳定的产品来源，但农户交售农产品的质量、数量存在波动情况。成员农户与农民合作社之间的联结关系直接体现为产品惠顾，非成员农户与农民合作社之间仅为产品买卖关系，带动作用并不突出。

3. 推广难度 该种模式的成立门槛较低，推广难度小，小农户最容易参与。

（二）以订单合作为代表的半紧密型带动模式

1. 概念内涵 小农户与农民合作社在产品交售或产品惠顾的基础上，在资金、土地、劳动力等某一方面开展合作，实现收入的增加。

2. 带动机制与效果 合作社对成员农户的带动作用主要体现为从三个路径增加家庭收入：通过"产品惠顾＋土地出租（入股）"获得"家庭经营收入＋财产性收入"；通过"产品惠顾＋雇工作业"获得"家庭经营收入＋工资性收入"；通过"产品惠顾＋资金入股"获得"家庭经营收入＋财产性收入"。非成员农户与合作社之间的利益联结关系主要体现为通过"产品买卖＋土地出租"获得"家庭经营收入＋财产性收入"。农民的总体增收效果不错。

3. 推广难度 该模式的成立门槛相对高，有一定推广难度，需要有一定能力的带头人领导，用稳定的经营效益吸引小农户成员参与。

（三）以要素入股为核心的紧密型带动模式

1. 概念内涵 农户将土地流转给农民合作社，或者以资金、土地、产品、技术等要素入股的方式加入农民合作社，和农民合作社建立起包含产品交售、股份合作、利润返还等的紧密型利益联结机制。

2. 带动机制与效果 该模式下，在提高农户收入上，成员农户与合作社之间的联结关系为"产品惠顾＋土地入股（出租）＋资金入股＋雇工作业＋民主参与"，可以获得"家庭经营收入＋财产性收入＋工资性收入＋转移性收入"；非成员农户与合作社之间的联结关系为"产品买卖＋土地出租＋雇工作业"，可以获得"家庭经营收入＋财产性收入＋工资性收入"。在提升小农户综合素质能力上，成员农户通过参与合作社经营管理，提升了财务、管理等方面的综合能力。该模式对成员农户带动最为全面、带动效果最为显著。

3. 推广难度 该模式的成立门槛最高，推广难度最大，需要有能力较强的带头人领导，并且需要通过合作社的持续稳定赢利来吸引和保持成员紧密参与的状态。

进一步比较分析三种模式在带动机制、带动效果和推广价值方面的情况（表1），可以发现三种模式有各自的推广价值和适用范围，不存在万能模式概念，需要因地制宜地培育和推广。

三、促进农民合作社带动小农户发展的政策建议

必须看到，我国农民合作社存在发展质量不高，小农户带动效果不理想；发展目标异化，小农户带动功能漂移；农户分化加快，小农户合作意愿不强等问题。这些问题影响了合作社带动小农户发展的效果与功能发挥。因此，为进一步提升合作社带动小农户发展的能力，亟须采取如下政策举措：

（一）出台带动小农户发展、促进小农户转型升级的政策意见

抓紧时间进行顶层制度设计，研究出台扶持小农户发展的专门政策意见，重点对依托农民合作社带动小农户发展等内容进行详细制度构建。着力围绕技术、资本、土地、人才等要素构建系统创新支持举措，为小农户发展构建更加宽松和谐的政策体系。

（二）提高新修订合作社法律法规贯彻力度，规范带动能力

借助微信公众号、短视频等新型媒介，以农民群众喜闻乐见的形式开展在线教育和现场示范教学，提高新修订《农民专业合作社法》的宣传力度。加快农民专业合作社示范章程、财务会计制度、工商登记管理办法等配套法规文件的修订出台，引导合作社规范发展，提高规范带动小农户全面发展的能力。

（三）强化多要素合作、改善利益联结方式，提高发展带动紧密程度

修订各层级的农民专业合作社示范社评定及监测暂行办法，加大不合格示范社淘汰力度，加强对守法依规在册农民专业合作社示范社的政策倾斜支持力度，强化示范社对全体合作社的示范引领作用。重点支持

表1　农民合作社带动小农户发展的实践模式比较分析

农民合作社带动小农户发展的实践模式		主要带动机制	带动农户增收途径						农户能力建设	带动效果（程度）	模式推广价值		
			家庭经营收入		财产性收入			转移性收入	综合业务能力		稳定性	持续性	适应性
			产品销售	工资性收入	土地出租	股份分红	交易量返还						
产品买卖等松散型带动模式	成员	产品惠顾	√				√			++	++	++	++
	非成员	产品买卖	√							+	+	+	++++
订单合作等半紧密型带动模式	成员	产品惠顾＋土地出租（入股）或资金入股或雇工作业	√	√	√	√	√		√	++++	+++	+++	+++
	非成员	产品买卖＋土地出租	√		√					++	++	++	+++
要素入股等紧密型带动模式	成员	产品惠顾＋土地出租（入股）＋资金入股＋雇工作业＋民主参与	√	√	√	√	√	√	√	+++++	+++++	++++	++
	非成员	产品买卖＋土地出租＋雇工作业	√	√	√				√	++	+++	+++	++

注：带动效果（程度）和模式推广价值用"＋"代表，"＋"号越多分别表示越大、越稳定、越持续、越好或越容易。

成员与合作社签订农业生产合同，实现订单生产、保底收购；强化成员人人持股，限定单个成员持股上限，引导成员现金入股与惠顾额成正比，鼓励成员土地入股等，以此引导成员多要素合作，密切成员与合作社之间的利益联结。

（四）支持联合体、联合社等龙头主体发展，提高带动水平

支持龙头企业基于特色主导产业与农民合作社等联手组建农业产业化联合体，引导农民以土地经营权、林权、设施设备等入股合作社或龙头企业，探索主体间相互入股，或联合组建新型市场主体。支持合作社间基于业务发展需要组建不同层级的联合社，联合开展农产品销售、加工等资本、技术密集型业务，鼓励联合社内人才流动，实现资源要素优化配置，提高联合社小农户带动水平。

（五）构建农业社会化服务体系，降低小农户参与发展门槛

围绕粮棉油糖等关系国计民生但效益相对较低的大宗农产品领域，通过项目支持或财政补贴等方式支持农民专业合作社开展农业生产全环节或部分重点、薄弱环节的托管，帮助未入社也不愿流转土地的自耕农户降低生产成本、提高生产效率。相关部门要在服务标准、质量、价格、信用等方面加强政策引导和日常指导。各地要结合实际情况，合理制定对农业社会化服务主体的补助上限，支持资金必须与服务带动小农户的程度和效果相挂钩，防止"垒大户""补大户"。

看范家屯孟家村，村社互促共发展

——记吉林省公主岭市范家屯镇乾程农民专业合作社

朱守银　王梦颖　周忠丽

吉林省公主岭市范家屯镇位于松辽平原中部，地处省会长春市半小时经济圈内。在范家屯镇，有一位名号响当当的人物，他就是吉林省公主岭市范家屯镇乾程农民专业合作社理事长王成，农业农村部管理干部学院"聚力强社"领军带头人培育计划连续三届的老学员。同时，他还是公主岭市范家屯镇孟家村党支部书记兼村委会主任、公主岭市第十八届人大代表。2019年3月4日至5日，农业农村部管理干部学院朱守银副院长一行来到了这里，开展了较为深入的调研活动，走进了王理事长与孟家村和合作社的故事。

公主岭市范家屯镇乾程农民专业合作社于2013年8月27日经公主岭市原工商行政管理局批准设立。成立之初合作社拥有成员20户，成员出资总额200万元。到2018年，入社成员已有300余户，成员出资总额达到800万元。合作社固定资产达到2 000万元，合作社流转土地面积508公顷，拥有约翰迪尔收割机、喷药机等大型农机具及配套设施90余台套。合作社种植大豆1 000亩，马铃薯300亩，甜玉米3 000亩，普通玉米3 500亩，园艺苗木100亩，日光温室棚膜园区50亩。2019年2月合作社被认定为国家农民合作社示范社。

一、土地连片，走集约化经营之路

合作社成立后，在村里采取3种方式将分散的土地连片，以提高机械化经营水平和土地经营效率。一是土地入股。农民以土地经营权入股合作社，作为成员参与合作社管理，按出资额享有盈余分配。入股后的土地由合作社统一种植经营，年底按股份分红。二是土地保底收益。农民把土地租赁给合作社，合作社每年付给农民 1.5 万元/公顷的使用租金，收益盈余和经营风险由合作社承担。三是土地代耕服务。合作社为农民提供有偿农机作业服务，土地产出收益和经营风险归农民所有。

二、村社互促，合作社与村民齐受益

一方面，合作社积极谋求发展为成员增收。2016 年，合作社与中粮生化能源（公主岭）有限公司签订 1 万亩农业可持续发展项目认证销售协议，为中粮、可口可乐等大企业提供可追溯玉米生产体系，通过调整种植结构，实行玉米和大豆轮作种植，提高种植收益。积极引导农民以土地入股合作社，实行按股分红，逐步由原来的土地流转合作社转变为农民土地股份专业合作社，让合作社成员获得更多盈余分配红利。另一方面，合作社依托产业发展带动村民就业，增加村民工资性收益。孟家村共有 8 个自然屯，620 户 1 700 人，其中 60 岁以上 257 人，18 岁以下 346 人。合作社成立以来，带动农户就业达 234 人，2018 年村民整体经济收入同比增长 30%。

三、能人带动，靠实力赢得全村信任

理事长王成是典型的东北大汉，有着北方男子的豪爽，有担当、敢打拼、讲义气。2013 年，在外打拼 10 多年的他回到了自己的家乡孟家村，怀着一颗带领乡亲共同致富的初心，依靠曾经承包电气工程积累的财富，开始他的农业之路。几年来，他四处求学取经，不断夯实合作社经营管理方面的专业知识，丰富产业结构、拓展经营手段，成为当地有名的致富带头人。在他的积极争取下，如今孟家村 85% 的村民都搬进了镇里的农民新村、住上了楼房，收入水平也大幅度提升，合作社成员和村民是由衷地服他、信他、敬他。用他自己的话说："只要乡亲们有啥事儿能第一时间想到我，觉得我靠得住、信得过，再苦再累我也觉得值了。"的确，在调研组采访的过程中，上门来问事儿寻求帮助的乡亲络绎不绝，王成的脸上始终挂着乐呵呵的笑容，耐心地帮助大家排忧解难。这就是一个有点追求、愿意投身三农、回报乡亲的新型农民的真实写照。

合作社参与脱贫攻坚：
财政扶贫资金入股的困境与出路①

2019 年 4 月 23—29 日，由农业农村部农村合作经济指导司指导、农业农村部管理干部学院主办的全国农民合作社带头人能力提升研修班（第二期）在北京举行。培训期间，就"农民合作社参与脱贫攻坚"发放了调查问卷，组织学员就该主题展开了研讨交流，在此基础上提出了相关政策建议。

一、农民合作社参与脱贫攻坚的现状

农民合作社扎根农村、植根农业，是助农增收的有效载体。河北省将农民合作社作为实施产业扶贫、带动贫困户发展的桥梁，共安排 5 082 万元资金扶持贫困地区农民合作社建设；指导贫困地区建设省级示范社 485 家，入社农户比其他农户户均年增收 20% 以上。此次参加培训的 84 名学员均来自河北省环京津 28 个贫困县的合作社，在参与脱贫攻坚中呈现以下 3 个主要特点：

1. 合作社带头人以专业大户为主 群雁齐飞还需头雁来带。问卷显示，35% 的合作社理事长为专业大户，其次是村"两委"干部（22.5%）和农业企业所有人（22.5%），这 3 种类型的带头人受教育程度较高，掌握一定的生产技能和专业知识，有更丰富的阅历和敏锐的市场洞察力，能带动合作社较好地发展。

2. 提供就业岗位是合作社带动贫困户的主要方式 农民合作社因地制宜发展种植养殖、旅游等特色产业，创新土地流转、订单合同、扶贫资金入股等方式，和贫困户形成密切的利益联结。问卷显示，

---

① 本文由孙超超执笔，周忠丽、刘华彬、康晨远参与研修班研讨。

84.62%的合作社为贫困户提供就业岗位增加其工资性收入；76.92%的合作社通过流转土地增加贫困户的租金收入；分别有35.9%、25.64%的合作社通过扶贫资金入股、提供技术培训或销售服务提升贫困户的收益。

3. 参加合作社的贫困户收益普遍高于未入社贫困户 问卷显示，2018年，贫困户成员通过参与合作社（包括交售农产品给合作社等）获得的人均净收益为3 261元，参加合作社的贫困户成员收益要比同村没有参加合作社的相同产业贫困户增收1 327元。其中，85%的合作社为贫困户提供了额外的优惠政策，例如，农产品收购价格比普通成员高、销售的农资或提供的技术（农机）服务价格比普通成员低等。

二、农民合作社参与脱贫攻坚存在的问题

研讨中，合作社理事长反映了带动贫困户发展过程中的一些老问题，如贫困户"等靠要"思想严重、扶贫政策向合作社倾斜不足、合作社面临资金人才短缺等。同时，还针对"合作社使用财政扶贫资金"展开了深入讨论。

1. 规定一定比例的入股扶贫资金分红是否科学 此次参训的学员均来自贫困县，62.5%的合作社获得过财政扶贫资金，超过1/4的合作社对财政扶贫资金量化入股，实行年底按股分红。但不少理事长表示，政策要求合作社按照扶贫资金入股的10%或一定比例在年底给贫困户分红，3～5年后返还本金，这一规定影响了合作社使用扶贫资金的积极性。宣化区鑫磊蔬菜种植专业合作社2016年争取扶贫资金50万元，每年需给贫困户分红5万元，5年后返还本金，按股分红率达10%，比银行贷款利息还高。虽然合作社会继续吸收贫困户加入，但是不愿意申请新的扶贫资金入股。

2. 固定金额的扶贫资金款循环使用是否合理 学员们呼吁，固定金额的扶贫资金款，应该定量定户，明确到具体贫困户，循环使用影响到合作社的正常经营和参与扶贫的积极性。曲阳县和赢种植农民专业合作社理事长表示，2017年，合作社获得扶贫资金25万元，带动25户

贫困户，每年给予每户 1 000 元的股金分红，时间为 3 年。2018 年，21户贫困户脱贫，但政府部门又找了 21 家贫困户加入。合作社表示，扶贫资金为产业发展、业务扩大注入了活力，但脱贫后又引入新的贫困户，感到力不从心，有很大压力。

3. 参与扶贫的合作社遭遇风险，贫困户怎么办 研讨发现，合作社作为市场主体，往往面临着自然风险、市场风险等，持续稳定发挥扶贫功能具有一定的不可预知性。阜平县一家香菇合作社，每户贫困户从农行免息贷款 5 万元入股合作社，年底可获得 8% 的分红。但随着合作社规模扩大，市场竞争力弱、经营不善最终导致亏本，获得保险公司35 万元赔偿，每个菌棒获得政府补偿 0.5 元，但贫困户的 8% 分红没有了着落。

三、推动农民合作社参与脱贫攻坚的几点建议

1. 抓住核心问题，既要保证贫困户利益，又不能伤了合作社感情 学员们认为，扶贫资金入股合作社，年底按股分红比例的多少是影响合作社参与扶贫效果的核心问题。学员们建议，可以采取"固定比例＋浮动比例"的分红方式，政府部门确定一个合理的分红比例，再根据当年合作社实际经营收入、盈余分配等财务情况客观确定一个分红比例，在保证贫困户一定收益的情况下，确保合作社的正常经营活动。

2. 强化风险防控，科学应对扶贫项目收益波动，引入金融工具降低损失 在合作社参与扶贫过程中，政府职能应重在做好鼓励、引导、监管、规划和服务等工作。学员们建议，一是客观确定承担主体，应从合作社经济实力、发展能力、市场竞争力、规范化建设水平、带头人能力素养等多方考察，确定实力强、有意愿的合作社承担；二是建立完善的风险评估机制，引入市场评估、成本核算、价格预警等方式，帮助合作社及时掌握市场行情；三是创新农业政策性保险，引入生产保险、目标价格保险等险种，最大限度降低损失；四是做好扶贫项目收益波动的预案，保证国家财产不受损失。

3. 营造良好氛围，加强宣传培训，提升扶贫政策退出后贫困户的持续发展能力 随着一批贫困户、贫困县的退出，原有的扶贫政策在 2020 年即将画上句号，贫困户如何从思想上脱贫、提高持续发展能力值得思考。学员们表示，一是利用现有政策引导合作社做大做强，向第二、第三产业延伸，提升持续发展能力，以进一步带动贫困户发展；二是引导合作社规范发展，从章程制定、盈余分配等入手，最大限度保证贫困户的收益。

河南荥阳新田地种植专业合作社开展托管的做法

刘华彬　王梦颖　康晨远

农业生产托管是近年来出现的一种新产业新业态，全国各地已探索了"土地托管""代耕代种""联耕联种""农业共营制"等多种模式。其中，河南省荥阳市新田地种植专业合作社（以下简称新田地）通过小麦和玉米生产托管，实现规模化种植、集约化经营、机械化作业，形成了较成熟的运作模式，具有较大的借鉴价值。

一、合作社发展概况

新田地理事长李杰曾在食品行业工作 12 年，对食品加工和粮食行业非常熟悉。出于看好粮食生产转型提升的巨大机遇，2011 年 3 月，李杰在荥阳市高村乡高村领办了新田地，专注发展优质小麦与玉米。

2012 年，新田地带动农户 1 000 多户，种植面积 2 000 余亩。同时，流转 1 300 亩土地，租金为小麦 1 200 斤/（亩·年），种了一季玉米，经核算难以获得盈利，于是将土地转让出去，并决定以后只提供社会化服务，不流转土地。

此后，新田地坚持自己的发展路子，带动农户数量、种植面积不断扩大。截至 2018 年，托管业务覆盖荥阳、巩义、兰考、鄢陵、太康、武陟、新郑 7 个产粮大县，带动农户 3.6 万户，种植优质小麦 10 万余亩。

二、托管项目及模式

（一）托管项目

新田地提供种子、配方肥、飞防、保险、深松、播种、灌溉、收割、运输、烘干、收购等托管项目，每项都有明确的服务内容、标准与价格，除种子与收购为必选项外，其他的项目农户可自主选择。服务费用按低于市场价格定价，基本的定价原则是：种子和收购略有盈利，其他项目包括最难的灌溉都按成本定价。托管收费公开透明，农民可直观地与市场进行对比，达到"实惠看得见"的效果，自愿将土地托管给新田地。

（二）托管模式

1. 半托管 所谓半托管，就是农户将部分生产环节托管给新田地。双方签订协议，对土地用途等进行约定，其中种植品种必须由新田地指定，农户可在指定品种中选择；新田地对托管粮食实行统一收购并约定价格，如强筋小麦"新麦 26"平均每斤高于普麦市场价 0.07 元。半托管主要针对散户、种粮大户，新田地不对托管最终产量负责。半托管土地细碎分散，即便成方连片，也不超过百亩，不具有规模优势；只托管部分环节，不能形成全程控制，不具有集约优势，因此新田地不将半托管作为未来发展方向。

2. 全程垫资托管 所谓全程垫资托管，就是从种子供应到粮食收购，全程由新田地负责实施并先行垫付生产费用。与半托管相比，全程垫资托管有三大不同之处：一是有一个基本产量承诺。新田地保证托管产量不低于周边土壤性质相似、种植品种相似地块的平均产量，否则按市场价赔偿不足部分，另外托管产量如低于平均产量的 50%，农户可以不支付垫资费用。二是托管费用由新田地先行垫付，从托管土地的粮款中直接扣除，剩余粮款返还给农户。三是优惠力度更大。产品收购价格更高，如强筋小麦"新麦 26"每千克高于市场价 0.15 元，托管服务收费也更低。

对于全程垫资托管，还有一些配套和外延约定：①农户对托管土地进行有效的治理，保证水、电、路等基础设施完好；②新田地协助农户做好农产品防盗工作，发现问题及时反馈给农户，因盗窃造成的损失由农户承担；③托管土地如遇天灾，由保险公司定损，理赔金支付给农户；④与托管有关的财政补贴以及机械化、粮食烘干、仓储建设、附属设施用地等政策、项目，由新田地承担受益，农户要积极配合争取。

在实践中，新田地实施的全程垫资托管又分 2 种情况：

（1）与兰考"土地银行"的合作。2018 年，兰考县实施土地改革试点，县政府集中连片流转农户土地 1 万亩统一经营，被称为"土地银行"。"土地银行"将 1 万亩土地"小麦＋玉米"两季生产全程垫资托管给新田地。双方的合作总体是成功的，2018 年因为用水问题新田地勉强盈亏平衡，2019 年解决了用水问题，玉米及小麦托管都实现了盈利。但是，这种模式也面临一个难题：粮食偷窃现象严重。2018 年一个晚上，新田地收获玉米时，发现多达 400 余农民在偷掰玉米。由于农民流转土地后，其利益与土地完全脱钩，盗窃行为很难杜绝。

（2）与土地股份合作社的合作。基于"土地银行"模式的弊端，新田地认为根本出路在于要保证土地收益与农户密切相关，于是按照"农民变股东"思路，引导兰考 5 个村进行土地股份合作试点，并提出"农民种地不花钱"的口号。

土地股份合作试点运作如下：村"两委"领办土地股份合作社，村民以土地入股，土地通过破边、破渠、破埂、破路实现连方成片，多出来的土地为村集体股份。土地股份合作社将土地交给新田地全程垫资托管，新田地每年给村"两委"30 元/亩管理费。粮食收获后，粮款扣掉托管费返给土地股份合作社，再按照土地股份分配。为规避违约风险，新田地采取了三级签约措施：先与县政府签订框架协议，再与镇政府签订担保协议，最后与村"两委"签订托管协议。

实际运行表明，这种模式有效杜绝了偷盗行为，增加了农民土地收益、村集体收入，实现了三方共赢。

三、托管业务运行机制

1. 种子选购　基于"企业需要优质专用粮→与企业签订优质优价订单→选择优质专用品种"市场倒推行动逻辑，新田地提出了"品种先行"战略。小麦方面深耕优质强筋小麦，先后种植"豫农 416""新麦26"等品种。玉米方面注重机收脱粒表现，主要种植"宇玉 30""豫单

9953"等品种。新田地购买种子坚持一个原则：从正规企业购买包衣种子，并到农业农村部门备案。这样做价格虽贵一点，但可以规避政策风险、质量风险和病害风险。

2. 肥料农药采购　新田地采购肥料农药实行"三个坚持"：一是坚持只与上市公司或央企合作。二是坚持只签代理合同，享受厂价直供，年底还有销售返利。三是坚持零利润。按"进价＋运费＋装卸费＋工人工资"成本价提供给成员，比市场便宜30％左右。

3. 服务外包与管理　所有托管服务并不是新田地包办，而是进行资源整合、实施外包，比如协助、出资成立了农机合作社，目前有1 000多台（套）农机。另外，运用竞价机制将规模优势变为成本优势，比如新田地集中飞防面积超过6万亩，通过招标将价格降到4元/亩以内，比市场低50％。

4. 技术集成　所谓技术集成，就是综合考虑种子、土、肥、水、气候、病害等因素，制定生产全程技术方案，是实现标准化种植、确保优质高产的关键举措。新田地依托科研单位、农技部门、农资企业的技术力量，制定了小麦与玉米生产技术集成方案，在实践中成效显著。2018年，河南省遭遇倒春寒，豫北小麦1/3产量减半，新田地因技术集成到位，托管的小麦几乎不受影响。

5. 融资保障　新田地也经历过贷款难题，从2016年开始取得了银行信任，2019年获得银行授信1 500万元。另外，农资企业也向新田地提供一定的账期。这些措施缓解了资金紧张，但仍然存在缺口。为此，新田地决定不再进行10万元以上的固定资产投资，改为通过加强资源整合来解决，比如收购的玉米在12小时内送到饲料企业烘干，由新田地支付烘干费。

6. 保险　对于自然风险，新田地全托管土地统一投保生产险，同时协助半托管农户办理生产险，基本上可以覆盖种植成本。2019年，新田地与中原保险公司合作推广收益险，保费虽然提高了，但赔付金额也提高了。对于市场风险，新田地通过"订单＋期货"来规避，播种前就与企业签订订单，同时在郑州商品交易所摸索开展期货对冲。

7. 收储烘干　新田地对托管的粮食实行统一收购，在国家最低收购价或市场价的基础上给予一定加价。在粮食收购中，新田地也遭遇过突发事件。2016 年，河南麦收时节遭遇阴雨天气，小麦萌动严重，厂家拒绝收购，新田地的仓储能力跟不上，导致收购进程放缓。部分农户不满，堵住新田地的大门，后在政府帮助下，天晴后将农户的小麦收购完毕。虽然小麦质量不好，但新田地仍按协议价格收购。此次事件后，新田地在农户中树立了良好口碑，托管面积大增。

8. 产品销售 为保证销路、防止压价，新田地与多家粮食企业合作，目前有面粉厂 30 多家、饲料公司 20 多家。每到种植决策时，新田地将种子企业、粮食企业代表请到一块，由粮食企业提出需求，种子公司作技术配套，新田地组织生产，形成产业闭环。为拓展市场，新田地还会主动发掘需求。例如，以前饲料企业收购玉米大多是混收，什么品种都有，而不同的品种适合生产不同的饲料，粉质玉米适合做猪饲料，胶质玉米适合做禽饲料，混收则影响了饲料品质，还增加了生产成本。为此，2014 年新田地向正大饲料公司提议，新田地规模化生产胶质玉米，供其生产禽饲料，最后双方达成了订单合作。

四、托管的组织与管理

1. 机构设置 新田地设立了成员大会、理事会、监事会。成员大会负责对合作社重大事项作出决策，理事会负责经营管理，监事会负责合作社账务监管。内设种植业部、社会化服务部、贸易部、财务部 4 个部门，分别负责生产、托管服务、粮食销售、财务。设立巩义、鄢陵、武陟、兰考 4 个分社，每个分社派驻 1 名管理人员。合作社及分社以下，以村为单位设立生产要素车间，统筹村域业务。

2. 生产要素车间 生产要素车间是新田地的一大管理创新，其初心是导入工业理念，对农业实施单元化、标准化管理。新田地对生产要素车间的定义是"利用工业化的标准流程来运作农业，把每个行政村作为一个车间，在村域内合理、有效地配置农业生产资源，完成从种到销全部工作"。目前，新田地有 200 多个车间，单个车间托管面积 1 000 亩以上。每个车间设 1 位主任，选择村里有威信的人担任，收入跟服务面积挂钩，年收入 3 万元以上。

生产车间是新田地的超级组织末端，确保所有托管服务准确高效落地。除解决托管服务"最后一公里"问题，生产车间还有一些重要功能：一是生产信息收集、上报；二是处理纠纷争议，提升新田地的信誉；三是发展托管农户，实现土地成方连片；四是监管托管服务质量。

3. 人员与管理　目前，新田地共有 20 个正式员工，每年支付工资 200 多万元。员工全是周边地区的"80 后""90 后"，留在新田地打拼的主要原因有：第一，有希望，新田地托管业务每年都在扩张。第二，有自豪感，实实在在帮助农户种好了粮。第三，收入不低，月均工资 5 000 元左右，工作 3 年以上的还有养老保险。新田地也非常注重提升农户的凝聚力，比如每年"双十一"举办"棒子王"大赛，比谁家的棒子（玉米）大，报名的有 1 000 多户，分享了丰收的喜悦，融洽了团结的气氛。

五、托管业务发展绩效

1. 经济绩效　新田地 2011 年成立，2012 年开始快速增长，服务农户 1 100 户，服务面积 2 000 亩，收入 200 万元，到 2018 年，服务农户 3.6 万户，服务面积 10 万亩，收入 7 600 万元，年均增长达 78.9%、91.9%、83.4%。截至 2018 年底，新田地固定资产达 960 万元。

2. 社会绩效　据测算，2018 年，新田地托管比农民自己种植，小麦平均净成本减少 270 元/亩，产量增加 100 斤/亩，收购价格提高 0.075 元/斤；玉米平均净成本减少 270 元/亩，产量增加 200 斤/亩，收购价格提高 0.05 元/斤。托管还让农民从土地中解放出来，通过务工、经商等获得不少非农收入。荥阳市高村乡后侯村村民郝某河家里有 7 亩地，托管给新田地后，小麦亩均产量由不到 500 斤提高到 1 200 斤，一年增收近 5 000 元。

2014 年，新田地被认定为"国家农民合作社示范社"；2016 年 1 月 26 日，新田地理事长李杰作为全国唯一的农民代表，参加李克强总理主持的科教文体卫及基层群众代表座谈会并作了发言；2019 年，新田地被农业农村部遴选确定为首批全国农民合作社典型案例。

优秀农民合作社的五大特征

——读《全国农民合作社典型案例（一）》有感

邵　科

为深入贯彻落实中央要求，总结推广农民合作社规范运行、创新发展的生动实践和先进经验，引导全国农民合作社高质量发展，在各地推荐的基础上，农业农村部遴选确定了 24 个农民合作社典型案例公开结集出版。笔者通过认真阅读与学习，发现这些优秀典型个案有以下 5 个方面的共性特征。

一、以专业团队为引领

火车跑得快，全靠车头带。农民合作社的发展离不开农村能人、村"两委"组织和相关专业化人才的引领支持。对于中国的农民合作社而言，除农村能人的重大贡献，还离不开村"两委"组织尤其是村党支部的带动作用。以山东烟台格瑞特果品专业合作社为典型，2011 年，新一届村党支部班子组建后，为带动全村经济发展，村党支部 1 个月内组织召开 12 次村民大会，认真讲解办合作社的好处、怎么建合作社、村党支部领办合作社的优势等内容。村党支部书记、村委会主任等党员干部，除土地入股，还率先现金入股合作社，一些村党支部成员也兼任起合作社的理监事等职务。其后，在村党支部的引领下，合作社以果业为主导产业，通过实施集约栽培，拉长产业链条，放大规模效应等举措，有效实现了合作社和村经济的抱团取暖、共同发展，受到了全体村民的一致好评。类似村党支部引领的好经验也同样发生在内蒙古扎鲁特旗玛拉沁艾力养牛专业合作社、山西和之瑞种植专业合作社联合社等典型上。这充分说明，先进党组织和优秀能人的存在，可以充分促进合作社的苗壮成长。

二、以特色产业为基础

绿水青山就是金山银山。一个地区要想发展合作社、壮大农业产业，离不开当地良好的特别是具有特色的生物资源与自然环境的基础条件。以山东沂源越水种植养殖专业合作社为例，合作社所在的洋三峪村地处沂源县城东南，淄博、潍坊、临沂三市交界处，四面环山，农业资源丰富，天生就有发展林果业的独特气候条件，早在 20 世纪 70 年代，就形成了"山下葡萄，山腰阳坡苹果、桃、樱桃、大枣，阴坡栗子，山顶防护林戴帽"的产业布局。合作社成立以后，充分利用当地的资源条件，主要生产经营沂源红苹果、大樱桃、金黄金桃等绿色水果；合作社依托林场的林业资源，引进黑乌骨山羊、黑猪、乌骨鸡等黑色品种，采取集中饲养的方式发展林下特色养殖；合作社还充分利用当地特色乡村旅游资源，通过改造闲置房屋建设"沂蒙小院"等方式，吸引游客住农家屋、吃农家饭、摘农家果、看乡村景，实现一二三产业融合发展和产业增值增效。湖北宜昌市晓曦红柑橘专业合作社和陕西平利县宏俊富硒种养殖专业合作社等能够实现良好发展的前提基础，也正是充分利用了当地独特的自然环境所孕育的特色农业。

三、以开拓创新为支撑

创新是一个民族进步的灵魂，是一个国家兴旺发达的不竭动力。合作社的发展也离不开持续不断的创新。以北京奥金达蜂产品专业合作社为例，合作社自成立之初就非常重视科技创新，并组建了自己的研发团队。合作社率先建立国内首个先进的成熟蜂蜜生产体系，获得"蜂蜜破浆机""蜂群自动编码管理软件"等 12 项知识产权。合作社分别与中国农业科学院蜜蜂研究所等单位合作，建立了"专家工作站"，不断提高合作社养蜂产业的科技含量。合作社还开发建立了国内领先的智慧蜂业管理平台，实现了从蜂群基本信息管理、摇蜜生产到终端产品销售全过程动态化透明监控追溯，推动蜂产业向高端化、产业化、智慧化和融合化发展。正是这样的持续创新，使奥金达合作社的生命力持续旺盛。当然，合作社创新不仅来自科学技术，还体现在经营模式、市场营销等方面。浙江台州市台联九生猪专业合作社联合社和辽宁丹东市圣野浆果专业合作社等都是敢于创新、善于创新的佼佼者。

四、以规范运行为保障

规范运行是合作社健康发展的必然要求，也是政府部门指导服务合作社发展的核心任务。以河北省南和县金沙河农作物种植专业合作社为典型，合作社不仅按生产要素入股，夯实多元合作的组织框架，通过"摊股入亩"按比例分红，加强多元合作的利益纽带，更是通过"职业农民代表制"＋"农事宝"，实现民主管理更透明。具体而言，金沙河合作社面对农民成员众多，单个成员权益比例小，多数成员对合作社种植经营决策缺乏专业识别判断能力的情况，采用了职业农民代表制，由职业农民成员代表股权农户成员参与合作社民主管理，既充分代表了股权农户表达权益，又提高了合作社的民主决策效率。同时，为了加强社内监督，实现财务公开透明，合作社还引进了"农事宝"手机应用程序（App），实现全流程透明化监管，让所有合作社成员能够对合作社财务状况进行实时监督，大幅降低了合作社成员财务监督成本，提升了社务治理效果。四川省邻水县盛世种植专业合作社和福建省清流县嵩溪爱珍豆腐皮专业合作社等也通过符合各自情况的规范化运营方式，确保了组织更像合作社而不是公司法人。

五、以服务农民为根本

农民合作社的基本属性是"姓农属农为农"，为农民合作社成员提供低成本便利化服务，切实解决小农户生产经营面临的困难是合作社的出发点和最终归宿。以山东郯城县恒丰农机化服务农民专业合作社为典型，合作社积极参与脱贫攻坚事业：一是提供贷款购机，助资脱贫。帮助有一定农机操作经验的贫困户，在合作社托管土地进行机械作业赚取工资，积极为他们联系跨区作业，增加收入。二是免收托管费用，减支脱贫。对于托管土地的贫困户，合作社免收 490 元/亩的托管费用，帮助其减少开支。三是技能培训，增智脱贫。合作社联系农技专家免费对一些想做事的贫困户进行培训，还免费为其送施药机械。四是签订劳务合同，就业脱贫。让贫困户在合作社长期务工，按天或者按月领取工资，实现就业脱贫。五是赠送股份，兜底脱贫。对失去劳动能力的贫困户，给予一定合作社股份。近 3 年来合作社共帮扶了贫困户 145 户，有力带动了农户的脱贫致富。湖南锦绣千村农业专业合作社和青海大通丰谷良种繁育专业合作社等，也用各自办法将小农户纳入自身的生产经营体系，带动了贫困农户脱贫致富。

总体而言，正如该书编者所指出，这些典型案例聚焦农民合作社在党支部引领脱贫攻坚、粮食规模经营、农产品加工销售、一二三产业融合发展、农机服务、品牌果蔬经营、"三位一体"、"三变"改革及农民合作社联合社等方面的好经验好做法，充分展现了农民合作社在助力乡村产业振兴、引领绿色发展、推进品牌建设、发展社会化服务等方面的风采，很值得全体合作社人细细品读。

优势互补　要素融通　稳定合作　共同发展

——宁夏灵武市蔬菜产业联合体案例

刘　帅

一、基本情况

为促进灵武市蔬菜产业实现规模化经营、标准化生产、品牌化助农增收，灵武市蔬菜产业联合体于 2018 年 3 月由宁夏农利达农资有限公司牵头，联合宁夏夏能生物有限公司、灵武市大绿叶家庭农场、灵武市泔甜脆无籽西瓜种植专业合作社、宁夏盛世丰现代农业开发有限公司等 21 家农业新型农业经营主体成立，以龙头企业为引领、农民合作社为纽带、家庭农场为基础，通过资金、技术、品牌、信息等要素融合渗透，形成比较稳定的长期合作关系，按照规范化模式运作，整合资源，实现优势互补、要素融通，稳定合作，共同发展，促进现代农业转型升级，推动农业供给侧结构性改革，适应农业发展新常态。

灵武蔬菜产业联合体汇聚了灵武各个领域的翘楚，这些新型农业经营主体带动着一方经济，促进了当地产业的升级，例如"风沙历经，方得玉出"的夏能农业，将连绵起伏、广袤无垠的荒漠变成了一片片生机勃勃的瓜园；如"梧桐树千亩香菜飘向广州"的盛世丰农业，利用当地光照条件好，劳动力资源丰富的优势，引进外商，将特色蔬菜种植变成梧桐树乡群众增收致富的"摇钱树"；如"绿色希望播撒到更多地方"的泔甜脆合作社，将无人耕种的荒地，开垦成有机蔬菜种植地，建立起了设施农业扶贫产业园，带动劳动力就业，成为灵武市产业扶贫的重要力量之一；如把"根根白、叶叶宽"的上滩韭菜销往全国各地的上滩合作社，建设蔬菜交易市场，实行优质优价，切实帮助农户销售等。这些能够带动地区产业链升级的新型农业经营主体共同成立联合体，2018年联合体成员共流转土地总面积 5 327 亩，进行包括辣椒、马铃薯、香菜、蜜瓜、西蓝花、线椒等新品种、新技术的示范推广应用，签订各类蔬菜对外订单 3 577 亩，增加带动就业 1.8 万人次，带动农户增收 860万元。

二、成立背景

灵武市蔬菜种植面积 6.9 万亩，其中露地蔬菜 2.3 万亩，设施蔬菜4.6 万亩，一直以来都是经营主体自己进行生产种植，自己寻找销售渠道，往往造成价格混乱，没有订单约束，化肥、农药等农资使用不合理造成浪费和污染，给农户及蔬菜种植经营主体带来损失。灵武市蔬菜产业联合体成立后，严格按照蔬菜生产技术规程进行标准化生产，推广病虫害综合防治技术，使用低毒和生物农药，开展"五优"蔬菜生产。联合灵武市各地的番茄、韭菜、辣椒、西瓜、香菜等不同露地和设施蔬菜的新型农业经营主体，共同组成联合体，以富裕农民为目标、以发展现代农业为方向、以创新农业体制机制为动力，培育发展一批带动作用突出、综合竞争力强、稳定可持续发展的现代农业新型经营主体，发展农业产业化，创新利益联结模式，促进长期稳定合作，形成利益共享、风险共担的责任共同体、经济共同体和命运共同体，引领灵武市农业一二三产业融合发展，为农村发展注入新动能。

三、运作模式

1. 决策模式 联合体由成员（代表）大会、理事会、监事会构成，成员由各成员单位法人代表或委托代理人担任，理事会由 5 名成员组成，设理事长 1 人，监事会由 5 名监事组成，监事会设监事长 1 人。各成员确立责权关系，通过生产要素的合理配置、产前产中产后服务的延伸，构建新型农业经营主体与农户之间的利益联结机制，形成优质蔬菜一二三产业融合格局，使各成员互惠、互利、相互发展，促进现代农

113

发展。

2. 生产模式　灵武市蔬菜产业联合体以产前产中产后服务为一体，延伸产业链条，降低生产成本，提高农产品的附加值，提高市场竞争力，进一步促进现代农业发展。联合体集农产品的收购、分级、分拣包装与加工、果蔬种植技术指导、农资供应、测土配方施肥服务、土地托管、统防统治、农机服务、品牌打造、冷链物流、销售配送、农业信息服务、追溯查询等蔬菜全产业链服务于一体，在经营管理上实行经营计划统一、市场开拓统一、资金协调统一、生产资料调配统一、产品销售统一、技术指导统一和农机管理统一。

各成员主体分工明确，龙头企业通过农产品的深加工、农产品订单的签订，把产品推向市场，统一制定生产规划和生产标准等职责，并以优惠的价格向合作社与家庭农场提供生产资料，以市场价格回收农产品，实行农产品最低保护价格制度；合作社与家庭农场按照农产品生产技术规程实行标准化生产，向龙头企业提供绿色安全的农产品；农业社会化服务组织提供技术指导、统防统治、托管半托管、全程机械化等服务。

3. 交易模式　联合体各成员通过签订合同开展交易。由龙头企业宁夏农利达农资有限公司从江南市场引进客商，"以销定产"，将农产品销售到全国一二线城市，根据市场要求制定统一的蔬菜生产标准和服务规范，与种植专业合作社及家庭农场签订农业生产订单；由社会化服务组织与种植专业合作社及家庭农场签订农业服务订单，提供农资、机械、植保、技术、资金等服务，提供的农业生产服务成本较传统的农业服务成本下降 $15\% \sim 20\%$；由育苗中心通过新品种的实验示范，为种植专业合作社及家庭农场提供优质种苗，并为签订农业订单的经营主体以赊销的模式进行市场销售；龙头企业将农产品收购销售出去后，扣除农业社会化服务组织的农业生产服务费用、育苗中心的种苗等相关费用，将剩余款支付给种植合作社、家庭农场及种植农户，以此实现全体成员利益最大化，实现联合体的可持续发展，更好地实现联合体各成员间的互助互利。

4. 监督模式　联合体在农业生产经营中，成立农业生产领导小组，由农利达公司总经理担任组长，盛世丰农业、农胜种植合作社、丰硕种业、农达植保、丰乐植保机械等各种植专业合作社、家庭农场为经营组织，共同负责订单合同签订、育苗栽培、农资配送、统防统治、机械化作业、技术指导服务、订单收购等具体事宜。针对有成员不遵守联合体章程，不执行成员代表大会、理事会决议，给联合体名誉或者利益带来严重损害的终止其成员资格，不再享受联合体成员的农业订单、社会化服务、包装储藏、冷链物流等服务。在成员的农业生产种植过程中，由农业生产领导小组进行农产品的订单签订，并对育苗栽培、化肥农药使用、生长管理、采摘分拣、包装运输等全面进行监督，确保所种植的蔬菜达到"五优"标准，对不符合要求的农副产品一票否决，坚决不能走联合体的销售网络，确保农产品品质。

四、利益联结

1. 收益共享机制　一是联合体成员实现了利益共享，降低成本，提质增效。由龙头企业宁夏农利达农资有限公司与新型农业经营主体、种植户签订农业生产订单，开展农业社会化服务，为蔬菜生产提供测土配方施肥、病虫草害专业化统防统治、全程机械化、产品营销、农资配送、技术培训等社会化服务，降低合作社、家庭农场、种植大户、农民生产成本，合作社、家庭农场通过与龙头企业联合，资金有保障、技术有指导、市场有销路，解决了资金、技术、信息、市场、农机服务等问题，提高了农产品产量，增加了收入。二是制定严格的生产标准，把控农产品质量。龙头企业通过引进资源、渠道，推广种植新品种。如2018年带领合作社、家庭农场及灵武梧桐树周边的农户种植香菜，传统种植每亩地需种子10斤，新的种植模式是每亩下种3斤，并在后期进行间苗操作，社会服务组织在农资使用、技术指导上全程跟踪，企业在生长大小、标准上严格把控，并分拣、冷藏运输到江南市场，每斤价格能达到12元，较传统种植每亩可增收8 000元。三是整合力量，塑造品牌。联合体充分发挥不同地域的种植优势，推广当地的优质品牌，如灵武市农达兴旺服务中心在郝家桥镇万亩韭菜基地成立的"尚品上滩"品牌、大绿叶家庭农场的"灵桐绿叶"萝卜品牌、泾灵村沙漠中种植的蜜瓜的"沙漠蜜妃"等品牌商标,通过制作产品包装,将分散、无"执照"的产品进行分类整合,参加全国各地的产品推介会进行宣传推广,把产品的内涵外在化,提升产品的价值,提高销售价格。

2. 风险分担机制 通过贷款担保、合作协议、产供销对接等方式,建立经营主体之间的风险分担机制。由龙头企业农利达公司牵头开展融资担保,支持经营主体、种植户实行信贷担保。其中企业、社会化服务组织、育苗中心、种植专业合作社和家庭农场通过信贷互保,进行互相制约。通过农业订单和相互的合作协议,保证农业生产资料、优质种苗的供应,作物种植的质量标准、农产品的销售的价格及资金的分配,确保每个成员都能履行好各自的职责,减少浪费污染和不必要的损失,其中由自然造成的风险由联合体成员根据所占比例分担,由于市场原因造成的风险,因前期签订订单,与种植经营主体和社会化服务站无关,由签订合同的企业承担。

五、发展成效

1. 产业发展方面 一是促进了一二三产业融合发展。联合体的建立,串联了农业产前、产中、产后各生产环节,覆盖了从田间到餐桌全产业链。农业企业有了稳定的原料供应渠道,产品质量安全有了保障,家庭农场基本解决了技术、资金、市场、社会化服务等问题,成员主体以契约形式结成稳定的交易关系,建立紧密的要素链接、产业链接、利益链接,促进一二三产业融合发展。二是促进了农产品质量安全。联合体围绕主导产业、主导品牌组织生产经营,共同享受品牌带来的收益,形成了更高标准的质量意识、品牌意识。联合体制定生产标准和服务规范,农业生产和服务按标准和规范进行,确保了农产品质量,促进了农产品质量水平的提高,提高了安全高效农产品供给能力。

2. 农民增收方面 一是促进了农民增收。联合体通过集中采购农资和统一社会化服务,实现了农业生产和服务规模的提高,农业生产成本普遍下降 15%～20%,实现农业节本增收,有力促进了现代农业经营体系构建，农业综合生产能力提高，农村一二三产业融合发展和农民持续增收。二是促进农业社会化服务。联合体不仅是成员联合经营的平台，也是农业社会化服务的平台。服务内容涵盖了产前的种子、化肥、农药等农资供应环节，产中的耕、种、管、收等作业环节以及产后的销售、运输、加工等服务环节，基本满足了不同经营主体对社会化服务的需求。

3. 生态环境的方面　联合体对技术、装备、资源的整合和实施，可促进耕地用养结合、合理倒茬、科学施肥，减少农药使用量，形成了健康环保、安全、完全闭合的有机循环产业链，减少了资源浪费和环境污染，提高了耕地地力，促进了农业生产的可持续发展。

六、存在的问题及政策需求

1. 存在问题　目前灵武市在田间地头的冷库数量较少，给露地蔬菜在运输和冷藏方面带来不便，但在乡村建设冷库又受到土地政策的约束；联合体引进新品种新技术，由于自身技术力量的薄弱和机制的不完善，在农业生产过程中造成化肥农药使用不达标、污染浪费较大等问题。

2. 政策需求　当前需要获得技术培训、农业社会化服务、节水灌溉、冷链物流等方面的扶持政策，同时，完善乡村冷库的建设及农副产品标准的相关政策，能够通过田间地头的冷库进行农副产品的冷藏运输，节省人力物力，也方便了客商进行收购和销售。

龙头企业如何引领农业产业现代化

王 磊

农业产业化是我国农业经营体制机制的创新，是现代农业发展的方向。农业产业化龙头企业集成利用资本、技术、人才等生产要素，带动农户发展专业化、标准化、规模化、集约化生产，是构建现代农业产业体系的重要主体，是推进农业产业化经营的关键。截止到 2018 年底，经县级以上农业产业化主管部门认定的农业产业化龙头企业达 8.7 万家，其中省级以上重点龙头企业 1.7 万家、国家重点龙头企业 1 200 多家，龙头企业业态模式不断丰富，产业结构逐步优化，竞争能力日益增强，在深化农业供给侧结构性改革、推动乡村经济多元化发展、促进农民增收致富等方面发挥了重要作用。党的十九大作出了实施乡村振兴战略的重大部署，农业产业化龙头企业作为小农户与现代农业有机衔接的重要载体和促进乡村振兴、实现农业农村现代化的重要力量，要明确定位、因势而谋、应势而动，加快引领农业农村优先发展。

做乡村产业振兴的"引领者"。乡村振兴，产业振兴是基础。产业振兴内涵很丰富，根本目标是发展现代农业，核心任务是促进一二三产业融合发展。一般来讲，龙头企业都是经营规模较大、带动能力强的农业企业，能够激活一片区域、壮大一个产业、带动一方农民。因此，农业产业化龙头企业要不忘初心、凝心聚力、顺势而为，主动融入乡村产业振兴大局之中，把农业农村作为长期发展的"大本营"，积极与农村资源优势、人文条件、经济基础相结合，推动产业转型升级，不断增强内生动力、发展活力和整体实力；要主动担当，强化引领，不断延伸产业链，优化供应链，提升价值链，创新业态模式，大力引领发展农业产业化联合体，带动更多的新型农业经营主体和农民融入产业链，分享一二三产业融合发展收益。要引领乡村生产要素变革、产业要素整合，提高农村生产力，完善农村生产关系，不断增强乡村产业发展模式，构筑乡村产业发展高地，构建乡村产业发展体系，开创乡村产业振兴的新局面。

做产业精准扶贫的"领头雁"。打赢脱贫攻坚战是党中央、国务院作出的重大战略部署，是党向人民作出的庄严承诺。农业产业化龙头企业是离农业最近、联农民最紧的主体，要不断提高思想认识，勇于承担历史使命，强化担当时代责任，把带动产业扶贫作为展示自身实力的重要舞台，作为深化"二次创业"的重大机遇，作为提高市场竞争力、增强行业影响力的重要平台，积极响应国家号召，主动投入扶贫攻坚大局之中。要充分利用好产业扶贫资源优势，积极争取项目资金，用好政策资源，不断提高资金运行效率和使用效益；要立足贫困地区资源禀赋和市场需求，用好自身资源优势，发挥好"头雁效应"，不断加强与贫困地区基地建设等合作，积极培育贫困地区差异化比较优势，推进贫困地区生产发展、生活改善、生态优良，帮助贫困地区真正突出资源特色，找准扶贫路子，提高经济社会效益；要认真打好贫困地区生态绿色牌，用好贫困地区生态资源，做足山水文章，让贫困地区绿水青山资源优势得到充分展现。要持续增强利益联结机制，在不断强化合同、合作、股份合作基础上，因地制宜，积极创新利益联结方式，激活农民创造活力，拓宽农民增收渠道，真正与农民形成合作共同体、利益共同体和命运共同体，成为国家打赢脱贫攻坚战的战略性力量。

做高质量农业的"形象人"。推进质量兴农是以习近平同志为核心的党中央准确把握我国农业农村发展的阶段性特征和主要矛盾，对三农工作作出的重要战略部署和重大工作安排，是推动农业转型升级的必由之路，是满足人民美好生活需要的当务之急。农业产业化龙头企业作为农业农村发展中最有实力、最有活力、最有号召力的主体，要不断加强产品质量建设，把品质建设放到企业发展的核心位置，积极推进标准化生产，推进实现主要产品生产有标可依、产品有标可检；建立健全产品质量分级标准体系和产品质量安全检测标准体系，实现全程品质控制；积极推广运行强化现代要素集成运用，大力推广运用新技术，强化现代科技装备支撑，以品质立企，打造品质企业，为消费者提供高品质的产品和服务，使质量成为企业参与市场竞争的"金名片"。要加强品牌建设，不断增强品牌创建意识，把品牌创建作为提升企业行业影响力的重要手段；不断提升创新能力，把创新融入企业的各项工作中，贯穿到上下游的各个环节中，通过强基础、建体系、聚人才，推进产品创新、技术创新和机制创新；加强品牌营销，积极参加农产品展示展销、品牌文化节庆、国内外农产品博览会等推介活动，大力提升企业品牌知名度和美誉度。要深化企业文化建设，增强企业凝聚力，通过文化链接，积极培育形成以技术、标准、品牌为核心的质量新优势，成为国家质量兴农、绿色兴农、品牌强农的战略性组织。

做国际市场开拓的"先锋队"。加强国际合作是一个国家经济发展到一定阶段的必然产物，是提高企业国际竞争力的必由之路。党的十九大报告提出要"推动形成全面开放新格局"，农业产业化龙头企业作为我国农业企业的行业主导和实力当担，要不断增强国际合作意识，充分利用国内外两个市场、两种资源，结合企业自身发展实际，勇于到国际舞台上亮一亮、闯一闯、争一争。要以"一带一路"建设为契机，积极承担国家援外任务，不断输出中国智慧、中国标准、中国方案，不断扩大我国国际政治外交影响力，不断树立我国负责任的大国形象。要抱团协作、联合闯国际市场，龙头企业在国际舞台上要"同唱一首歌"，在市场信息上加强联系，创新驱动上加强联合，生产经营上加强联营，通过抱团协作来掌握国际市场竞争的主动权，让我国的农业产品和产业"走出去"，把国外先进的管理方式和技术模式"引进来"，不断提升中国农业企业的国际竞争力和话语权，服务好乡村振兴战略实施，努力发展成为未来国家赢得国际农业战争的战略性武器。

现代农业产业链价值链

农业品牌建设研究

——以崇礼为例

农业农村部管理干部学院课题组①

党的十九大报告提出，中国特色社会主义进入新时代，我国社会主要矛盾已经转化为人民日益增长的美好生活需要和不平衡不充分的发展之间的矛盾。解决矛盾的着力点在供给侧。加强农业品牌建设，有利于更好发挥市场需求导向作用，增加优质农产品供给，提升农业多功能服务，使农业供求关系实现更高水平上的新平衡。在脱贫攻坚和乡村振兴结环推进的背景下，加强农业品牌建设，对于提高农业产业全要素生产力、带动小农连接市场增收致富、提升城乡形象，都具有重要现实意义。

当前的农业品牌化发展和品牌强农工作，中央有部署，基层有动力，农民有期待，全国形势欣然。课题组遵循品牌建设一般规律和路径，立足崇礼区区情农情实际，研究提出打造"崇礼好礼"的农业品牌建设思路，给出具体建议。

一、农业品牌建设的内涵和路径

（一）农业品牌基本概念和分类

1. 农业品牌的概念　品牌一词，英文称 brand，源于古斯堪的纳维亚语 brandr，意为"打上烙印"，最早是农场主在牲口身上烙下独特印记以便区别归属。宋朝济南刘家功夫针铺"白兔"商标是目前我国已知

---

①　该课题是农业农村部管理干部学院为对口帮扶崇礼区农业产业扶贫工作设立的院级重大课题，闫石院长、崇礼区赵赞区长担任课题组顾问，学院挂职崇礼区委常委、副区长杨恺为主持人，成员还有陈瑜、冯明惠、邵科、尚旭东、王磊、董光辉、王会东、贾志军、陈少飞，中国农业大学陆娟教授给予了指导。

最早商标。通过符号生产过程，实现产品或服务的差异化识别和竞争，也构成了品牌符号论的核心内容。

随着生产力水平提高和广告营销学发展，现代社会更多强调品牌引发消费者感知和偏好的功能，强调品牌所代表的总体形象，强调品牌赋予产品或服务独特的附加价值，由此衍生出品牌关系论、品牌综合论、品牌价值论等观点①。

课题组认为，品牌建设是"品""牌"共同作用的过程，"品"是"牌"的内涵，"牌"是"品"的外延。本研究将农业品牌定义为，既是附着在差异化农业产品或服务之上的符号系统，也是农业产品或服务的功能性价值及其社会文化价值、与消费者互动的情感价值的集合体。

2. 农业品牌的分类　从内容、地域、商标、加工程度、面向市场、知名等级等不同属性，农业品牌可以划分多个类型。本课题的研究对象选定内容分类下的农业生产产品品牌（区别于农业生产资料品牌、农业生产服务品牌），通常称为农产品品牌。其中，根据拥有主体和载体属性不同，又可进一步分为农产品产品品牌、企业品牌和区域公用品牌三类。产品品牌、企业品牌分别是生产经营者为区分本产品与其他产品、本组织与其他组织而创设的。农产品区域公用品牌是指：在一个具有特定自然生态环境、历史人文因素区域内，由相关机构、企业、农户等共有，在生产地域范围、品种品质管理、品牌许可使用、品牌行销与传播等方面具有共同诉求与行动，以联合提高区域内外消费者评价、使区域产品与区域形象共同发展的农产品品牌②。

一般地讲，企业品牌与产品品牌，区域公用品牌与企业品牌和产品品牌，均构成互为依存的"母子关系"，产品品牌是企业品牌和区域公用品牌的微观基础，企业品牌以其企业能力和社会责任助力产品品牌成长，区域公用品牌使用地域特征、历史人文等公共资源为企业品牌和产品品牌背书。各地应当根据实际需要，选择相适合的农业品牌建设策

---

①　胡晓云，2018. 农业品牌及其类型［J］. 中国农垦（5）：51-53.

②　农业部市场与经济信息司，2014. 中国农产品品牌发展研究报告：2014［R/OL］.（12-03）［2022-03-23］. http：//www.scs.moa.gov.cn/gzjl/201703/P02019050740843-8585542.pdf.

略。本课题重点研究的是以产品品牌、企业品牌为支撑的农产品区域公用品牌。

（二）农业品牌建设一般路径和模式

1. 合理确立定位　品牌定位主要是指对品牌价值取向和个性化差异的原则性决策，由此确定品牌核心价值观，与消费者建立长期稳固关系，并指导产品开发和营销计划。具体而言，一是在市场分析基础上确定目标市场，确立竞争优势；二是寻找核心价值，突出品牌的差异化特征；三是从物质和精神两个层面植入文化内涵，使品牌名称简明易记、新颖独特，引发积极联想，建立情感联系。例如，衡水养元食品厂的核桃乳饮料聚焦学生和白领两类人群，抓住核桃健脑功效与现代消费者需求的契合，冠名《最强大脑》《挑战不可能》等益智类电视节目，使"经常用脑常喝六个核桃"深入人心。例如，岫云村是距四川省苍溪县城 50 千米的贫困山村，"岫云村"品牌主打"时光鸡""岁月鸭""年华猪"理念，产品销售不计重量而是论生长周期，以小规模高品质与城市高收入家庭开展"远山结亲"，一举解决了城里人吃得健康和贫困户增收脱贫两大难题。

2. 培育优势产业　高质量的产业、高品质的产品，是农业品牌建设的根本依托。农业品牌建设需要全产业链协同、多主体共同参与。具体而言，一是加强科技创新，保持优质农产品绝对优势；二是强化农业标准化建设和质量安全监管，建立从田间到餐桌全程标准体系，树立诚信口碑；三是培育新型农业经营主体，发挥企业、合作社等"接二连三"的作用。例如，郑州新郑奥星食品厂原先从事红枣简单加工和包装，技术含量不高，产品大众化，后来加大研发投入，生产出枣片、枣粉、免洗枣、去核即食枣等新产品，近几年研发的枣夹核桃产品，让"好想你"家喻户晓。例如，济南市章丘区为做强章丘大葱品牌，编制了生产技术规范，建立示范区推行供种、施肥、收获、销售"四统一"，建成质量安全监管追溯平台，并延伸产业链，开发出葱油、香葱酱等深加工产品，章丘大葱从地方特产成为知名品牌。

3. 精准传播推广　品牌传播是指通过多样化营销手段让消费者了

解和熟悉品牌，建立并维护品牌与消费者的关系。品牌传播包括广告、销售促进、公共关系、人员推销、直接销售等方式，各地应注意开发本地适用、目标消费群体喜爱的传播方式，建立相对精准的营销渠道。例如，"周黑鸭"研究发现卤鸭脖的主要消费群体是年轻女性，便将店铺从集贸市场鸭脖一条街转向车站、机场和商圈，从销售整鸭改为主要售卖锁鲜装的鸭附件产品，深得目标消费者欢迎。伊利集团克服成本费用困难，强势赞助 2008 年北京奥运会，成为国内首个实行奥运生产标准的食品企业，用更高更快更强的奥林匹克格言佐证其优异牛奶品质，从而一举领先中国乳业，并再次成为 2022 年北京冬季奥运会官方合作伙伴。

4. 有效运营管理 农业品牌建设是一个系统工程，起步不易，健康可持续发展亦难，离不开有效的运营管理，特别是区域公用品牌建设更需要充分发挥政府作用。具体而言，一是政府要主导农产品区域公用品牌的策划运营，加大前期投入；二是制定规则，规范区域公用品牌各使用主体的行为；三是除劣打假，加强经营者合法性、产品质量安全性、宣传真实性等方面审查，防止商标侵权，保护品牌利益。例如，甘肃省定西市成立马铃薯产业发展办公室，从良种供应、精深加工、科技研发、会展贸易等方面发力，承办全国马铃薯发展大会，建设 6 个专业市场，扶持 18 家省级以上龙头企业，弘扬薯业文化，实现了品牌发展战略重大突破。浙江省丽水市组建农业投资公司，策划注册和具体运营"丽水山耕"生态农产品区域公用品牌，实行企业申报、第三方认证、政府监管的品牌授权使用模式，建立质量安全保证金制度，高频率、大力度开展宣传推广活动，带动品牌农产品平均溢价 30％左右。

二、崇礼农业品牌建设的现状分析

多年来，崇礼农业品牌建设不断取得进展。蔬菜、粮油、休闲农业与乡村旅游领域培育了一些产品品牌和企业品牌，"崇河"牌彩椒、"桦皮岭"牌番茄获农交会金奖，"爱度"亚麻籽油被认定为河北省著名商标，"山亚湾"生态度假村获评全国四星级休闲农业园。区域公用品牌建设积累了一定基础，"崇礼"彩椒在京津冀蔬菜产销对接大会上获评十大地方特色蔬菜，"崇礼蚕豆"获得农业农村部农产品地理标志登记，入选全国名特优新农产品目录，崇礼区被认定为全国休闲农业与乡村旅游示范县。

从资源环境、产业发展、市场机会和工作基础方面分析，课题组认为，崇礼农业品牌建设既有绝对优势，也有明显短板，在巨大机遇面前还要应对不少挑战。

（一）山地冷凉气候孕育优质产品，也限制了周年生产

崇礼境内 80% 以上为山地，海拔在 814~2 174 米，夏季平均气温 18.4 ℃，年平均日照时数 2 739.2 小时，日均温差在 10 ℃ 以上[①]。这样的气候特征，赋予崇礼农业三大优势：一是越夏错季优势，每年 7~9 月长城以南平原地区的蔬菜特别是茄果类蔬菜因高温已无有效产量，崇礼的彩椒、番茄、花卉等恰好弥补市场空当。二是营养累积优势，由于气温低生长期长，以及温差较大，崇礼的蔬果产品含糖量高、肉厚多汁，粮豆作物颗粒饱满、口感软糯。三是病害少发优势，崇礼冬季平均气温 -10.4 ℃，极值低于 -30 ℃，虫卵一般无法越冬，病毒病不易被诱发，农作物喷施农药较少。因这些优势，石嘴子的彩椒、马丈子的甘蓝、沿坝头地区的蚕豆莜面等，在同类产品中享有高品质的美誉。截至 2017 年底，崇礼区蔬菜、蚕豆的绿色食品认证面积分别为近 1 万亩、2 000 亩，另有部分蔬菜、亚麻籽获得有机农产品认证。

辩证地看，过于冷凉的气候，也构成了崇礼农业生产的一大劣势。崇礼位于北纬 40°47′—41°17′，年均气温 3.2 ℃，无霜期 86~130 天，10 ℃ 以上的有效积温 2 600 ℃ 以上，农作物属一年一熟，春秋式简易大棚最多可以种植十字花科和茄科两季蔬菜。粮油杂豆产品尚可长期存放，蔬果类产品集中在 7—9 月上市，供货期十分短促，再加上品类相对单一，很难直接对接市场，课题组了解到北京市多家商超公司均因崇

---

① 数据来源：崇礼区统计局编，《河北省崇礼区国民经济统计年鉴（2016 年度）》，2016 年 12 月。

礼蔬菜不能周年供应放弃了合作。同时，由于冬季寒冷，使用冬暖式大棚生产蔬菜效率较低，一般需要加温，成本增加明显。当然，劣势不是致命的。沈阳农业大学李天来院士将基本不加温生产茄果类蔬菜的冬暖式大棚建造技术推进到了北纬42°。河北富京农业科技开发有限公司在石嘴子乡建设10余座冬暖式大棚，生产各类蔬菜每周直供财政部食堂和张家口市会员家庭，这为崇礼蔬菜周年生产提供了重要的技术支撑和成功市场案例。

（二）产品竞争优势明显，但产业发展不健全

由于质量上乘、市场认可，崇礼区特色农产品规模稳定，在张家口市拥有较大优势，行销京津沪蓉广深等中心城市，远销日、韩、新乃至欧美国家。崇礼已成为全国最大的越夏彩椒生产地，产量占全国总产量的1/3，崇礼万家乐蔬菜公司在北京新发地市场开设的销售档口，主导该市场越夏彩椒的价格走势。甘蓝年产近6万吨，占张家口市总产量的60%强，张北等地有的菜农假以崇礼马丈子之名博取0.1~0.2元/斤的溢价。旱地大葱、硬皮番茄、架豆的产量分别占张家口市总产量的60%、40%、20%以上。草莓种苗年供应500万株，北京市场占有率超过15%。莜麦、蚕豆、谷黍的产量分别占张家口市总产量的1/3、1/4、1/5，崇礼蚕豆60%实现出口。绿色田园禽业公司建有我国北方地区最大的黄羽肉鸡繁育基地，年出栏鸡近20万羽、产蛋2 500多万枚[①]。

从农业品牌建设的根本支撑看，崇礼特色农产品的产业发展还不够健全。一是科技水平不高。彩椒、番茄等主要蔬菜品种90%的种苗需要外调，蚕豆良种繁育刚刚提上日程，标准化生产技术的试验示范和指导服务欠缺，2007年引进的18名农业院校毕业生，仅剩2人从事农技推广工作。二是加工产业滞后。气调库数量不能满足蔬菜冷藏需求，缺乏净菜、脱水蔬菜、果酱等精深加工，无力应对市场价格短期波动，蚕豆深加工企业尚无一家取得食品生产许可，黄羽肉鸡屠宰加工项目还没有开工。三是组织化程度低。受山区地貌和棚室栽培影

---

① 数据来源：崇礼区农牧局。

响，农业机械化率低，而用工成本居高不下，导致规模户少、分散经营户多，崇礼区省级以上龙头企业、合作社示范社分别只有5家。上述问题亟待解决，以适应农业品牌建设对恒定品质、商品供应和运营主体的较高要求。

（三）体育旅游带来高端客户，潜在市场有待开发

近年来，体育旅游产业已成为崇礼区的支柱产业，滑雪、越野、自行车、马拉松等体育赛事众多，山地风光、长城文化、辽金历史等旅游资源富集，雪季在雪场周边、夏季在草原天路沿线车满为患，越山向海人车接力等比赛一票难求。据统计，2016/2017年、2017/2018年两个滑雪季，崇礼接待游客分别达267.6万人次、274.1万人次[①]。从事滑雪等小众体育运动、自驾车观光旅游的人群，大多家庭经济条件好、消费档次高，不少爱好者购置房产常住崇礼，这为崇礼优质农产品的品牌营销带来两大商机。其一，巨大的客流量会形成当期消费，包括就地消费、批量采购带回、购买礼品馈赠亲友等。其二，游客在出发地会形成长期消费，包括持续购买、订单消费、会员定制等。此外，共办冬奥会的北京市、定点扶贫的中央国家部委，也蕴藏着崇礼品牌农产品的海量客户。

然而，对这些优质市场资源的开发利用还远没有跟上。课题组调查了万龙、云顶、太舞、富龙4家全国十佳滑雪场，以及容辰等4家星级酒店，除梦特芳丹酒店与爱度亚麻籽油公司同属一个集团外，其他几家均不售卖崇礼特色农产品，夏季也不在本地采购。课题组调查的5家土特产品店，只有盒装柴鸡蛋、塑料桶装亚麻籽油产自崇礼，但多数没有商标。与此形成鲜明对比的是，游客品尝崇礼农产品后交口称赞，希望以后常能买到，可惜没有专门的商贸公司从事这项业务。2017/2018年滑雪季，崇河农业公司在云顶滑雪场大厅临时摆摊卖草莓，每斤60元的价格很快售罄，还吸引不少游客到大棚采摘，赚到了这个市场的"第一桶金"。

---

① 数据来源：崇礼区旅游局。

（四）坐享冬奥会巨大红利，品牌建设能力需要跨越式提升

2015 年 7 月 31 日，国际奥委会宣布北京成为 2022 年冬奥会举办城市，作为雪上项目的主要赛场，崇礼农业品牌建设必将分享冬奥会的三方面红利。一是基础设施建设红利。京张高铁崇礼铁路、延崇高速以及崇礼境内 45 项涉奥项目，总投资 800 多亿元，2019 年建成后崇礼迈入首都"一小时"经济圈，农产品物流效率将更高，高端消费群体规模更大。二是高端产品需求红利。2022 年冬奥会及具有测试赛性质的 2021 年滑雪世锦赛和之前年度各单项赛事，将有数以万计的运动员、教练员、官员、记者、工作人员参加，他们要消耗大量安全优质的农产品，比赛之余还将频繁离开驻地观光。三是品牌宣传媒介红利。按照惯例，冬奥会将遴选官方合作伙伴、赞助商，比赛期间全球各大媒体直播转播，还会开设奥运特许商品专卖店，往来崇礼的交通工具客舱内、道路两旁的广告牌、赛场周边的防护栏等，提供大量宣传空间。

机遇总是垂青有准备的人。崇礼农业品牌建设要想分享冬奥会红利，必须在短时间内跨越自身能力的鸿沟。主要是：品牌主体缺失，特别是区域公用品牌须由协会或公司注册，崇礼尚未成立农业行业协会，也无综合性农产品商贸公司；专业人才缺乏，高素质生产者经营者不多，接受新品种新技术意愿不强，农业企业和合作社少有专司品牌营销的人员；政府职能缺位，相关职责没有配置到部门，组织领导、规划政策、机构人员、财政预算、考核奖惩均为空白。只有采取超常规手段，内部发力和外部借力并举，才能有所成就。

综上课题组认为，崇礼农业品牌建设的优势在于农产品的高品质、优势产品积累的口碑、高端消费人群的需求以及冬奥会的历史机遇，劣势在于供给规模小、商品化产品少、品牌建设的基础和能力不适应发展需要。为此建议，一方面考虑抢抓机遇，扬长避短，充分发扬品质优势、鲜食特点和市场偏好的长处，避免陷入规模化、大众化竞争泥沼；另一方面考虑长远发展，扬长补短，努力推动农业产业转型升级，不断提升品牌建设专业化水平。总之，走出一条品牌形象小而美、产品质量中高端、商品供应可持续、目标市场精准化、借势冬奥齐发力的崇礼特

色之路。

三、以"崇礼好礼"引领崇礼农业品牌建设

习近平总书记视察崇礼时鲜明指出，崇礼就是崇礼。这为崇礼经济社会发展指明了方向，对坚守和弘扬本地特色提出了要求。"崇礼"二字是崇礼农业品牌建设最大的名片，习近平总书记的指示应是崇礼农业品牌建设最重要的遵循。课题组深入挖掘"崇礼"二字的价值内涵，结合一方好水土、一脉好人文、一番好运势的区情农情，建议以"崇礼好礼"作为崇礼农业品牌建设的旗帜，指引内容建设和宣传营销的方向路径。

（一）明确"崇礼好礼"的内涵和市场定位

"崇礼好礼"实质是农产品区域公用品牌的设计理念，通过市场监管部门登记注册也可成为其品牌名称。"崇礼好礼"的品牌建设思路是，以彩椒、蚕豆、亚麻籽油为突破口，以蔬菜、粮油杂豆、禽蛋、道地药材为主打产品，以休闲旅游和健康养生等业态为有效延伸，以行业协会或专业公司为实施主体，以崇河、富京、万家乐、爱度、绿色田园、莓好庄园等企业和合作社为重要支撑，培育打造综合类区域公用品牌，带动崇礼蔬菜、崇礼蚕豆等单品类区域公用品牌建设，做大做强一批产品品牌和企业品牌。

（1）"崇礼好礼"的综合类区域公用品牌，目标市场有二：一是面向旅游人群和到访宾客，推出"崇礼好礼"伴手礼。由代表本地特色、保质期长、方便取食、易携带的产品组成，如罐装亚麻籽油、零食包装的蚕豆和莜面加工食品、蔬菜冻干食品、中药材加工后的药食同源产品等，组合礼盒包装。二是面向"一小时"交通圈内的大中城市中高端消费家庭，推出"崇礼好礼"家庭礼。由品质优良、家庭生活常用、鲜食化为主的产品组成，如蔬菜、水果、畜禽产品及其半加工产品等，组合冷鲜包装。

（2）"崇礼好礼"的单品类区域公用品牌，重点打造以彩椒、番茄、

甘蓝、旱地大葱、马铃薯为主的崇礼蔬菜，和以蚕豆、亚麻籽油、莜麦、藜麦为主的崇礼杂粮杂豆。可以是组合装，也可以是单品装。崇礼蔬菜可以面向城市家庭推出组合装，崇礼蚕豆重点打造面向休闲消费的零食装产品。

（3）"崇礼好礼"旗下的农产品产品品牌，围绕蔬果、杂粮杂豆、中药材、畜禽等农业主导产业，市场策略应当是为直采直供终端建设高标准生产基地，实现区别于周边区县和批发市场的优质优价销售。

（4）"崇礼好礼"旗下的农产品企业品牌，依托各级农业产业化龙头企业、农民合作社、现代农业产业园区，市场策略应当根据各自实际，从绿色有机、科技创新、奥运专供、农旅结合等方面，有针对性地提高品牌知名度。

（二）打造"崇礼好礼"的核心价值

1934 年国民政府取"崇尚礼义"之意，置崇礼设治局。"崇礼好礼"不仅作地名解读，更是蕴含着崇尚礼义的博大思想内涵。

1. 感恩大自然的馈赠　中国传统文化最注重敬天敬地，至今北京还有古代皇帝祭祀天、地、日、月的古建筑。崇礼区森林覆盖率57.9%，负氧离子浓度达 1 万个/厘米^3，PM2.5 年平均值 27 微克/米^3，夏季是休闲避暑的天然氧吧；冬季降雪早，全年积雪 1.5 米左右，存雪期 150 多天，平均风速仅为二级，是中国发展滑雪产业的理想区域。一年在崇礼，四季好时光。"崇礼好礼"彰显了崇礼这片水土的优越性，饱含着生于斯长于斯的崇礼农业人对大自然馈赠的感恩。

2. 讲求高品质的诚信　《论语》有言，"人而无信，不知其可也"。诚信是中华民族传统礼道，也是社会主义核心价值观的重要内容。在生态文明建设不断推进的今天，城镇居民对美好生态及生态农产品的需求日益增加，对质量瑕疵农产品的容忍度不断降低。崇礼有生产高品质农产品的绝佳条件，品质优良、安全生态、健康营养是其特有标签，"崇礼好礼"形成对品牌农产品品质的重要背书，也是对旗下农产品高品质的庄严承诺。

3. 包容多元化的共生　崇礼是汉、蒙、回、满等多民族聚居地，境内有战国、秦、汉、南北朝、唐、明多个时期的长城遗址，张库大道穿境而过，自古以来就是农耕文化与游牧文化持续互动、深刻交融的地方，清朝中后期还是天主教在蒙古区域传播的中心。"崇礼好礼"旗下不同特性产品共享品牌之誉，传统农耕与现代工艺完美结合，农村一二三产业良性互动，恰似多元文明的兼容并包，体现了各种农业业态相得益彰、和谐共生。

4. 拥抱冬奥会的礼遇 崇礼农业品牌建设最显著的排他性差异，在于崇礼是 2022 年冬奥会赛区，这是品牌建设最宝贵的机遇。届时，崇礼将成为向全世界展示小康社会形象的窗口，接受各国贵宾、参赛人员和媒体的检阅。在这一重要历史时刻，既要向全球宾客提供特色优质农产品的好（hǎo）礼，也要向各国朋友展现中国人民乐善好（hào）礼。"崇礼好礼"的品牌标识，一定是代表中国传统文化、中国人精神面貌以及和平友谊进步国际奥林匹克精神的集合体。

（三）做好"崇礼好礼"品牌建设的规划设计

在遵循农业品牌建设一般规律的基础上，课题组建议抓住冬奥会重要时点，将崇礼农业品牌建设规划为基础建设、创建攻坚、提升维护三个阶段，对应设计短期、中期和远期的建设目标。

1. 基础建设阶段 2018 年生产季至 2019 年滑雪季结束。这一阶段的背景条件是：冬奥会农产品供应保障基地遴选全面启动；崇礼区要实现脱贫摘帽，涉农资金整合投入力度较大；农村致富带头人培养工程深入实施，新型农业经营主体的品牌意识持续萌发，区财政配套了产业发展支持项目。

这一阶段的建设目标可以概括为：保质量，强主体，建品牌，定市场。保质量，即大力开展标准化生产，建设农产品质量安全追溯体系。强主体，即强化农业品牌建设培训，引导组建行业协会和商贸公司。建品牌，即鼓励农产品企业品牌建设，注册农产品区域公用品牌。定市场，即申请成为冬奥会农产品供应基地，在目标市场选点开展展销。

2. 创建攻坚阶段 2019 年生产季至 2021 年滑雪季结束。这一阶段的背景条件是：涉奥服务保障和文化旅游项目建设集中发力，崇礼筹办滑雪世锦赛；扶贫政策红利仍然存在；京张高铁崇礼铁路、延崇高速建成通车，四季旅游、全域旅游业态初显；新型农业经营主体的品牌意识进一步增强。

这一阶段的建设目标可以概括为：提品质，促加工，强营销，扩影响。提品质，即大幅增加绿色、有机、地理标志等农产品数量，蔬果类产品形成一定规模的周年供应能力。促加工，即大幅增加商品化农产品数量，研发适合都市消费的崇礼特色餐食。强营销，即实质性运作农产品区域公用品牌，开发线上统一销售模式。扩影响，即申请成为冬奥会特许经营商品，定期开展产销对接活动，广为传播"崇礼好礼"。

3. 提升维护阶段　2021年生产季至2025年。这一阶段的背景条件是：冬奥会成功举办，崇礼进入后冬奥时代，成为名副其实北京"后花园"；我国"第一个百年目标"顺利实现，"十四五"规划全面实施，居民消费迈上中高端水平；新型农业经营主体的品牌意识普遍树立，政府运作区域公用品牌的能力不断提高。

这一阶段的建设目标可以概括为：优产业，树形象，强监管，建机制。优产业，即推动建立以品牌农产品为代表、以绿色生态为标志的崇礼农业高质量发展模式。树形象，即"崇礼好礼"亮相冬奥会，旗下农产品成为线上线下畅销品。强监管，即强化农产品质量安全监管和区域公用品牌管理，稳定保持崇礼农业品牌美誉度。建机制，即建立有利于崇礼农业品牌建设可持续发展的组织领导、社会参与、行业自律和资金保障等机制。

四、崇礼农业品牌建设的重点任务

建设农业品牌，打造"崇礼好礼"，需要政府引领和大力推动。课题组根据"崇礼好礼"的建设目标和崇礼农业品牌建设的基础条件，建议区委区政府重点做好5个方面22项工作：

（一）打造品牌农产品的"四驱跑车"

发挥蔬果花卉、粮油杂豆、畜禽等3类崇礼特色农产品的既有优势，同时大力发展中药材产业，不断完善支撑农业品牌建设的产业布局。蔬果花卉方面，在地下水超采区适当调减面积，推广节水品种、设施和技术，在积温较高的区域新建或改建一部分冬暖式温室大棚，丰富品种结构，加快形成一定的周年供应产能。粮油杂豆方面，稳定莜麦、谷黍、马铃薯种植，提高良种覆盖率，在沿坝头区域扩大绿色蚕豆、有机亚麻籽生产。畜禽方面，扩大黄羽肉鸡养殖规模，在石嘴子乡建设规模化养殖小区；稳定奶牛养殖；恢复崇礼黑猪养殖。中药材方面，进行野生和人工种植药材药用成分检测，尽快确定适种品种，在梁上平缓地块开展规模化种植，在旅游沿线加大花用和观赏性药材种植。

（二）实施品质农业发展"四大行动"

品质农业的发展，离不开良种、良法、良土和加工提升。立足崇礼实际，重点实施四项专门行动：一是良种繁育行动。支持建设彩椒等大宗作物育苗工厂、蔬菜花卉和中药材品种试验站、蚕豆良种繁育基地、黄羽肉鸡和崇礼黑猪保种场，提高优质种苗自给率，从源头上保证高端品质。二是耕地质量保护与提升行动。在农作物连年种植区域实施轮作项目，普遍开展测土配方施肥，支持有机肥替代化肥和农膜回收，利用畜禽粪污和农作物秸秆生产有机肥，提升高标准农田建设水平。三是标准化生产行动。建立以绿色、有机为基础，以奥运食品供应为目标，对接欧盟、良好农业规范（GAP）等国际标准的农产品生产标准体系，加快制定主要品牌农产品生产技术规程，对达标生产企业和合作社给予奖补，健全农产品质量追溯和质量安全监管体系，确保品牌农产品监管全覆盖。四是加工储运升级行动。建立净菜加工配送中心、中药材加工园区，招商引资冻干蔬菜、果酱、花卉提取物、蚕豆零食化、莜面主食化、中药制成品、畜禽屠宰、肉蛋食品等精深加工项目；建设一批集冷藏、烘干、分级、包装等多功能的田头市场，支持冷链物流和电子商务建设，促进直采直供。

（三）加快培养品牌建设"四支队伍"

事业发展，根本在人，关键在人才。崇礼应当围绕农业品牌建设，抓紧加强四方面力量：一是科技创新团队。推进中国农业科学院、河北省农业科学院、河北北方学院等在崇礼建设院士工作站、技术服务站，把急需高端人才纳入区柔性引才专家库，带动培养和留住高科技人才。二是农技推广队伍。彻底落实基层农技推广体系改革任务，围绕主导产业设立若干区域农技站，配足编制和人员，工作量考核和专业技术职务评聘由区委组织部、区农牧局统筹安排，激发农技人员干劲。三是农村致富带头人。加强与农业农村部管理干部学院等的战略合作，持续实施农村致富带头人培养工程，培养一大批知识型、技能型、创新型的生产经营主体，增强品牌意识。四是品牌营销专门力量。加强农业企业、农民合作社品牌营销人员培训，指导建设企业品牌和产品品牌，依托品牌策划专业机构建设区域公用品牌。

（四）大力开展农业品牌"五类营销"

着眼体育旅游人群、休闲度假人群、周边大中城市人群等崇礼农业品牌目标市场，开展全方位营销。一是展会营销。每年举办崇礼品质农产品产销对接活动，组织到北京开展"崇礼菜王"进企业、进社区活动，积极参加国家和省、市各级举办的农产品推介和展销活动。二是媒体营销。在央视新闻、经济和农业频道播放"崇礼好礼"广告，邀请业内知名媒体开展"走进崇礼品质农业"集中采访，向游客推送崇礼品牌农产品宣传短信和微信公众号内容。三是赛事营销。赞助冬季滑雪、夏季户外等体育赛事，申请成为冬奥会食品供应商，力争成为体育单项赛事合作伙伴。四是旅途营销。在高铁、飞机、机场摆渡车等交通工具上投放广告，与铁路总公司、航食公司合作，在往返张家口、崇礼的列车、飞机上推出崇礼特色农产品餐食。五是门店营销。在各大滑雪场、星级酒店、大型超市、土特产品连锁店开设"崇礼好礼"专卖店（专柜），在冬奥会特许商品经营店设置专区，在旅客出发地开设或合作开设品牌农产品销售网点，同时提供滑雪、旅游、交通、食宿等信息服务。

（五）着力加强组织领导"五重保障"

农业品牌建设事多面广，涉及多方关系，需要在顶层设计上作出妥善安排。一是组建协调机构。成立以区级领导为组长，区农牧局牵头，发改、财政、商务、市场监管、旅游、体育、工商联等部门参与的崇礼区农业品牌建设领导小组，协调推进崇礼农业品牌建设。二是编制规划方案。聘请科研院校专家和专业化品牌营销机构，编制崇礼区农业品牌建设规划方案，明确建设目标和重点任务，出台相应扶持政策。三是搭建运营平台。组建崇礼区扶农公司、蔬菜行业协会、蚕豆行业协会和农村致富带头人协会，具体注册和运营区域公用品牌。四是健全机构编制。将农业品牌建设职责明确给区农牧局，加挂农业品牌建设领导小组办公室牌子，适当增加领导职数和人员编制，区农牧局深化内设机构改革，确保有机构管事、有人干事。五是保证财政预算。配合规划编制 3 年滚动预算，每年安排农业品牌建设专门预算，重点用于优化产业结构、提升农产品质量、建设专业人才队伍、开展营销宣传等方面。

产业视角下环京津山区贫困县
农业品牌建设路径研究

——以张家口市崇礼区为例[①]

杨　恺　　尚旭东　　贾志军　　陈少飞

一、引言

农业品牌建设是农业经济领域的研究重点之一。国外学者对品牌的研究主要涉及品牌概念、品牌理论发展、企业品牌战略等方面[②③④⑤]。如凯文·莱恩·凯勒提出品牌是比企业和企业产品更重要、更持久的无形资产，是竞争对手无法复制的形象[⑥]。艾·里斯和杰克·特劳特倡导品牌定位理论，认为品牌是为了使产品在顾客头脑中占据独树一帜的地位[⑦]。约翰·菲利普·琼斯等提出品牌价值理论，将品牌产品定义为能为顾客提供其认为值得购买的功能利益及附加价值的产品[⑧]。日本在农产品品牌理论研究上成果较多，八卷俊雄把日本的农产品品牌发展规划

① 基金项目：农业农村部管理干部学院 2017—2018 年院级重大研究课题"农业品牌建设研究——以崇礼为例"（NGY2018zd02）。

② 刘亚鑫，2017. 品牌价值理论研究述评 ［J］. 合作经济与科技（11）：72 - 74.

③ 周应堂，欧阳瑞凡，2007. 品牌理论及农产品品牌化战略理论综述 ［J］. 江西农业大学学报（社会科学版）(1)：2 - 5.

④ 李小星，2009. 品牌研究理论回顾与评价 ［J］. 中国商界（6）：158.

⑤ 韩福荣，王仕卿，2006. 品牌理论发展评述 ［J］. 世界标准化与质量管理（9）：4 - 6.

⑥ 凯勒，2006. 战略品牌管理 ［M］. 北京：中国人民大学出版社.

⑦ 里斯，特劳特，2002. 定位 ［M］. 北京：中国财政经济出版社.

⑧ 琼斯，1999. 广告与品牌策划 ［M］. 北京：机械工业出版社.

分为国家、县级政府、农业协会三个层面，设计了相互配合的策略①②。国内农业品牌建设研究多聚焦于区域农产品品牌建设研究领域，陆国庆③是较早提出这一概念的学者，胡晓云④⑤、向明生⑥、陆娟⑦围绕农产品区域公用品牌建设实践及其与区域经济发展互动方面多有阐述。综观国内外文献，本研究认为，农业品牌既是附着在差异化农业产品或服务之上的符号系统，也是农业产品或服务的价值集合体，综合了功能性价值、社会文化价值以及与消费者互动的情感价值等。农业品牌一般包括产品品牌、企业品牌和区域公用品牌，区域公用品牌又分为单品类区域公用品牌和综合类区域公用品牌，三种类型品牌适用领域不同，但是彼此关联、相辅相成⑧⑨。

农业品牌建设本质是实现区域化布局、专业化生产、规模化种养、标准化控制、产业化经营的过程⑩。在贫困地区加强农业品牌建设，能够提高优质农产品产出水平，连通生产供给与市场需求，促进贫困户更多分享溢价收益。河北省张家口、承德、保定 3 市 28 个国家和省级扶贫开发重点县位于燕山—太行山片区（以下简称环京津山区贫困县），是全国 14 个集中连片特殊困难地区之一，其中绝大部分属于山地、丘陵地貌或者坝上高原地区。28 个县共有贫困人口 76.4 万人，贫困发生

① 八卷俊雄，2007. 日本的一村一品 [D]. 广州：暨南大学.

② 林荣清，2013. 国内外品牌农业研究综述 [J]. 江西农业学报，25（7）：143-146.

③ 陆国庆，2002. 区位品牌：农产品品牌经营的新思路 [J]. 中国农村经济（5）：59-62.

④ 胡晓云，2018. 农业品牌及其类型 [J]. 中国农垦（5）：51-53.

⑤ 胡晓云，程定军，李闯，等，2010. 中国农产品区域公用品牌的价值评估研究 [J]. 中国广告（3）：126-132.

⑥ 向明生，2016. 农业区域品牌战略 [M]. 北京：中国农业出版社.

⑦ 陆娟，2017. 我国农业品牌的建设现状、面临挑战与发展建议 [J]. 中国产经（5）：60-63.

⑧ 农业部市场与经济信息司. 中国农产品品牌发展研究报告：2014 [R/OL]. (12-03) [2022-03-23]. http://www.scs.moa.gov.cn/gzjl/201703/P020190507408438585542.pdf.

⑨ 余明阳，杨芳平，2009. 品牌学教程 [M]. 2 版. 上海：复旦大学出版社.

⑩ 李建军，2013. 农产品品牌建设：基于农业产业链的研究 [M]. 北京：经济管理出版社.

率 9.76%，2018 年农村居民人均可支配收入 9 706 元，仅为全国平均值的 66.4%，其中深度贫困县 10 个，脱贫攻坚难度较大，产业扶贫任务繁重。加强农业品牌建设，对于环京津山区贫困县提高农业产业全要素生产力、带动贫困户脱贫致富，具有重要的现实意义。

二、环京津山区贫困县农业品牌建设现状分析

据统计，环京津山区贫困县有 23 种 113 个农产品列入全国特色农产品区域布局规划（2013—2020 年），截至 2019 年 1 月有 8 个农产品获得农业农村部农产品地理标志登记，中国绿色食品发展中心数据显示至少 59 家农业企业、农民合作社或家庭农场获得绿色食品认证。以崇礼为例，该区在蔬菜、粮油、休闲农业与乡村旅游领域培育了一批品牌，"崇河"牌彩椒、"桦皮岭"牌番茄获全国农交会金奖，"爱度"亚麻籽油被认定为河北省著名商标，"崇礼蚕豆"获得农产品地理标志登记，崇礼区被认定为全国休闲农业与乡村旅游示范县。

本研究通过实地调研、问卷调查和查阅资料，以张家口市崇礼区为例，对环京津山区贫困县农业品牌建设的优劣势和机遇，作如下分析：

（一）优势分析

当前农产品市场化程度不断提高，环京津山区贫困县在农业品牌建设上的优势主要有 3 点。一是独特环境造就的品质优势。由于山区水、土、气相对洁净，平均气温较低且温差较大，环京津山区贫困县农作物病虫害少发，受污染程度较轻，抗逆性较强，营养累积丰富，盛产高品质的杂粮杂豆、蔬菜林果等特色农产品。比如，崇礼彩椒含糖量高、干物质多，崇礼蚕豆蛋白质含量达 25.21%。二是气候冷凉形成的错季优势。以蔬菜为例，每年 7—9 月长城以南平原地区的蔬菜特别是茄果类蔬菜因高温已无有效产量，张家口、承德坝上地区作为全国三大高原夏菜生产基地，恰好弥补市场空当。崇礼彩椒占据全国越夏彩椒总产量的 1/3，崇礼草莓育苗每年夏秋季供应北京市场 15% 以上。三是邻近京津带来的物流优势。大多数环京津山区贫困县已通高速公路，保定至北京

已开行高铁列车，28个县供京农产品物流时间一般在2~3小时，最长4小时左右。比如，崇礼区政府距北京市北五环上清桥的道路交通里程为220千米，行车时间3小时。

（二）劣势分析

以市场竞争力衡量，环京津山区贫困县农业品牌建设的劣势主要有：一是资源短缺制约了规模生产。纳入农业农村部"百村示范"的28个县131个村，户均耕地面积0.39公顷，加之山区冬春积温少，很难实现周年规模生产。比如崇礼区纳入"百村示范"的5个村，户均耕地面积0.23公顷，冬季平均气温−10.4℃，多数农作物仅能一年一熟。二是投入不足导致了产业落后。环京津山区贫困县一般财力不足，受生态环境约束工业发展停顿，第三产业税收贡献较少，因此投向农业产业的资金不足，产业链发育较为滞后。比如，崇礼彩椒90%的种苗需要外调，恒温库、冷藏车等数量不能满足加工储运需求，存在产前产后"两头在外"困局。三是人才匮乏延误了品牌培育。北京、天津等大城市对河北省人才的虹吸效应明显。2017年河北省城镇单位就业人员平均工资为50 921元，仅为北京市的50.1%，年轻的农业生产经营者、专业的农业科技人员大量外流，农业品牌建设需要的高素质人才支撑乏力。比如，崇礼区农村致富带头人培养工程一期38名学员的平均年龄48.4岁，2007年引进的18名涉农专业大学生仅余2人从事农技工作。

（三）机遇分析

面向未来，环京津山区贫困县农业品牌建设的机遇主要包括：一是居民消费升级的溢出效应。2017年底北京、天津2市常住人口合计3 728万人，城镇居民人均消费支出分别为40 346元、30 284元，恩格尔系数低于全国29.4%的水平，城镇居民日益倾向购买高品质特别是地道农产品，假日旅游经济增速明显。2018年，河北省乡村旅游接待游客近1.7亿人次，总收入近350亿元。崇礼区2018年夏季接待游客近100万人次，第十八届中国崇礼国际滑雪节接待游客208万人次。二是京津冀协同发展的战略带动。当前，太行山高速已与首都环线高速连通，京沈、京张高铁加快建设，区域性物流基地、专业市场等非首都核心功能逐步转移，必将极大提升环京津山区贫困县的基础设施条件和农业产业水平。崇礼区作为北京 2022 年冬奥会雪上项目主赛场，京张高铁崇礼铁路、京礼高速将于 2019 年底建成，届时供京农产品物流时间缩短为 1 小时。三是强化产业扶贫的政策利导。按照国家脱贫攻坚部署要求，产业扶贫资金应占全部扶贫资金 50% 以上，并注重完善与贫困户利益联结机制。2018 年环京津山区贫困县产业扶贫共投入 62.1 亿元，2019—2020 年将进一步增加，且更多投向新型农业经营主体。2018 年，张家口崇礼莓好生态科技有限公司通过实施农业品牌建设等奖补项目，创建运营"莓好庄园"系列品牌，带动了 365 户贫困户增收。

三、国内外农业品牌建设的经验与启示

（一）国外经验借鉴

世界上农业发达国家实施农业品牌建设普遍较早，其中日本、美国、法国等国较有代表性，值得借鉴的主要做法有：一是注重顶层设计。早在 1979 年日本就发起"一村一品"运动，21 世纪以来日本政府将"品牌农业"发展战略提升为国家战略，推动每个县打造一个或多个特色农业产业，成就了"松阪牛""静冈茶叶""越光大米"等知名品牌[①]。美国建立完善的社会化服务体系，美国农业部提供政策、科技服务，信贷合作社、供销合作社和服务合作社提供专业化服务，加工、运输、销售等企业共同助力农产品增值。法国农业和渔业部授权法国食品协会开展提升农产品影响力的公益性工作，法国外贸中心设有农业及食品产品出口部，专门负责品牌农产品出口促进。二是大力开展营销促进。日本对于符合标准的"一村一品"农产品，由政府部门统一出资进

---

① 张文超，2017. 日本"品牌农业"的农产品营销经验及中国特色农业路径选择［J］. 世界农业（6）：173 - 176.

行品牌宣传。在美国，农产品主要通过行业协会或是合作社宣传，如"新奇士"水果合作社赞助美国橄榄球冠军锦标赛，每年评选"柑橘小姐"作为品牌代言人。法国擅长文化挖掘推广，通过举办食品展览倡导"法式生活"，法国葡萄酒行会每年都举行仪式，邀请各国爱好者参加品酒大赛，提高消费者的忠诚认同度。三是实施品牌认证保护。日本在全国实施"本场本物"制度，由区域食品品牌标记标准审查委员会对具有传统特色的农产品，从名称由来、产地范围、涵盖文化、原材料特质、加工工艺、质量卫生管理标准等方面进行认证审核，并对其品牌经营给予跟踪式管理。法国开展多样化的农产品标识认证，原产地命名控制（AOC）标识是为了保护原产地特色农产品，红色标签认证是对农产品品质的背书，生物农业（AB）标识目的在于鼓励生态农业发展①②。

（二）国内经验借鉴

本研究从产品品牌、企业品牌、区域公用品牌等不同类型中，选取对环京津山区贫困县有借鉴意义的案例进行调研，概括以下经验做法：一是确立差异化市场定位。四川省苍溪县贫困山村岫云村，品牌主打"时光鸡""岁月鸭""年华猪"理念，以小规模高品质与城市高收入家庭开展"远山结亲"，同时解决城里人吃得健康和贫困户增收两大难题③。衡水养元食品厂的核桃乳饮料抓住核桃健脑功效特点，聚焦学生和白领两类人群，使"经常用脑常喝六个核桃"深入人心。二是延伸开发全产业链条。济南市章丘区编制大葱生产技术规范，在示范区推行供种、施肥、收获、销售"四统一"，开发葱油、香葱酱等深加工产品，推动章丘大葱从地方特产成为知名品牌。郑州新郑奥星食品厂加大研发投入，生产出枣片、枣粉、免洗枣、去核即食枣等新产品，特别是枣夹核桃产品"好想你"家喻户晓。三是有针对性地传播推广。伊利集团通

① 段玲玲，黄庆华，2017. 农产品品牌建设：中国西部重庆市农产品品牌建设研究 [J]. 世界农业（12）：225-229.

② 阿财，2019. 国外农产品品牌建设启示录 [N]. 企业家日报，01-06（02）.

③ 曾小清，2016. 时光鸡岁月鸭和年华猪的进城路 [N]. 四川日报，03-15（12）.

过赞助 2008 年北京奥运会实行供奥食品生产标准,用"更高更快更强"佐证产品品质,从而一举领先中国乳业,又成为 2022 年北京冬奥会官方合作伙伴。"周黑鸭"研究发现卤鸭脖的主要消费群体是年轻女性,便将店铺集中开在大型商圈,从销售整鸭改为主要售卖锁鲜装的鸭附件产品,深受消费者欢迎。四是强化区域性管理服务。甘肃省定西市成立马铃薯产业发展办公室,从良种供应、精深加工、科技研发、会展贸易等方面实施品牌发展战略,马铃薯由"救命薯""扶贫薯"升级为"致富薯"。浙江省丽水市策划运营"丽水山耕"生态农产品区域公用品牌,实行企业申报、第三方认证、政府监管的品牌授权使用模式,建立质量安全保证金制度,高频度开展宣传推广活动,带动品牌农产品平均溢价 30% 左右[①]。

(三)农业品牌建设启示

本研究认为,品牌建设是"品""牌"共同作用的过程,"品"是"牌"的内涵,"牌"是"品"的外延。总结国内外农业品牌建设的成功经验,主要有以下启示:一是特色立牌。农业品牌是代表农业产业和企业核心竞争力的无形资产,必须迎合目标消费群体的个性化需求,提升消费者的感知体验和情感认同,用消费者对品牌的差别反应赋能品牌价值。二是产业强品。品牌是连接生产供给与市场消费的纽带,消费者的需求最终会传递给生产端明确而具体的信号,因此做强做大品牌,需要加强水土气等资源的支撑、种肥药等投入品的配合和产加销全产业链条的带动。三是市场主导。农业品牌建设是用市场化手段解决现代农业发展问题的重要途径,农业企业、农民合作社、农业行业协会等能够较好运用市场机制、适应市场变化,应当作为产品品牌、企业品牌建设的主体,在政府授权下开展区域公用品牌建设。四是政府引导。农业产业面临自然和市场双重风险,农业品牌建设的基础性、地域性、公益性特点

---

① 周禹龙,施紫楠,2018."浙江绿谷"丽水创新激活农业 千年产业焕生机[N/OL].(09-12)[2022-03-23]. https://www.chinanews.com.cn/cj/2018/09-12/8625573.shtml.

明显，需要政府在政策制定、科技服务、项目资金、人才培育等方面提供必要扶持，特别是在区域公用品牌的资源整合、认证保护等方面发挥好"看得见的手"作用。

四、环京津山区贫困县农业品牌建设路径与战略

综合上述分析，借鉴国内外经验，本研究认为，环京津山区贫困县农业品牌建设应当立足自身优势，找准大城市周边特色优质农产品产地的市场定位，挖掘绿水青山品牌价值，推动农业全产业链开发建设，加快补齐竞争短板，提升工作专业化水平，走出一条品牌形象小而美、产品质量中高端、目标市场精准化、借势京津齐发力的特色之路。借助脱贫攻坚和京津冀协同发展两大历史机遇，可以将 2020 年规划为创建攻坚阶段，主要做好确立市场定位、提高农产品品质、开展品牌运营等工作；到 2030 年规划为提升维护阶段，主要做好优化产业质量、树立品牌形象、健全管理机制等工作。重点应当抓好以下战略举措：

（一）实施品质农业发展行动

结合环京津山区贫困县实际，应当重点实施四项专门行动。一是良种繁育行动。建设特色优势作物的育苗工厂、品种试验站、良繁基地和保种场，提高优质种苗种畜自给率，从源头上保证高端品质。如在崇礼建设彩椒育苗厂、中药材品种试验站、蚕豆良种繁育基地、黄羽肉鸡保种场等。二是耕地质量保护与提升行动。在连作区域实施轮作，普遍开展测土配方施肥，利用畜禽粪污和农作物秸秆生产有机肥，提升高标准农田建设水平。三是标准化生产行动。建立以绿色、有机为基础，对接国际标准的农产品生产标准体系，加快制定主要品牌农产品生产技术规程，确保品牌农产品质量追溯和安全监管全覆盖。崇礼还可以奥运食品供应为目标引领标准化生产。四是加工储运升级行动。建设加工车间、物流园区、田头市场，促进精深加工、冷链物流和直采直供。如在崇礼建立净菜加工配送中心、中药材加工园区，建设一批集冷藏、烘干、分级、包装等多功能于一体的田头市场，通过电子商务开展宅配业务。

（二）大力开展农业品牌营销

环京津山区贫困县应当紧盯京津市场，面向目标消费群体开展全方位营销。一是展会营销。定期举办农产品产销对接活动，组织到北京、天津等地现场售卖，积极参加农交会、绿博会等展销会。如崇礼可以每年举办农产品产销对接会，开展"崇礼菜王"进企业、进社区活动。二是媒体营销。在报刊、电视台、广播电台播发文章和广告，利用新媒体平台向游客推送品牌农产品信息，开发微信公众号。三是活动营销。冠名大型活动，借力活动本身的宣传扩大品牌知名度。如崇礼可以赞助冬季滑雪、夏季户外等体育赛事，申请成为冬奥会食品供应商。四是旅途营销。在高铁、飞机、大巴车等交通工具以及停靠场站投放广告，与铁路总公司、航食公司合作生产特色餐食。如崇礼可以在 G2022 次高铁列车、京礼高速服务区推出崇礼美食。五是门店营销。与连锁酒店、大型商超等合作开设品牌农产品销售网点，在游客中心设置展销专区，到北京、天津终端市场开设特色农产品专卖店（专柜）。

（三）培育品牌建设专业队伍

在人才外流情况下，环京津山区贫困县应当坚持引进、培养、提高并举的思路，大力培育品牌建设专业化队伍。一是科技创新团队。积极争取科研院所设立技术工作站、服务站，带动培养和留住高科技人才。如崇礼应当把急需的中国农业科学院蔬菜花卉研究所、中国中医科学院的高端人才纳入区柔性引才专家库。二是农技推广队伍。落实基层农技推广体系改革要求，区域农技站配足编制和特聘农技员，工作量考核和专业技术职务评聘由组织部门和农业农村部门统筹安排，激发农技人员积极性。三是农村致富带头人。培养一大批知识型、技能型、创新型的带贫经营主体，着力增强他们的品牌意识。如崇礼应当持续实施农村致富带头人培养工程。四是品牌营销专门力量。加强农业企业、农民合作社市场营销人员培训，提高企业品牌和产品品牌建设水平，依托品牌运营专业机构策划区域公用品牌。

五、政策建议

对照农业品牌建设的较高要求，环京津山区贫困县在职能配置、财力保障、工作能力等方面还存在一定困难，需要上级有关部门给予支持。为此建议：一是强化组织保障。在本轮机构改革中，各级机构编制、农业农村部门参照农业农村部的职责配置，将培育、保护农业品牌的职责细化落实到县一级农业农村部门，配齐配强力量，确保有机构管事、有人干事。各县应当成立以县级领导为组长，农业农村部门牵头，发改、财政、市场监管、旅游等部门参与的农业品牌建设协调机构。二是加大政策倾斜。中央和省级财政增加对环京津山区贫困县的转移支付，允许农业品牌建设资金根据需要不被整合，或者规定产业扶贫资金用于农业品牌建设的最低比例。国家、省、市农业农村部门优先安排环京津山区贫困县承担农产品加工、现代农业产业园、农业强镇示范等项目，优先支持纳入特色农产品优势区布局规划的贫困县建设区域公用品牌。三是加强指导服务。把培育农业品牌作为环京津农业扶贫工作的重要内容，作为农业农村部、河北省农业农村厅对口帮扶单位及扶贫挂职干部的重要职责，指导各县研究编制农业品牌建设规划方案，明确建设目标、重点任务和扶持措施。各级农业农村部门举办展销会、产销对接活动，应当为环京津山区贫困县免费提供展位，并在科技推广、媒体宣传、人才培训等方面提供有针对性的服务。

为何优质优价很难实现

——中国农产品有好产区却缺乏好产业

邵　科

在几千年农耕文明中，我国涌现出一大批具有独特品种、品质和文化积淀的粮经、园艺、畜禽、水产等特色农产品产区，但由于产出的农产品外观不佳、品质不稳定，产后商品化处理能力弱，流通端缺乏优质的通路等原因，这些特色农产品无法形成合理分工、链条完整的好产业，优质优价无法有效实现。

一、兼业化小农缺乏标准化产品的持续稳定供给能力

家庭联产承包经营使农村土地分散在千家万户，确保了耕者有其田，体现了社会主义制度的优越性，但也决定了农业生产的小规模、兼业化。传统的五六十岁的中老年农民受教育水平低，接受或使用现代科技与装备的意识和能力弱，生产出来的农产品标准化程度低，产品品质参差不齐。而且必须承认，许多农民看重眼前利益，容易出现以次充好、以假乱真等短视化行为，导致提供的农产品品质不稳定，特色农产品的好产区却无法生产出符合市场需求的好产品。

二、农产品产区缺乏产后商品化处理的基础能力

大多数农产品离开田间地头后，并不能直接进入千家万户的厨房，这中间要进行产后商品化处理，包括预冷、清洗、分级分选、加工、包装等环节。为了规避产品上市周期集中而容易产生价格波动，不少农产

品产区还必须具备仓储冷链等方面的设施装备和调控能力。而对于特色农产品产区的绝大多数普通农户而言，基本不具备这方面能力，这就意味着他们得求助于当地的农业产业化龙头主体（包括公司和合作社），那些没有龙头主体的地方则只能依靠传统的农村经纪人。在目前农村经纪人占主导的传统农业产业流通链条中，农产品的产后商品化处理总体不足，实现优质优价的可能性较低。

三、农产品销售缺乏中高端市场渠道渗透能力

农产品要想实现优质优价，除了标准化优质农产品的持续稳定产出和合理的产后商品化处理，还非常依赖中高端的农产品销售渠道。但遗憾的是，像盒马鲜生、永辉超级物种、京东生鲜、每日优鲜等新零售和中高端销售渠道并不掌握在生产者手中，而且这些渠道基于成本收益的现实考虑，难免"店大欺客"，对于农产品供货商有着数量、品质、物流、货款期、主体资质等方面的严格要求。这就使得特色农产品产区的传统生产农户、小微农业企业和合作社无能力直接对接这些销售终端，很大程度上正在错失我国城镇居民消费升级的红利。

四、产区涉农部门缺乏全产业链统筹协调能力

农业农村部门过往的行政职能侧重于生产端，大部制改革后，农业农村部门的职能延伸到了农村环境治理等领域，拥有了更为完整的涉农领域财政项目审批管理权限，但这并不能掩盖其在产后流通等领域的职能薄弱。目前农业农村部门缺乏实现农产品优质优价的有效抓手，也缺乏全产业链经营管理的意识。当前，农业农村部出台了加快推进品牌强农的意见和大力发展农产品电子商务的通知，一些地方也开始大力打造农产品区域公用品牌，补贴一些企业、合作社建设产地仓储、物流等设施，但这种政策举措离真正的产前、产中、产后全产业链统筹资源和布局还有不小的差距。

　　未来，农户、企业（合作社）、政府只有在产前、产中、产后围绕品种、品质、产后商品化处理、农产品流通、品牌营销等诸多环节进行合理分工，并进行土地、人力、资本等要素的优化组合，才有可能将特色农产品优势产区的资源优势转变为经济效益。

中国农业如何应对连锁超市业态变革

邵 科

2019年是中华人民共和国成立70周年，也是全面建成小康社会关键之年。2019年中央1号文件明确指出，在经济下行压力加大、外部环境发生深刻变化的复杂形势下，做好三农工作具有特殊重要性。但当前国内经济下行压力较大，农产品供给结构性问题依然存在，产业链条短、产销衔接弱等问题还很突出。因此，利用春节返乡机会，笔者走访了老家所在城市包括盒马鲜生、华润 Ole'、华润万家、绿地 G-Super、永辉超级物种、物美、新江厦等在内的大中型超市，希望能够通过对这些超市生鲜产品展示销售情况的调研，了解超市如何应对城乡居民的消费升级，观察生鲜产品供应正在发生怎样的结构性变化，并希望能借此提出对深化农业供给侧结构性改革的思考和建议。

一、超市生鲜产品供给正发生深刻变化

（一）超市主体结构正在发生明显变化

以盒马鲜生为代表的主打生鲜与餐饮的新零售超市正在迅猛崛起，它为方圆3千米的中产家庭提供了大龙虾、帝王蟹等生猛海鲜，以及特色水果等品质产品服务。以华润 Ole' 为代表的销售海外产品和特色商品的精品超市正起步发展，它为城市里的高端消费者提供了松茸、天麻和冬虫夏草等新鲜滋补食品，以及琳琅满目的酒类、奶粉、蜂蜜等进口食品。这些新型超市在物美、乐购、华联、沃尔玛等传统大中型超市之外快速崛起，成为富有创新能力的发展标杆，为城镇居民提供了更为高端的生鲜与美食服务。

（二）超市经营主题正在发生深刻转变

原来的大中型超市主要是提供各种食品和生活日用品的零售服务，

但现在随着新零售力量的出现，超市的功能正在变得多元化，比如像永辉超级物种，开设了"鲑鱼工坊""波龙工坊""盒牛工坊""麦子工坊""花坊""酒坊""生活厨房"和"健康生活有机馆"等，让消费者既可在店里选购新鲜食材买回家享用，也可直接在店里接受食材烹调服务。超市的零售边界开始模糊，餐饮功能正在崛起，中青年客群成了这些新型店铺的消费主力。新零售企业的这种功能多元化的消费火爆，也助推着绿地 G-Super、华润万家等超市拓展与强化了餐饮体验功能。

（三）超市生鲜品类正在发生深刻提升

印象中的物美等传统超市，生鲜产品仍然是以绿叶菜、苹果、梨、猪肉、牛肉、羊肉以及冰冻海鲜等大众食材为主。但今天，哪怕是华润万家等并不算高端的连锁超市，也已经开始提供帝王蟹、象鼻蚌、中华鲟等鲜活产品，车厘子、蓝莓、牛油果等中高端水果已成为当仁不让的货架陈列主力，让消费者有了更多高品质食材的选择。

（四）产品包装呈现正在发生深刻革新

印象中的传统超市果蔬等农产品销售，多数为散装陈列，许多老年人簇拥在那里淘来淘去、反复挑拣，以至于很多本来品相并不差的生鲜产品历经这种破坏性挑选，变得千疮百孔、损耗激增。但现在，越来越多的生鲜超市正在呈现出精品净菜包装的形态。在笔者老家，连布局乡镇、原隶属供销社系统的新江厦超市都在提供越来越多的经过精品包装处理的生鲜产品。而且像盒马鲜生等中高端超市，诸如佳沃、佳沛、佳农、都乐、农夫山泉 17.5 度等所谓"牌子货"已经成为生鲜货品主力军，很多精致包装的生鲜产品完全可以直接作为过年礼盒供走亲访友馈赠，越来越多的超市农产品正在告别"傻大笨粗"的低端廉价形象。

二、如何看待超市生鲜产品的供给变革

（一）生鲜产品供给变革是城乡居民消费升级必然结果

城镇大中超市生鲜产品供给结构的鲜明变化，不是农产品生产者、

中间商贩、超市零售商一厢情愿的行为变化，它是随着中国人均 GDP 接近 1 万美元，中等收入群体突破 4 亿激发的供给侧结构性改革。越来越多的城乡居民已经不再满足于吃得饱、吃得安全，越来越多的人希望能够吃得营养健康，希望能够购买到更多新奇特的生鲜美食，这是促进连锁超市生鲜品类革新的根本动力。

（二）生鲜产品供给变革给农业产业发展带来重大机遇

城镇大中超市生鲜产品供给变革给我国当下的农业产业发展带来了前所未有的市场机遇，给我们的农业现代化进程和乡村振兴工作推进带来了不可多得的外部优越条件，让更多生产经营者可以更加注重品种创新、品质提升和品牌塑造，让有奔头的农业产业可以吸收更多的大学毕业生等中青年人才返乡创业创新，可以吸引更多的社会资本投入到农业农村领域、支持产业链条拓展升级，让我们的农业产业有机会通过获取市场利润而成长，摆脱对政府财政投入和政策支持的过度依赖。

（三）生鲜产品供给变革并不必然转化为中国农业升级

必须要注意的是，城镇大中超市生鲜产品供给变革并不必然就会导致中国农业产业的升级。正如笔者在调研过程中看到的诸如车厘子、蓝莓、帝王蟹、大龙虾等产品，大量来自国外的特色优势产区，这些进口农产品不但品质优越，品相美观，而且包装精美，价格也并不昂贵，再加上诸如佳沛、都乐等跨国农产品企业的品牌声誉加持，极大地吸引了诸多中国消费者为之溢价消费。他们在大龙虾、猕猴桃、车厘子等中高端生鲜品类以及婴幼儿奶粉里面已经形成了对中国同类产品的竞争优势。城乡居民消费升级带来的市场红利相当程度上被这些国外农业生产经营者所获取，以至于出现了智利 80% 的车厘子都销往中国的极端场景。而这种对进口产品的消费，必然会导致国内同类或者关联产品的被替代，从而冲击国内相关产品的供需结构，影响国内相关产业的增产增效。

三、如何支持农业生产经营主体应对超市变革

要想真正让我们的农业生产经营主体有效应对连锁超市变革，充分享受到消费升级的红利，需要着力在以下几个维度加强政策创设与引导：

（一）支持组织化，提高产品供给主体法人化和产销对接水平

在大力培育高素质农民群体的同时，更为坚定推进农业生产经营主体的法人化步伐，坚定发展适度规模化经营的家庭农场、深入推进农民合作社的规范化发展、加快培育专业化经营的农户成员，进一步做大做强联农带农的农业产业化龙头主体，以法人化助力规模化、专业化。借鉴大型电商平台开辟兴农扶贫专区的经验做法，联合商务部门引导线下连锁超市开辟兴农扶贫专区，为来自国家贫困县的农产品开辟销售展示专区，并对年度性公益扶贫表现较好的连锁超市进行表彰奖励和媒体宣传。

（二）支持品质化，提升农产品供给标准化程度和商品化能力

对标国际主流标准，加快特色优质农产品生产标准制定修订，构建形成更为完善合理的农业生产经营标准体系，让农业生产经营者有更清晰、更合理的生产经营规程可以遵循学习。更大力度支持绿色、有机、地理标志等申请认证工作，让农产品变得更有身份地位。通过提供税收优惠、创新提供非农建设用地指标等方式，借助政府和社会资本合作（PPP）建设模式，支持引导有意愿、有能力的市场主体加大对农产品分级、预冷、初加工、冷藏保鲜、冷链物流等地方特色产业急需的公共性产后基础设施的投入建设力度，加快构建农产品特色优势产区的商品化服务能力。

（三）支持品牌化，创新性利用互联网媒体作好产品宣传推介

鼓励农业生产经营主体以区域公用品牌为基础，以企业品牌为支

撑，深入挖掘农业品牌内涵，充分利用短视频、公众号等新媒体平台崛起的有利时机，讲好中国农业品牌故事，并借力电商平台工具作好农产品品牌的流量变现。探索认定一批有水平的农产品品牌服务机构，支持引导其更加公益性地服务农业生产经营主体和贫困县市农业部门。

（四）支持信息化，加强农产品电商化经营和实现产品可追溯

构建农产品可追溯的标准体系，加快建设国家层面的农产品可追溯信息服务系统，鼓励多方社会力量参与和服务系统建设，实现主要农产品的生产主体可追溯。加快智慧农业和物联网等技术的探索应用步伐，使农业生产和流通过程数字化、可视化，提高消费者对国产农产品的信任感和参与感。

行业资源整合、生产秩序创设与利益联结强化：
农业产业化联合体的成长发育与组织创新优势

——基于广昌白莲产业化联合体的观察

尚旭东

产业组织理论的核心要义之一阐释了如何保护市场机制下的产业主体竞争活力及其规模经营效益，即产业组织怎样通过创设规制，以保持内部主体（如企业）有足够的激励和约束用以完善组织结构、协调利益分配、优化经营规模、降低生产成本、形成可持续发展。以这样的标准审视城镇化进程加快、劳动力转移加剧背景下的农业组织创新模式，较为合意的代表是中央高度认可并重点推荐的农业产业化联合体。农业企业、农民合作社、家庭农场、普通农户等多类主体合作开展的产业化经营，契合了构建现代农业生产体系、经营体系、产业体系、增加农民收入等多重目标，并由此引发了政界和学界的关注，他们纷纷运用制度经济学、产业组织学等原理、方法去考察和解读该模式成长绩效，并就今后农业产业化改革方向与愿景发表见解。较为统一的认识肯定了联合体对组织模式创新、利益分配兼顾、多元主体培育、组织结构发育等方面的成效与积极作用，实际上认可了农业产业化联合体的组织创新优势。那么，农业产业化联合体如何通过组织创新实现发展现代农业、提升市场地位、增加主体收益、助力乡村振兴战略？为更好地阐释这一问题，农业农村部乡村产业发展司农业产业化处前往全国多地，试图以案例的形式全面展示农业产业化联合体的组织创新优势和成长绩效，借以加深农业农村主管部门对农业产业化联合体组织创新的理解与把握，有助于其指导和开展农业产业化推进工作，更好推广农业产业化联合体建设生动案例和典型经验。

广昌白莲产业化联合体（以下简称"联合体"），位于我国著名的四大莲乡之一——江西省抚州市广昌县，是一家以白莲产品（莲子、莲叶、莲须、莲心、莲藕、白莲附属品）生产、加工、销售、文旅开发为经营业务的产业联盟。联合体成立以来，形成了一条完整且不断延伸的绿色白莲产业链，有效整合各方资源，发挥各方优势，充分发掘和利用白莲资源，很大程度上提高了白莲产业附加值。

一、组织创立背景：产业发展多舛催生主导企业整合行业资源、探索组织创新

广昌白莲栽培历史悠久，有文字记载始于唐代仪凤年间，距今1 300多年。作为国家原产地域保护产品和地理标志产品，广昌白莲营养丰富、品质突出，莲子、莲叶、莲须、莲心、莲藕等药食两用价值较高。尽管白莲全身都是宝，但曾经的白莲产业发展命运多舛，"一产滞销、二产发展滞后""丰产不丰收、莲价如米价"的产销状况成为当地白莲经营主体自发成立产业化联合体的直接原因。与此同时，产业发展长期以来缺乏行业规范，无论是白莲种植户、莲产品收购商，还是莲食品加工企业，各类主体均习惯单打独斗、各自为战，行业资源得不到充分整合与有效利用。整个行业缺技术、缺资金、市场难做大、价格不稳定、缺标准、产品质量良莠不齐等问题凸显，与日益完善的市场严重脱节，风险系数不断增大，严重制约着广昌白莲产业发展。此时，恰逢江西省农业厅响应国家号召，鼓励各地农业经营主体成立农业产业化联合体，走抱团发展的农业产业化发展之路。一方面受困于产业发展拖累，另一方面得益于政府支持鼓励，为了将广昌白莲这个县域支柱农业产业做大做强，2017年12月，由省级龙头企业致纯食品股份有限公司牵头，在融合2家家庭农场、6家白莲农民合作社、7家莲产品深加工企业、3家莲产品废弃物利用企业、2家莲产品加工机械企业、2家莲文创产品生产销售企业、2家莲文化休闲旅游企业基础上，成立了广昌白莲产业化联合体。联合体以中国驰名商标——广昌白莲为品牌内容，以优质白莲收购订单为抓手，推进优质绿色、有机标准化生产经营。联合体内部，龙头企业负责品牌推广维护，制定种养计划，规定产品质量，

提供生产品种、技术支持、产品收购、农资服务及各种社会化服务；农民合作社和家庭农场依据生产标准种植符合客户要求的白莲产品；其他成员专注莲藕产品的生产加工与文旅开发。成员间通过相互协商，制定章程，作好计划，签订协议，明确各方权利义务，分工合作，共同发展。

二、创设生产秩序：以统一的标准规范生产行为、以协调分工实现产业链覆盖

联合体组织创新优势的首要表征是创设了内部成员都必须遵守的生产秩序。依靠"生产秩序"规范成员生产行为、产业分工、产业链循环，以期达到保障产品质量安全、品质优势，进而实现高于市场平均水平或达到甚至超越客户要求的产品标准，从而占领市场。生产秩序最大的作用在于保障质量安全基础上的产品品质、明确成员在联合体的内部分工和协作关系，以及对违规主体的惩罚，确保在生产端营造一个成员必须严格遵守的产业生态和秩序规则，保障组织能够持久向客户提供有竞争力的异质化产品，并能长久地占领产品市场、占据产业链的某些环节，有助于将市场地位固化或长期保持。

（一）构建成员共同遵守的生产规则，实现生产端标准化、规模化与品质化

创设生产秩序的第一个体现是构建起成员间共同遵守的生产规则，实现产品供给的规模优势与异质化竞争力。联合体成立后，成员大会通过共同协商，首先制定了各方一致同意的生产规范标准，即创设一个包括龙头企业、家庭农场、白莲专业合作社、种植大户、莲产品深加工企业、莲产品废弃物利用企业、莲产品加工机械企业、莲文创产品生产销售企业、莲文化休闲旅游企业在内的所有成员必须严格遵守的生产规则。生产规则要求成员按照"六个统一"（即统一优质品种、统一基地管理、统一收购标准、统一加工标准、统一包装销售、统一品牌宣传）标准进行生产，联合体对每个成员的生产行为实施实时监管，确保产品质量，产出产品随机抽检。一旦出现涉事主体行为违规进而影响产品质

量与品质，联合体将依据规定进行惩罚，情节严重的成员将被踢出组织，未来组织内成员也不得与其进行经济往来。最能体现启动生产规则并要求成员遵守的实例是，联合体在广昌县多个乡镇（90％以上的乡镇）推动"'千户万亩'种植工程"，建立"企业＋合作社＋农户"模式的种植基地，由设有院士工作站的白莲科学研究所以及致纯食品有限公司的莲食品研发中心提供统一的技术支持。按照生产规则种植成熟的通心白莲，通透度最高可达98％，所有白莲的通透度均能维持在90％以上。与联合体成立前各家各户生产的通透度不均、大小不一的白莲相比，品质提升不少且"好品质、成规模"。当地除联合体外的其他生产主体根本不可能每年供应如此大规模的高品质白莲产品。此外，通过订单式供应白莲产业各生产环节所需农资等原材料、建立投入品可追溯体系（生产主体必须记录每半天的生产行为、投入品用量、批次代码，以周为单位上报联合体技术部门），从源头上把好产品质量第一关。在生产规则的约束下，各主体纷纷统一标准、扩大规模，白莲种植规模迅速上升。截至2018年底，白莲种植规模已达到11万亩，相比20世纪90年代的2万亩，增幅450％。

（二）推进成员协调一致的产业分工，推动主营产品产业供给垄断地位形成

创设生产秩序的第二个体现是基于成员各自经营领域或专长，实现对主营产品产业的有效分工和产业链布局。即在联合体内部，主要是第二、第三产业方面进行分工布局。以广昌白莲产业化联合体为例，第一产业原本就是联合体的优势，经过多年成员抱团发展，成员生产在品种、标准和销售方面具有比较优势，然而在第二产业上，尽管在藕粉制作、饮料生产、闲食加工、保健品开发、饰品文创方面各有经营，但领域相互交叉重叠、各自优势不突出等短板和问题一直存在。通过生产秩序的规制，各成员开诚布公地进行协商并共同规划，将自身短板业务进行规避或舍弃，突出强化核心竞争力业务，以生产端比较优势占领产业相关环节，实现互不呛行基础上的合理分工和专一发展。第一产业方面，有专注莲藕种植的，有从事农资采购的，有开展生产社会化服务

159

的，还有成员专门开展莲藕科学研究和技术指导的。第二产业方面，有专注莲子汁、荷叶茶饮料加工的，有从事莲藕废弃物资源化利用的，有经营莲子莲心深加工、莲藕食品生产的，有开发莲子面粉、荷叶减肥面新产品的，还有从事产品研发和市场拓展的。第三产业方面，有成员从事莲藕文创产品开发，有成员开展莲乡休闲旅游度假。通过产业分工，成员能够专注优势领域，强化核心竞争力，使得每个成员都能在产业环节拥有自己领域、守住自身业务，联合体不仅在主营产品的生产端市场地位得到强化，还在每个产业链条进行了布局，抢占了市场先机，向逐步实现地域"单个产业垄断"稳步迈进。可以设想，伴随联合体经营业务的不断扩大、市场占有率的持续提升、市场地位的逐步提高，今后无论是购买白莲初级产品，还是莲藕系列加工品，甚至莲乡休闲旅游，最具规模、最为优质、最有市场话语权的供给者将是本次调查的案例——广昌白莲产业化联合体。

（三）搭建分工互有链接的产业链循环，构筑各成员间分工协作的产业生态

创设生产秩序的第三个体现是基于成员各自产业细分，创造一个联合体内部各成员间分工协作、紧密联系的产业生态。以本案例为例，成员间通过签订协议，确立白莲产品种植、收购、粗加工、深加工、废弃物回收处理、设备农技服务、文创产品及莲文化旅游等各环节的处理量和需求，实现白莲产业经营的有序循环，使每个成员单位都能形成上下游产业链关系，在联合体内部形成一条"你是我的经营对象、我是他的经营对象、他又是你的经营对象"的不断衔接、不断延展的产业链循环与生态圈（图1）。白莲科学研究所不仅为家庭农场和农民合作社提供育种、选种服务，为废弃物利用类企业提供技术支持，还能为粗加工企业提供产品检测，为致纯研发中心提供选种、育种、检验和技术研发；家庭农场和农民合作社能为莲文化休闲旅游开发企业提供场景空间和生态资源；粗加工企业能为废弃物利用企业和深加工企业提供莲壳、莲蓬、莲子皮等原材料和产品；加工设备类企业能为废弃物利用企业、粗深加工企业提供设备支持；致纯研发中心既能为粗深加工企业提供产品

检测、技术支撑与培训，还能为家庭农场、农民合作社、文创公司、休闲旅游企业、加工设备企业、莲美食餐饮企业提供产品供给、技术支持与培训；莲美食餐饮企业、文创企业和休闲旅游企业之间能互动搭台。联合体内部各主体在实现产业分工的同时，自发形成互有利用、各有价值的产业链循环，共同构筑起基于白莲系列产品的产业生态。

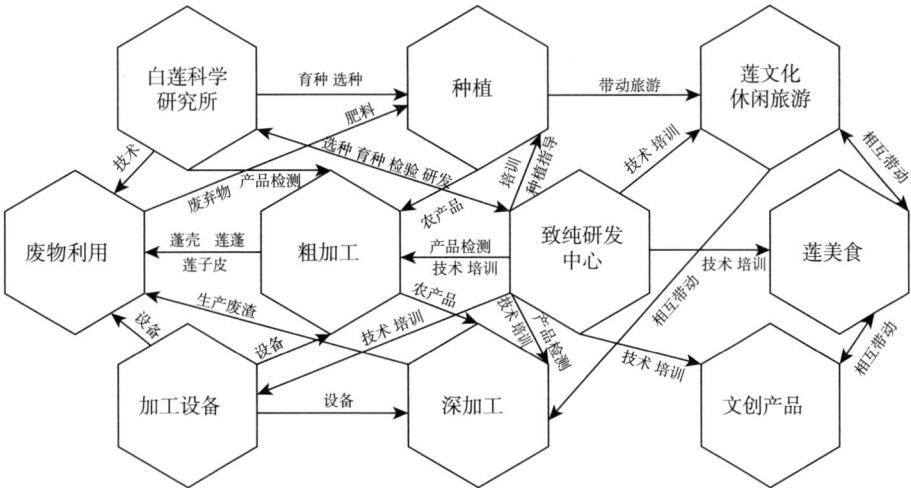

图1　基于产业细分的联合体产业生态

三、节约交易费用：以稳定契约降低交易成本、以两个市场优势提升利润空间

如果说创设生产秩序是农业产业化联合体组织创新的第一大优势，那么节约交易费用、节省生产成本、提高销售价格，进而增加经营利润则是组织创新的第二大内生优势。

（一）通过构建成员间稳定契约关系，实现主体间"原本外部交易的内部化"

联合体内部，各成员间通过签订稳定的契约协议（购销合同），建立起组织内部要素、服务和产品流通机制，与未成立组织前相比，成员间不再是简单的买卖关系，而是稳定契约下的长期合作关系。成员间不再会为每年的订单发愁，组织的市场优势地位、稳定销路为各成员履行契约提供了保障。稳定契约下的搜寻成本和交易成本得到节省，各成员只需集中精力做好自己业务。联合体内部根据生产秩序形成的有序分工，使产品交易费用大大降低，实现了不同主体的利益最大化。以本次调研对象为例，致纯食品股份有限公司与家庭农场、农民合作社签订稳定的购销协议，家庭农场和农民合作社不再为每年的白莲销路发愁，致纯食品股份有限公司收获稳定的原材料来源，农民合作社与家庭农场签订协议，提供农资采购和社会化服务，三类主体间通过契约锁定了各自长期稳定的业务，三类主体无须再去组织外部搜寻订单，仅联合体内部的订单就能满足产能，甚至还需要扩大产能，搜寻成本和交易成本大大降低，稳定的契约关系节约了三类主体的各自交易费用。

（二）借助农资采购端的规模需求优势，提升要素市场的议价权和市场地位

除能节省成员间交易成本，组织创新的另一大优势还在于节约生产端的投入成本，表现在投入品购买方面的成本节约。联合体成立前，每个成员都是零散的个体，尽管有些拥有一定规模，但总体体量有限。白莲种植需要的种子、化肥、农药等农资需求量相比于联合体这样的大组织，规模较小，很难具备规模采购优势，农资要素市场的议价话语权有限。成立联合体后，由于是抱团发展，农资采购上以组织名义购置，不仅需求量大幅提升，而且还能享受随叫随送、价格大幅降低等优惠，这得益于组织的农资规模采购优势，规模采购量的增加，不仅提高了要素市场的议价权，还显著提升了要素市场的地位，成为各类农资市场不可多得的"需求寡头"，任何一个要素供给者都不能忽视联合体这样的重要客户，这反过来又进一步强化了联合体在农资采购端的议价权，更强势的地位、举足轻重的采购量，使得单位农资购置成本显著下降。

（三）凭借销售端规模和品质供给优势，提升产品市场的定价权和市场地位

除在农资需求端具有市场议价权，产品销售端的"规模化＋高品

质"供给优势也是联合体组织创新的内生优势之一。联合体成立前，每个成员生产的莲藕产品在品质上参差不齐，好品质未必卖上好价格，"劣币驱逐良币"的现象较为普遍。面对变化无常的市场需求，销售端分散的大量单体莲农束手无策，只能被动接受。由于无法长期稳定提供有规模、上品质的莲藕产品，主销区的大客户只能在浙江、湖北等产区寻求供货商。联合体成立后，在生产秩序下产出的规模稳定且有品质保证的产品一下子征服了上海、广东、江苏、浙江等地的大客户（大型商超和连锁店）。依靠有保障的规模产量、高品质的产品，联合体拥有了市场定价权，既是白莲最大的原产地和主产区，又能提供别人所不能保证的绿色甚至有机品质，使得需求端客户除了与联合体打交道，短期内很难寻找到替代者。联合体在需求市场上逐步建立起短期内很难被挑战的"供给垄断"，垄断的不仅有规模数量，还有品质质量，两方面比较优势使得其短期内的垄断市场地位很难被撼动。以干白莲子为例，联合体成立后，白莲子（烘干）的地头收购价一直在上升，2018 年烘干白莲子的地头收购价为 30 元/斤。据现场访谈了解到，2019 年由联合体播种面积预期的干白莲子收购价（联合体预定价）将涨至 38 元/斤。由于近两年市场行情上涨，短期内高品质莲子供给很难迅速提升，预期 2022 年前后干白莲子市场收购价将进一步涨至 50 元/斤。

四、重视创新营销：以技艺和产品创新拓市场、以多渠道品牌营销树快消品牌

创设生产秩序属于组织规制建设范畴，建好组织、立起规矩、明细分工、抱团发展之后，就要解决组织发展亟须关注的问题。联合体经营地理标志农产品，有不可复制的产地环境、有较为严苛的生产秩序、有布局合理的产业生态、有可靠稳定的市场销路，剩下的就是要保持这些比较优势：一方面，通过在技术、工艺、设备、产品开发上的不断创新，稳强项、强弱项；另一方面，通过营销端稳固已有市场、拓展新兴市场，多途径、多场景、多地域实施品牌营销，逐步在全国范围打造知名的快销品牌。

（一）在技术革新、工艺更新、产品出新上不断创新，以优质新产品打开市场

产品竞争力是企业（产业组织）的生命。无论组织模式如何创新，生产不出高品质、有竞争力的产品，组织创新将毫无意义。从事外贸生意多年的联合体创始人陈荣华（致纯食品股份有限公司董事长）深知这一道理。为更好地生产出高品质、物美价廉、有竞争力的莲藕产品，需要不断在白莲品种选育、栽培管护等技术上革新，在加工工艺上推新，在技术装备上更新，在产品品种上出新，实现以技术领先赢得产品竞争力、以新产品新功能赢得市场。为实现这一目标，联合体牵头企业致纯食品股份有限公司主动在技术、工艺、设备、产品创新上下功夫，先后与南昌大学、福建农林大学等高等院校签署达成产学研协议，成立白莲食品研发中心，为技术创新、工艺推新、装备上新、产品出新提供支持。技术革新上，截至 2018 年底，致纯食品股份有限公司已申报国家专利 26 项，其中发明专利 3 项、实用新型 20 项、外观设计 3 项，在莲子精深加工关键技术上的创新与应用荣获省级科学进步奖。工艺推新上，白莲食品研发中心开发出适合选取指定大小莲子、脱壳精洗的成套设备，在莲子、荷叶的粉碎、榨汁、灌装等环节保留营养成分、一次成型包装等关键工艺上取得突破。产品出新上，龙头企业尝试对白莲系列原材料进行精深加工，研发出面向都市白领、精英阶层、妇幼体弱人群适宜饮用的纯天然无添加剂冷榨莲子汁、荷叶茶饮料等保健品和食品，以产品创新引导品质升级和消费升级，逐步占领产品细分市场。

（二）用好现有品牌，多途径、多场景、多地域打造快消品牌，以品牌赢殊荣

好的产品如果缺少品牌知名度，市场占有率将难以持久。联合体成立后一直高度重视品牌的塑造与维系，利用龙头企业已经成名的品牌，比"重打鼓、另开张"开创新品牌，显然既经济，也有利于企业现有品牌的延续，更符合龙头企业的利益和长远规划。事实上，联合体成立后，龙头企业早早布局了品牌宣传，宣传途径有广告和新媒体、重要展

会、大型商超、重点或中心城市、获得行业认证等。龙头企业旗下"莲爽"品牌通过在央视1套黄金档发布广告、参加外交部江西省全球推介会、参加国内外大型展会、"莲爽"饮品被确定为"航空指定饮品"等途径，逐渐成长为白莲行业的领军品牌。藕粉、通芯白莲等联合体产品使用"莲爽"品牌，快速提升了品牌范围、品牌影响力和产品知名度，同时节省了宣传和推广成本。如今，"莲爽"品牌产品畅销华润万家、天虹等国内大型商超和东南亚、欧洲等地市场。营销策略上，联合体借助热销饮品（莲子汁、荷叶茶），快消品牌逐步成熟。联合体还实施"百城百馆"计划拓展市场，建成上海、北京、广州、南昌、抚州莲爽体验馆，通过体验营销推广产品，提升品牌认知度。目前联合体设立华东、华南、华北、西北和华中五大营销中心，聘请专业营销团队，稳步开拓市场。经过多年培育，"莲爽"牌莲子汁先后荣获第十三届江西"生态鄱阳湖·绿色农产品"（上海）展销会产品金奖、第十六届中国国际农产品交易会产品金奖；荷叶茶饮料项目荣获"第二届全国农村创业创新项目创意大赛总决赛"成长组三等奖；2019年6月，"莲爽"荷叶茶荣获"新中国成立七十周年中国食品产业新锐品牌"一等奖。

五、强化利益联结：让渡组织收益、赋予剩余索取权，以现代产业衔接小农户

只有利益联结的可持续，才能保持组织创新、组织运行的持久可持续。那么，如何实现利益联结的可持续？交易费用理论告诉我们，将组织收益部分让渡给内部成员，赋予成员生产和消费两环节剩余索取权，将成员利益始终与组织收益紧密联系，构建产权明晰、分配合理、各方认可接受的利益联结机制尤为必要。联合体成立后，牵头方龙头企业始终通过生产端、销售端部分让渡组织甚至自身收益，强化并保持成员间利益联结。从更广阔的维度，推动小农户与现代白莲产业（联合体）有效衔接，借助白莲产业助力脱贫，实现联合体更大层面的吸纳成员并发展壮大，既符合联合体组织长远发展需要，更是当地白莲产业不断发展壮大的现实选择。

（一）以技术服务、农资补助、履约奖励、溢价收购等行为部分让渡组织收益

联合体从生产和消费端将组织收益部分让渡给成员的做法，主要有四个方面：一是做好技术服务，节约技术购买成本。在选种、育种、加工上对成员进行统一培训，联合体对白莲从种植到采摘的全过程进行跟踪，实行免费技术指导，服务项目向贫困户倾斜。二是实施肥料补助，节约农资购置成本。联合体将莲蓬、莲子壳等废弃物加工制成的有机肥料，以低于市场价 10 元/包的价格销售给成员，并承担短途运费，直接送肥到种植户。为更好减轻贫困户负担，让贫困户产出同质白莲，联合体还给予贫困户化肥供应补贴，在无偿提供每户 2 包化肥的同时，按联合体成员耕地面积每亩供应 1 包化肥（不足 2 亩按 1 亩计算，以此类推）。三是提供经费支持、履约奖励和参会补贴，补偿时间成本。为更好推动收获季白莲收购、保障产品品质，联合体为合作社理事长提供"按合作社订单实际收购量"0.5 元/斤的收购经费，年末根据合作社订单履约率和收购数量进行评比并奖励现金（浮动）。召开理事会议期间，联合体给予参会人员每天 60 元的误工补贴和 20 元/餐的伙食补贴，往返车（油）费统一由联合体报销。四是溢价收购产品、给予订单补贴，节约交易成本。除在生产端让渡收益，销售端也能让渡收益，节约交易成本。联合体以高于市场的价格统一收购成员生产的白莲产品，针对贫困户按高于市价 5%溢价收购。如果成员根据订单保质保量地交售白莲，还可额外领取 2 元/斤的订单补贴。此外，各联合体成员根据当年在联合体总经济效益中所占的比重，参与联合体的利润分红。

（二）带动小农户加入经营，实现小农户与现代农业有机衔接、脱贫增收致富

近年来，白莲产品市场需求总体向好，供给缺口特别是像联合体这样能够提供高品质、有竞争力全系莲产品的有效供给缺口始终存在。如何迅速增加供给，对联合体而言，不断吸收成员加入组织或与组织签订订单、扩大产能，实现供给端的"规模垄断"是现实可行的办法之一。

目前，联合体通过基地建设、订单农业，共带动 3 100 户莲农走上白莲种植增收致富之路。基地莲农通过与联合体合作，生产出售莲子、荷叶、莲藕等产品，平均每户莲农可增加收入 4 100 元，基地所有莲农一年可增收 1 517 万元。莲农通过土地入股方式参与合作社经营的，还可获得资产收益分红。联合体成员的莲产品生产加工车间还安置了 146 名农民工就业，每人每年可增加收入 3 万元。2018 年，联合体实现销售收入 16.87 亿元，其中牵头企业致纯食品股份有限公司销售收入 15.22 亿元，带动白莲种植农户 6 521 户，促进了莲农持续增产增收，人均增收 2 000 元。截至 2018 年底，联合体已带动农户 4 780 户，为农户创收 6 521 万元。联合体还与 4 500 户非成员莲农签订收购合同，为其创收 6 009 万元。产业扶贫上，联合体积极参与"千企帮千村"精准扶贫行动，与贫困村结成帮扶对子，给予贫困户 300 元/月的生活津贴。截至 2018 年底，联合体带动贫困户 280 户，为其创收 512 万元。广昌县 2018 年顺利脱贫，其中就有联合体的贡献。致纯食品股份有限公司等联合体成员还荣获江西省"千企帮千村"精准扶贫行动"先进民营企业"荣誉称号。

六、粗浅思考与建议

（一）这是一个种植业三次产业融合型全产业链产业化联合体组织创新的生动案例

本案例是一个借助当地地理标志农产品——广昌白莲，通过主导企业联合莲农（家庭农场）、农民合作社、白莲产品相关加工企业、文创休闲旅游企业等成立农业产业化联合体，实现以高品质、有竞争力产品开拓市场的产业组织创新生动案例。白莲不同部位的多用途性决定了联合体的分工较细，利润点较多，利润空间也相对较大，联合体内部成员更多，产业链条更长，三次产业融合点也更多。组织内部，对成员生产行为、交易行为的契约约定也更为复杂和具体。联合体尽管处于发展中，但良好的市场预期为组织不断发展演进，不断修正规章制度，更好地实现组织进化提供了较为宽松的环境。未来随着白莲产品价格的全系提升，产业组织进化仍会暴露出不少问题，如何长效保障成员利益将成为组织有序健康进化的关键。

（二）产业化龙头企业创始人的经历、格局与思路对联合体发展进化至关重要

乡村振兴的基础是产业振兴，产业振兴要靠能人，组织振兴特别是产业组织振兴同样离不开能人，特别是产业化龙头企业的创始人。本案例中联合体牵头企业董事长陈荣华在创办联合体前的第一桶金是做豌豆贸易生意获得的。20 世纪 80 年代，长期与外贸企业打交道的经历，使其经营思路受日本、欧美等"集团化经营"思想影响较深。陈荣华常常见到日本的行业协会（如日本摩尔株式会社）在外贸中表现出较强的组织生产、联系销路和市场谈判能力。这些协会所表现的某些特质、功能与农业产业化联合体极为相似，这启发陈荣华思考为什么不能在国内自己的家乡，聚焦当地某些特产（如白莲）塑造一个类似的产业组织？这样做，不仅能发展特色产业，自己赚钱还能带动乡亲增收致富。思想是行动的源泉，有了这样的经历和想法，陈志华又不是一个"挣独钱"的人，用其自己的话形容"有钱大家挣，自己干不可能挣大钱"。与此同时，当地莲农生产销售基本上是各自为战、单打独斗，产业发展一盘散沙，既无行业标准，更没有产业龙头，这些现状使得白莲产业发展一度近乎崩溃。正是在这样的背景下，2012 年陈志华创立了致纯食品股份有限公司，将自己的资产全部投向白莲食品加工。成立之初，以散乱收购为主，但因品质差异大，不得不从制定生产规则到借助组建联合体构建生产秩序，试图实现需求市场上的区域供给垄断。

（三）政府应在基础设施建设、广告宣传推介上给予支持，组织发展不应下指标

广昌位于抚州市南部、武夷山西麓，交通不便、人才短缺，白莲产业发展面临营销网络覆盖面窄、创新难等硬约束。而白莲产业发展投资大、周期长，仅仅依靠当地一两家企业自有资金投入，资本缺口大。当地又很难找到有实力的企业抱团，加之融资难，高昂的营销费用、巨额

的深加工设备和实验设备购置等成为产业发展、技术创新的拦路虎。而地铁、动车站、机场和电视台等场所媒介平台的高额宣传费用，单靠广昌白莲产业化联合体推广宣传，实力有限。这些联合体发展过程中遭遇的难题，急需当地政府抓紧出台相关支持政策，在融资抵押贷款、基础设施建设、广告宣传推介、项目支持配套方面给予联合体适当支持。

白莲作为一种药食同源的滋补食品，深受人们喜爱，白莲产业市场前景广阔，发展潜力巨大。2018年11月，江西省省长在视察致纯食品时要求"打造百亿白莲产业链"。为实现这一目标，龙头企业致纯食品股份有限公司计划用5年时间实现产值超50亿元，联合体产值超百亿元，目标不可谓不远大、计划不可谓不雄伟。为此，联合体将陆续开发莲藕汁、莲子饼、莲子面、荷叶减肥饼、荷叶减肥面、荷叶发酵茶等新产品，深度发掘白莲产品价值。但也应看到，政府的愿景是好的，这与近年来白莲产品供不应求、市场预期看好不无关系。但在产业发展还未成熟、组织创新有待完善的当下，过分对产业组织创新提出更多要求，给予更多期望，甚至给予更多扶持，可能妨碍产业组织的正常进化，其结果可能带来"揠苗助长"，成为产业组织培育中的"伤仲永"。在培育产业组织创新过程中，基层政府更应在厘清政府职能与市场作用边界的同时，制定出既能长效支持组织创新和进化，又能有效兼顾政府公共目标的合意政策创设。

农业产业化联合体：再组织二重维度、交易费用节约与市场势力重塑①

尚旭东　　王　磊

培育新型农业经营组织被认为是构建现代农业经营体系的主要组成部分，某种程度上也是农业产业组织的建构方向。一个值得深入思考的问题是，究竟哪种产业组织最有效，最能契合农业发展、农民增收？现代农业产业组织主要包括农户家庭经营组织、农民合作社组织、公司与企业组织，而现代农业产业组织体系本质上是各类涉农主体基于产业分工基础上的契约联结，也是组织形态再组织、再联合的过程。

农业产业化联合体是近年来新型农业经营主体为适应产业发展，克服要素约束、市场地位低下、自然市场风险高等不利条件，通过组织联合、组织升级、要素共享、风险共担，抵御各类风险、维系生存的一种"再组织"的组织创新行为。官方对"农业产业化联合体"的概念界定源自农业部、国家发展改革委、财政部、国土资源部、人民银行、税务总局等六部委印发的《关于促进农业产业化联合体发展的指导意见》（农经发〔2017〕9号，以下简称"意见"），意见对联合体作出如下定义："农业产业化联合体（以下简称'联合体'）是龙头企业、农民合作社和家庭农场等新型农业经营主体以分工协作为前提，以规模经营为依托，以利益联结为纽带的一体化农业经营组织联盟。"联合体组织创新的核心在于通过产业链纵向维度的"分工细化＋要素融合"与横向维度的"规模扩张＋市场地位提升"，实现各主体外部交易内部化，通过资源要素整合集聚、市场地位强化，提升两个市场（"资源要素市场"和"产品销售市场"）的话语权，最大限度降低生产成本、提升产品售价，实现市场势力重塑下的资源配置优化、生产效率提升与利润的长期可持续。

① 本文系国家社科基金一般项目"供给侧结构性改革中农地流转的政府行为与政策优化研究"（编号：17BZZ026）阶段性研究成果。

一、再组织创新路径的二重维度

近年来，随着农业产业体系建构的不断深入，体系内各类主体间往往以一定的组织形式或契约关系相互联结与协作。因循这样的逻辑，农业产业化联合体的萌芽和发展实际上就是农业产业组织再组织、再创新的过程，创新的核心在于引入可以有效整合资源的中介组织或牵头方，通过契约的锁定，建立起各方能够接受的长效利益联结机制，以期实现资源配置效率的优化、生产效率的提升和市场地位的强化。从已有产业组织形成、演进的过程来看，农业产业化联合体的组织创新可以从"纵向一体化"和"横向扩张提升"两个维度来审视（图1）。

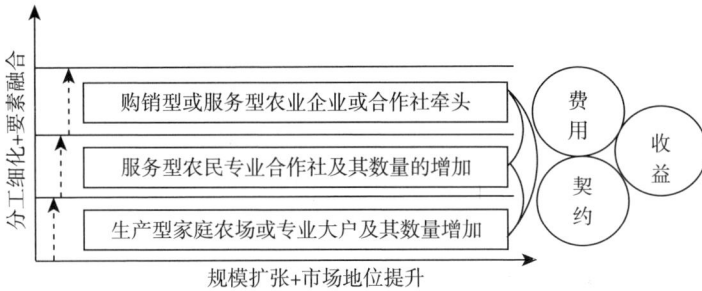

图 1 农业产业化联合体组织创新路径的二重维度

考察纵向维度，为提升生产效率和节约成本，联合体内部的相关主体（生产型家庭农场或专业大户、服务型农民专业合作社、购销型或服务型农业企业或合作社）间的分工呈现"纵向一体化"趋势。主要表征为牵头方（购销型或服务型农业企业或合作社）完善和优化组织内部各方利益联结机制，包括商品契约（购销合同）、要素契约（购销合同或购销约定）和服务契约（服务合同），进而降低成员间的交易费用、缩短交易时间并提高整个组织的资源配置效率。审视横向维度，为获得规模效应，组织内部各成员特别是生产主体需要扩张经营规模，而经营规模的扩张往往伴随技术革新、先进农机具使用和现代化管理方法引入等要素的提升。因此，联合体组织创新在横向维度上更多表现为依靠合作（如家庭农场联合成立家庭农场合作社）或自我扩张（如扩大土地流转规模、土地入股成立土地股份合作社）逐渐扩大经营规模，发挥要素集聚的规模优势进而提升劳动生产率、土地产出率和规模收益。随着联合后的规模扩张，作为交易主体，联合体在农资购置、产品销售等方面的市场地位不断巩固、议价话语权逐渐增强，其结果是降低了要素成本，稳定甚至一定程度上提高了产品价格。纵向维度的深化与横向维度的拓展在一定的条件下相互交叉、互为影响并同时发展，成员间有效的利益联结机制（如三方合作契约、相互间购销合同或服务契约）能够发挥规模优势，变原本外部交易为组织内部交易，产生组织创新的正效应，降低了成员间交易成本、扩展了产品赢利空间。上述正效应的实现也有助于组织创新效应的中期巩固，增长的利润和稳定的要素内部流动有助于契约稳定、组织发育和成员经营预期与后续持续投入，进而维持组织的良性进化。纵向维度深化与横向维度拓展共同构筑起联合体组织创新路径的二重维度。

二、以"交易费用降低＋资源配置优化"为目标的纵向创新

"牵头企业＋农民合作社＋家庭农场或专业大户"组织架构形成后，联合体纵向维度的深化主要围绕两个方面展开：一方面，加快成员间协作一体化的进程；另一方面，实现行业资源配置的"组织内部化"。从实践情况看，前者以降低交易费用、提升交易效率为目标；后者以提高资源配置效率、扩大赢利空间为归宿。联合体将生产经营、社会化服务、产品销售等环节以契约锁定的形式相互联结，实现了产业协作的纵向一体化。事实上，协作一体化过程实现了生产过程（经营环节）的一体化，资源配置的组织内部化则完成了各类要素（农资购销、服务购买）的内部流动，将原本的要素外部交易变为组织内部的订单化流动，节约了交易成本，提升了资源配置效率。

交易费用大小取决于资产专用性、不确定性、交易频率、人的有限理性和机会主义等因素。这些因素对交易费用的影响因时间和产品的不同而不同，所以，在不同的经济发展阶段和不同的产业，所适用的组织

形式也不尽相同。联合体组织创新的优势在于成员间分工协作、优势互补的结合最大限度降低了交易不确定性对收购环节（企业）和生产环节（家庭农场）带来的不确定性。对牵头企业而言，组织架构的确立以契约（合同或协议）形式锁定了产品供给，保障了收购产品的标准化、质量安全与品质维系，稳定了企业与收购方的供给信任和长期合作关系。对家庭农场或专业大户而言，组织架构的确立同样以契约（合同或协议）形式锁定了销路、销量和价格，大大降低了契约未签订前的不可估计风险。联合体组织创新的另一大优势在于，牵头企业与家庭农场间不仅仅停留在商品契约关系，稳定的契约使得两者间商品契约关系升级为内部成员关系，如牵头企业为家庭农场农资供给赊销、产品售后结算、为其无偿提供技术指导服务、帮助家庭融资还贷等。牵头企业所有行为的结果是降低了纵向协作伙伴的生产成本，排除了经营困难，帮助家庭农场渡过难关，这些行为的目标是保障契约关系的稳定与持久。联合体内部企业的做法有点类似于广东温氏集团的某些企业组织行为。

除可降低交易费用外，联合体组织创新的另一优势在于通过要素契约化实现组织内部的资源优化配置。随着合作协议或者购销合同的签订，种植、销售、服务等环节实现了专业化分工，每个环节由最了解该环节过程、最具生产效率、最懂得控制成本和节省交易费用的主体（成员）承担，即让"专业的人干专业的事儿"。与此同时，农资、社会化服务等生产要素流动的内部化，既保障了农产品生产过程中"需求时点"的无缝对接，也实现了农资规模化购置的成本可控、不误农时与质量保障，要素在联合体内部成员间的有效流动、合理配置，避免了各主体原本单独外部交易的不确定性。由此可见，联合体的形成就是在纵向分工的基础上，促成各类主体分工明确、精准对接、高效运行，实现优势分工、要素集成与成本节约，从而提高整个产品的竞争力。

三、以"经营规模扩大＋市场地位提升"为目标的横向提升

当前，我国现代农业发展的内生约束不在于技术创新，也不在于市

场供需错配，而在于影响技术应用与市场竞争经营主体规模。由此，发展个体规模经营基础上的规模联合，进一步发挥规模经营优势便成了产业组织创新助力农业发展的核心。联合体内的合作社联合、家庭农场联合、农业企业联合的做法体现了这样的行为选择。签订契约（合同和协议）前，每个成员不得不单打独斗，但规模仍不足以对抗市场风险。契约签订后，通过加入组织，每个主体实现了自我发展与规模扩张：一方面，主体经营规模扩张可以提高农业生产效率、节约要素投入，实现规模效应；另一方面，主体经营规模扩张使得产业组织的市场势力进一步增强，更为强大的组织可以在农资购置、产品销售、市场调配方面具有显著的市场话语权，可以有效规避市场风险，降低生产成本、增加赢利空间，实现了个体发展的"内在规模效益"、组织发育的"外在规模收益"以及"马太效应"。于是就有了诸如家庭农场联合社、合作社联合社等主体联合和整个组织的规模扩张（产量增加）。如农机合作社和植保合作社联合起来形成服务联社，可以与生产端的家庭农场及其联盟建立更为稳定的长期合作关系，以此节约服务成本、无缝衔接农时。企业也会与合作社签订更为紧密的协作协议，以便进一步节省交易费用，更好地服务好产业链上游的家庭农场或专业大户的生产，保障产品质量。

站在联合体的角度，组织创新是成员出于降低交易成本、稳定市场销路、提升市场地位、确保长期收益进行的行为选择。那么，谁是组织创新的最大受益者？站在主导方角度，作为牵头方的龙头企业可能是。这是因为组织创新更多体现了主导方整合资源、集聚力量、形成市场势力的组织创设思路。组织创立的目标就是要通过内部规制的强化、契约关系的锁定，最终在两个市场形成寡头势力：一方面在生产端，依靠生产规模的不断扩大、产品品质的统一高标准，强化产品或服务的区域供给垄断；另一方面在要素需求端，以规模采购优势形成市场力量，以更低的成本确保足够的利润空间。依靠两个市场的优势地位实现稳定销路基础上的长期利润。

农业农村绿色发展

农业绿色生产社会化服务模式探析[①]

沈兴兴　段晋苑　朱守银

一、引言

当前有关农业生产社会化服务的相关研究主要从不同角度探析传统农业社会化服务的供求关系、供给质量、供给模式等内容，对传统农业社会化服务体系的改革与完善、促进传统农业向现代农业转型升级起到了积极作用。然而，在当前"质量兴农、绿色兴农"的政策背景下，各类生产主体对绿色生产社会化服务需求与日俱增，农业生产社会化服务的内容不能也不应仅仅局限于"农业增收、农民增富"，更要满足"农业绿色发展"。现有研究未明确提出绿色生产的社会化服务这一概念，更缺乏对绿色生产社会化服务在服务内容、供给模式、服务机制等维度的深入研究与探讨，为进一步加快农业绿色发展和高质量发展步伐，建立与完善农业绿色生产社会化服务的制度体系，亟须基于理论分析与实践总结，探讨提出符合当前实际需求的绿色生产社会化服务模式。

二、绿色生产的社会化服务内容

农业绿色生产的社会化服务范畴很广，目前国内还没有专门对农业绿色生产社会化服务内容的界定和分类，本研究探索性的将其初步界定为四类服务：第一类是种子、肥料、农药、地膜等绿色投入品的供给与使用指导服务；第二类是与农业绿色生产直接相关的技术、技能服务，

① 本研究得到中共农业部党校（农业部管理干部学院）2018年院级课题"农业绿色可持续发展的浙江实践"、农业部软科学课题"家庭农场经营行为与政府公共目标的实践偏离及政策优化"（D201749）的资助，原载于《中国农业资源与区划》2020年第1期。

例如水肥一体化技术、测土配方和精准施肥技术、病虫害绿色防控技术、生态高效种养技术、秸秆综合利用技术等；第三类是提供绿色生产装备设施的机械化服务，例如喷滴灌等节水灌溉以及沼气沼液处理设施的建设和维护，深耕施肥、秸秆粉碎还田等农机化、机械化服务；第四类是不直接与生产相关，但为生产提供保障支持的相关服务，例如绿色信贷和保险等绿色金融服务、绿色有机农产品认证咨询服务、可循环利用废弃物及有害废弃物的收集清运等。

绿色生产社会化服务与传统农业社会化服务相比，在服务目标、服务内容、服务标准等方面都存在较大差异（表1），例如传统农业生产社会化服务主要围绕高产、高经济收益目标提供服务，而绿色生产社会化服务则主要围绕环境与生态效益目标提供服务；绿色生产社会化服务内容不仅包括传统生产环节上的一些服务，还涉及生产废弃物的资源化再利用与循环产业的对接等相关服务；绿色生产性服务对服务主体的生态农业、环境治理等方面的技能要求也较高。此外，绿色生产社会化服务相比传统服务存在显著的正外部性，更需要公共政策的扶持和有效激励。

表 1 农业传统生产社会化服务与绿色生产社会化服务的定性比较

项目	传统生产社会化服务	绿色生产社会化服务
服务目标	农作物高产、高经济收益	优质、绿色农产品；产地环境与地力改善，生态环境效益显著
服务内容	生产各环节的常规服务	生产各环节的常规服务，还包括生产废弃物的收集运输、生产废弃物—原料的循环转化、生态高效农业的关键技术服务等
服务标准	常规的农资、农机、农技服务	高效、生态、环保的农资、农机、农技服务
服务主体技能要求	基本的农业生产操作技能	除了基本农业生产技能，还需要掌握绿色农机、农艺技能，生态农业、循环农业和废弃物治理等方面的关键技能
服务效果	服务效果一般当季就可以显现	有的服务效果当季不显现，需要一定时间才能看出效果（比如对耕层的保护性耕作、有机肥培肥地力等）

三、绿色生产社会化服务的潜在供求关系

农业绿色生产全过程都要求采用资源节约、生态友好、低碳循环的生产方式，对生产者的资本、技能、装备、信息等现代生产要素水平要求更高，相比农业传统生产方式，绿色生产的社会化服务要求更高。为了更快更好地推进农业绿色生产，尤其是带动小农户走上绿色发展道路，迫切需要建立、完善与绿色生产要求相匹配的绿色生产社会化服务体系，图1简单分析了当前可能提供绿色生产社会化服务的潜在供给主体，以及可能存在绿色生产性服务需求的潜在需求主体。值得注意的是，目前一些服务型专业合作组织、龙头企业在绿色生产领域可能会扮演双重角色，本身既是绿色生产的规模经营者，又作为绿色生产的规模服务者，为普通农户提供实惠便利的生产性服务，在带动小农户步入绿色发展轨道方面的作用越发凸显。

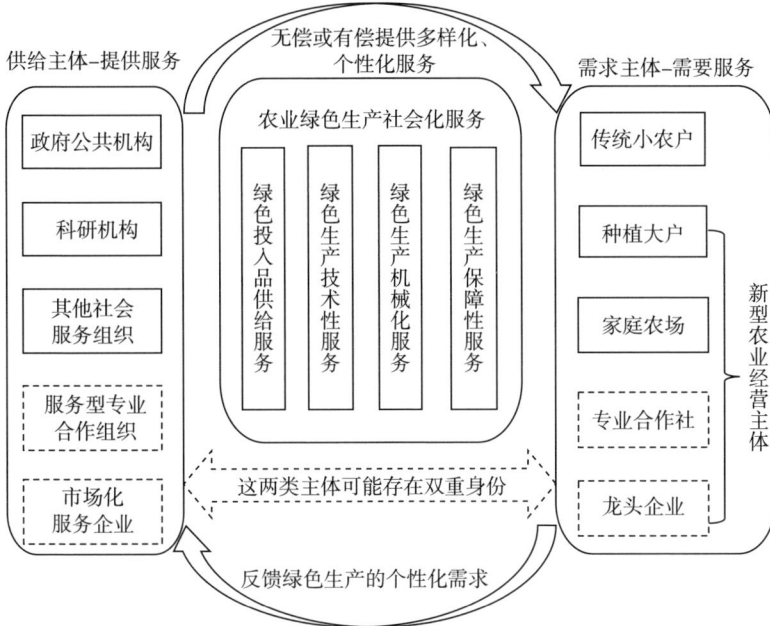

图1 农业绿色生产社会化服务的供求关系

四、绿色生产社会化服务的典型模式分析

（一）公共机构直接提供服务

由政府机构或事业单位直接为农户提供绿色生产的社会化服务是很多地方的传统做法，比较常见的就是农业农村系统的农技推广部门、土肥站等部门直接为农户提供测土配方、有机肥推广和病虫害绿色防控等服务。近年来部分地区开始尝试农业农村部门直接利用财政资金成立社会化服务公司或者依托行业协会等公共机构，为新型农业经营主体和普通农户提供绿色生产社会化服务。比如江苏省某县的支柱产业是果树种植，当地县政府为了加快果树生产方式的转型升级，通过果业协会为新型农业经营主体和普通农户提供老果园的改造和装备升级服务、沼液有机肥储存输运服务和绿色生产技术指导等一系列服务。

这种由公共机构通过行政推动直接提供服务的模式，对于财政相对宽裕的地区，在绿色发展初期效果会立竿见影。由于绿色生产的回报周期长，普通农户对于绿色生产社会化服务的支付能力又相对较低，因此绿色发展初期由公共机构提供公益性较强的社会化服务有利于绿色发展理念的生根发芽。但从长远来看，政府直接提供服务可能由于人力有限而服务能力不足，而且政府公职人员往往缺乏经营技能，服务成本相对较高，另外，由于政府部门的财政投入使得政府服务价格不能真实反映市场价格，从而可能干预市场，造成一些市场化服务机构的"挤出"效应。因此，对于一些公益性较强、排他性较弱的服务领域以及对技术和资金要求较高、目前很难由单个市场主体提供的服务，可以由政府部门来提供，更多的则应该交给市场服务主体，通过服务的规模化实现自身赢利，从而确保服务可持续。

（二）"政府购买服务＋市场主体运作"模式

不少地方政府通过创新政府扶持办法，探索政府购买服务方式，充分发挥市场主体在现代生态循环农业发展中的支撑作用，探索"政府购买服务＋市场主体运作"的社会化服务模式。浙江省杭州市余杭区为解

决废弃农药瓶、药袋的回收处理，探索公共财政扶持下由农资经营市场主体提供回收服务，专业环保公司提供无害化处理服务。具体操作办法是由各镇（街道）定期对辖区内回收网点和田间地头废弃农药包装物回收情况进行督查；由储运单位与各镇（街道）签订辖区废弃农药包装物回收归集处置协议，区农业农村局进行鉴证；由储运单位与各农资经营网点签订分类回收协议，各镇（街道）进行鉴证；由储运单位与专业环保公司签订销毁协议，约束回收行为。针对养殖废弃物的资源化再利用，浙江省松阳县财政通过购买服务，由企业化运作的农业废弃物收储转运中心负责区域内养殖废弃物的清运回收。

这种政府购买服务模式，适用于当地存在有资质的社会化服务市场主体，而且短期内完全依靠服务主体自身运营很难获利的服务项目。但同时也存在一定的风险，比如废弃农药瓶，药袋等危险废弃物的收集，如果处理不当会造成更严重的集中污染，因此政府需要对回收和处理的市场化主体给予其资质的严密审查和具体服务行为的全程监管。

（三）"新型农业经营主体运营＋公共财政补贴"模式

秸秆回收再利用也是农业绿色发展的重点行动之一。浙江省永康市政府通过财政补贴支持永康市某农业开发公司建设秸秆收储运中心，统一收运、堆储、粉碎秸秆，收集的秸秆再由收储运中心运回加工成有机肥。农户按照"一千克秸秆换取一千克商品有机肥"的标准向该公司提供秸秆。种植户通过秸秆换肥平均获得 200 千克/亩商品有机肥，抵消了 40％的用肥成本；负责收储的有机肥加工厂通过"秸秆换肥"获得了有机肥生产原料，同时以"产品＋服务"的形式提升了有机肥的市场竞争力和销量；政府通过此举也解决了秸秆禁烧的管理难题。通过这种绿色生产服务模式，有机肥生产企业、种植户都获得了可观的经济收益，政府也实现了环境改善的公共目标。

秸秆的资源化再利用是东北地区绿色发展的重点领域。黑龙江省肇源县某服务型专业合作社是民间自我成长起来的社会化服务组织，由最早经营农资代销店，逐步扩展成为现在集农资代理销售、农技服务、测土配肥、秸秆收储压块、无人机植保等农业生产综合服务体。因秸秆回收压块等绿色生产性服务带有很大的公益性，政府给予一定的财政补贴，支持其购买秸秆收集打包设备、无人机打药设备等。由于合作社负责人本身对田间地头农业生产过程非常了解，因此为农户提供的绿色生产性服务也非常贴合农户的实际需求，为农业绿色生产的推广探索出一条可行的社会化服务模式。

这种模式下，为农户提供绿色生产性服务的市场主体一般是由新型农业经营主体自发形成的，政府鉴于其对农业绿色发展的突出贡献而给予一定的补贴与扶持，应该说这种发展是顺应时代和市场需求而形成的一种模式，本质上也是当前农业绿色发展要求下农业经营方式发生变革的必然产物。需要谨慎的是，政府对于新型农业经营主体的补贴方式要得当，不能干扰正常的社会化服务市场，比如补贴绿色生产的农机设备、给予绿色生产优惠用电价格等，而不宜采用直接的现金补贴。

（四）土地托管服务模式

托管模式是近年来农业生产社会化服务领域逐渐普及推广的一类特殊服务模式，托管与土地流转相比，有节约土地租金成本、避免经营权转让引起的法律纠纷、降低经营者经营风险等优势，特别是在当前农业绿色发展背景下，托管通过服务规模化降低了小农户清洁生产的技术门槛和小农户绿色生产成本，而且由于托管模式下农户还需要直接参与农资产品和生产方式选择，更加有利于调动农民保护耕地的自觉性与主动性，更有利于农业绿色发展的可持续。据官方数据，2017年底我国农业社会化服务组织达到22.7万家，已服务3 600多万农户，托管面积1 546万公顷。土地托管正在逐渐成为当前农地规模经营、农业绿色发展规模服务的主要模式。黑龙江省佳木斯市的一个有机肥生产企业，由最初只生产销售有机肥发展成为农资销售、农机服务、农技服务等都涵盖的农业全程社会化服务体，目前已经与当地的一个大型种植合作社签署合作协议，服务体对合作社的土地进行托管经营，降低普通农户的绿色生产成本，且以高出市场价500元/吨的价格订购农户的绿色水稻，让农户增收80～100元/亩，彻底感受到绿色生产服务的实惠。湖北某大型农机合作社通过为农户提供全托、部分环节托管等"菜单式"土地托管服务，带动农户从事绿色水稻种植，为农户带来生产成本节约、种植收益增加的双重实惠。

土地托管较适用于劳动力老龄化严重或外出打工较多的区域，这种模式下，提供托管服务的主体通过规模化采购、规模化作业和规模化销售，降低了小农户单独从事绿色生产的物化成本，节省了小农户从事农业生产的时间，提高了小农户的农产品销售收益，对于当前加快小农户与现代农业相衔接、走上农业绿色发展道路具有重要意义，但需要注意的是土地托管服务可能会加大农业的兼业化程度。

五、需要重点关注的问题

（一）更好发挥政府在绿色生产社会化服务中的作用

绿色生产社会化服务带有较大的公益性，例如秸秆、畜禽粪便、废弃药瓶等生产废弃物的收集再利用是具有较大环境正外部性的行为，特别是在绿色生产社会化服务发展初期，生产废弃物的回收再利用成本较高，完全依靠市场解决可能存在失灵，需要政府"有形的"这只手来弥补市场失灵。同时，传统主要依靠政府的基层农技部门提供的绿色农技农艺服务，长期面临基层农技推广人员缺乏、受益农民数量相对有限等问题。因此可以尝试政府购买服务模式，支持社会化服务主体为农民提供此类培训或者由服务主体去组织相关专家为农户提供培训交流，这种模式相比政府人员直接提供培训的管理成本更低。而且，来自生产一线的那些由新型农业经营主体发展而成的社会化服务组织，更加了解农户的实际需求，它们为农户提供的培训往往更接地气，更容易让老百姓学以致用。

当然，政府对各类绿色生产社会化服务要行使必要的监管职能，例如对社会化服务主体进行统一注册登记，必要时制定统一的服务资质标准，防止个别假冒伪劣、套取补贴的绿色生产社会化服务组织存在。同时，对社会化服务主体的扶持、补贴也要建立在服务主体的服务质量、群众满意度等基础之上，防止出现服务不达标、服务能力不足等损害普通农户利益的情况。

（二）社会化服务如何更好地保障小农户利益

绿色生产社会化服务领域，有些市场主体干不了或者自己干了不合算的事情，则应由政府出面解决。目前在绿色发展的要求下很多地方的中小养殖场关闭，在养殖规模化的趋势下，如何兼顾小型养殖户的传统生计，是未来需要重点探索的。比如政府出资建生态养殖小区和废弃物集中处理设施，养殖散户自行租赁养殖场地经营，通过养殖合作社的绿色生产规模化服务，使得中小型养殖户也能进入绿色养殖产业链，分享产业收益。

为了鼓励新型农业经营主体为小农户提供绿色生产性服务，可以把对新型农业经营主体的政策扶持力度与其带动小农户数量挂钩，例如政府补贴量化到小农户、折股到合作社；支持合作社通过统一服务带动小农户使用绿色生产投入品、为小农户提供绿色生产技术与装备、帮助小农户进行绿色生产贷款抵押等；引导新型农业经营主体与小农户建立紧密利益联结关系，通过保底分红、股份合作、利润返还等方式，实现农民分享农业绿色生产全产业链增值收益。

（三）土地流转与土地托管的定性比较

土地托管相对于土地流转，可以避免新型农业经营主体的经营风险，特别是一些区域土地流转成本上升较快，给规模经营主体带来巨大的市场风险和经营风险；托管哪些环节可以与老百姓协商，省去外请人工费用，相比流转土地的经营，大大降低了合作社的运营成本与经营风险；另外，托管模式下农民更关心自己承包土地的经营状况，更有利于农业绿色生产和耕地保护（表2）。

表2　土地流转与土地托管的简单定性比较

项目	土地流转	土地托管
产权关系	涉及经营权的转让，农民有顾虑，易引起法律纠纷	不涉及经营权的转让，没有法律纠纷
运营成本	高昂租地成本，前期大量生产性投入生产全环节都需要大量人工成本	农户自行进行田间管理，服务主体只需承担播种、收割等关键环节的人工成本

项目	土地流转	土地托管
经营风险	存在农户毁约要回土地的风险；自然灾害和市场风险	同类托管服务的市场竞争
风险承担	转入主体自己承担	服务主体与农户共担
农户参与	农民只收地租不关心土地经营情况，不利于耕地与环境保护	农户主体经营，直接参与农资产品和生产方式选择，有利于清洁生产和绿色发展

六、政策建议

（一）更好地发挥服务规模化引领农业绿色发展作用

在当前我国仍然以小农经营为主要经营方式的大背景下，进一步提高农民的组织化水平，通过服务规模化引领农地经营，实现小农户与现代农业发展的有机衔接是必然选择。农业绿色发展则应以健全绿色生产社会化服务体系为重点，引导支持各类社会化服务主体更好地为农户提供绿色生产全产业链的相关服务，加快农业高质量发展步伐，更好地实现以绿色发展引领乡村振兴。

（二）完善绿色生态导向的社会化服务支持政策体系

前面已经分析过，绿色生产社会化服务相比传统社会化服务在服务目标、服务标准、服务内容等方面都存在差异，绿色生产社会化服务的正外部性较大，更需要政府公共政策的扶持。建立有效的农业绿色生产社会化服务补贴机制和监管机制，通过服务主体为普通农户提供价格优惠的绿色生产性服务，可能比直接向农户发放绿色生产补贴更为有效，管理成本相对更低。

（三）更好地发挥农民主体作用

早在1992年"农村社会化服务体系研究"课题组就提出了在发展社会化服务体系的过程中，要根据不同的经济发展水平、不同性质的服务，坚持分类指导的原则，在服务问题上贯彻尊重农户自主权原则。中央1号文件和中央农村工作会议有关乡村振兴的战略部署中都强调了发挥农民主体地位作用，绿色生产社会化服务也需要充分尊重农民意愿，按照农户的实际需求构建政府、市场共同发挥作用的绿色生产社会化服务体系，引导农户自觉自愿地采取绿色生产行为。

服务规模化引领农业绿色发展

——基于湖北省某农机合作联合社的土地托管服务分析^①

沈兴兴　　段晋苑

近年来，中央政策一直在积极倡导推进构建经营性服务和公益性服务相结合、综合服务和专项服务相协调的新型农业社会化服务体系。土地托管是近年来农业社会化服务的一种重要模式。作为从事土地托管服务的新型农业经营主体，湖北省某农机合作社的发展历程与经营现状具有一定的代表性。本研究试图基于该农机合作社在农业绿色生产领域开展的生产性服务实践，探讨服务规模化助推农业绿色发展的典型做法，结合现阶段服务规模化面临的主要问题，提出进一步优化绿色生产性社会化服务的具体建议。

一、农机合作联合社的成立背景与运营现状

联合社的理事长从 2001 年开始通过自行购买收割机为当地的国有农场提供农机化服务来谋生，后来逐步成立了自己的合作社，为了扩大农机经营范围以及更好地调动周边资源，2013 年成立了农机合作联合社，现在联合社社员 100 多个，核心成员 26 个。土地托管是社会化服务的一种重要模式，这种模式简单地说就是"农民当地主，托管机构来打工"。周理事长的农机联合社从 2017 年开始从事土地托管工作，合作

①　本研究得到中共农业部党校（农业部管理干部学院）2018 年院级课题"农业绿色可持续发展的浙江实践"、农业部软科学课题"家庭农场经营行为与政府公共目标的实践偏离及政策优化"（D201749）的资助，原载于《农业部管理干部学院学报》2018 年第 4 期。

社根据不同农户的需求设计不同的服务内容，提供菜单式服务，农户可以选择全程托管，也可以选择部分环节托管。目前联合社全托的土地1万多亩，流转土地2万多亩，种植品种主要是水稻和小麦。周理事长介绍，当地一般耕地面积较大（10亩以上）、缺乏劳力的农户会倾向选择全托，合作社托管的标准就是机械化和农资收费标准都比市场收费低10%～15%，价格表会提前出示给农户，双方在互信友好的基础上签订托管服务协议。2018年与合作社签意向统一采购种子、化肥和农药的合同接近2万亩（每亩盈利30元），只购买农机服务的1万多亩（每亩盈利5元），全托的只有5 000亩左右。

二、土地托管模式相比土地流转的优越性

托管相对于流转而言，可以降低新型农业经营主体的经营风险，特别是一些区域土地流转成本上升较快，给规模经营主体带来巨大的市场风险和经营风险（表1）。据联合社理事长介绍，当地老百姓有一种认识上的误区，认为土地流转出去就相当于卖了，所以不太愿意流转，而且当地政府规定土地流转合同必须是5年以上，目前自己合作社流转的2 000亩土地人工投入大、抗风险能力小，在有国家补贴的情况下合作社流转的土地还有利可图，如果国家不支持就很难维持。于是，2017年合作社开始尝试做农机托管，目前托管土地上水稻的产量比流转的每亩高100斤左右，托管哪些环节还可以与老百姓协商，省去外请人工费用，相比流转的土地经营，大大降低了合作社的运营成本与经营风险；全托模式下的农民需要自己作田间管理，托管机构的人工成本和经营风险大大降低。孔祥智等学者在大量调查研究的基础上已经发现土地流转的规模经营实践存在各种问题，不利于实现农业现代化，未来的农业发展应以健全农业社会化服务体系为主要方向[①]。因此，在当前我国仍然以小农经营为主要经营方式的大背景下，大力发展服务的规模化，进一

---

① 孔祥智，穆娜娜，2018. 实现小农户与现代农业发展的有机衔接 ［J］. 农村经济 (2)：1-7.

步提高农民的组织化水平，通过服务的规模化来实现小农户与现代农业发展的有机衔接是非常重要和可行的途径。

表 1　土地流转与土地托管的简单定性比较

模式	产权关系	运营成本	风险承担	农户参与
土地流转	涉及经营权的转让，农民有顾虑，易引起法律纠纷	高昂租地成本前期大量生产性投入田间管理大量人工成本	存在农户毁约要回土地的风险转入方独立承担自然灾害和市场风险	农民只收地租不关心土地经营情况，不利于耕地保护
土地托管	不涉及经营权的转让，没有法律纠纷	节省了土地租金成本节约了农机服务寻找成本节省了田间管理成本	农机手的机器事故风险（已参加互助险）服务主体与农户共担自然和市场风险	农户直接参与农资产品和生产方式选择，有利于清洁生产和绿色发展

三、合作社带动小农户步入绿色生产轨道的主要做法

联合社理事长认识到未来农产品的核心竞争力在于品质和质量安全，近两年他自身经营的合作社的水稻和再生稻都采取了绿色种植方式，通过技术创新和试验推广、控制成本等探索出一条经济上可行、技术上领先的服务规模化引领绿色生产之路。

（一）技术引领绿色发展

近年来合作社通过农业科技研发、自我试验与推广等方式，在绿色生产技术的革新领域逐步发挥重要作用：

1. 优质、绿色品种引进试验推广　合作社在农机与农艺结合方面做得较好，每年合作社用 20 个水稻品种、每个品种 2 亩地作水稻品种选择对比试验，通过米质、管理粗放性、产量等综合指标比较，找到最具实效的品种，为自己下一年的农资产品选择打下基础。

2. 化肥减量与生物有机肥替代　化肥过量使用会造成土壤板结、

地力下降和农业面源污染等问题[1][2]，合作社通过施用生物肥、种植油菜作为绿肥直接翻耕入地等方式增强地力，以此达到减少化肥用量。通过对比试验，种植绿肥的水稻地块来年的化肥用量减少 20%，产量却每亩增加 30~50 斤，而且大米的整精率高（碎米少），米质改善。目前已经在当地农技部门支持下做了 2 年的万亩试验，每亩地 2 吨绿肥（种油菜作为绿肥直接翻耕入地）比施用商品生物肥效果还好。

3. 病虫害绿色防控　目前水稻的病虫害用药主要喷洒生物农药，生物农药虽然购买成本高点，但是打药次数少，药效期长，人工成本低，在药品使用投入上基本跟普通农药持平（1 亩地普通农药 80 元，生物农药 100 元，人工 1 桶水 10~15 元，普通农药打 5 次，生物农药打 3 次），生物药可以拌种，药期 20 多天，比普通农药药期长，更重要的是生产出来的大米能达到绿色食品标准，满足消费者对优质安全农产品的中高端需求，绿色种植收入比普通种植每亩多出 50~100 元。

4. 绿色生产农技培训　合作社除了给农户提供农机服务，在农技推广和农民教育方面也逐步发挥作用。通过组织专家入村培训，提升农民绿色种植和发展生态农业的意识，比如请水稻专家讲解虾稻连作、高产栽培技术，指导农民用肥用药，给农民讲授科学选种、绿色种植等农技知识。同时也增进农户对农机服务与效果的了解，让老百姓切实体会到土地托管可以给他们带来实惠。

（二）成本保障绿色发展

绿色生产投入过高，一直是限制传统小农户从事绿色生产的主要因素。因此，摸索出一条技术上简单可行、成本上可控实惠的绿色发展路径是解决农业绿色发展的根本问题。

1. 为农户提供物美价廉农资产品　近年来，随着农资成本不断攀升，农资投入在整个农业生产成本中的比重不断攀升，因此为农户提供

---

[1]　李学荣，2016.农户农药减量施用意愿及影响因素实证分析：基于江西省 471 个农户的调查［J］.鄱阳湖学刊（5）：72-77.

[2]　华春林，张灿强，2016.农户响应农业面源污染治理教育引导机制的行为研究：以测土配方施肥项目为例［J］.生态经济，32（10）：193-197.

物美价廉的绿色农资产品是引导农户从事绿色生产的重要保障。联合社通过每年一次的农资采购会筛选出优质农资生产企业，选定的农资生产商不仅要做到"价廉"，更要"物美"。通过联合社购买的农资在质量上严格把关，一旦抽查有不合格产品则按合同要求厂家给予充分赔偿，维护普通农户作为消费者的合法权益，使农户享受到服务规模化带来的实惠，而且还大大降低了小农户从事绿色生产的投入。目前合作社绿色种植的肥料、农药采购都比小农户直接买绿色农资产品便宜30%。

2. 为农户提供实惠的农机化服务　通过调动整个联合社的农机装备，有效解决了局部地区农忙时节农机不足的问题，稳定了农机作业价格。刚刚提供插秧机服务时，由于原来一些品种不适合机插秧，产量达不到预期效果，机插秧服务市场并不好。近几年，随着插秧机本身设计、操作系统的改善和水稻品种改善，机插秧的产量逐步显现优势，目前机器插秧比人工插秧成本节约50元/亩，一样的栽培方式，产量高出20~50斤/亩（表2），近年来老百姓对机器插秧的接受程度逐步提高。全托模式下，合作社一季农机化服务收费60~70元/亩，全套服务赢利35~50元/亩；相比小农户自己种地，大约节约成本210元/亩。

表2　农机土地托管服务为农户水稻生产带来的主要收益环节

节约农资成本	节约人工插秧成本	每亩节约生产总成本	机器插秧每亩增产	绿色种植收益增加
30%	50元/亩	210元/亩	20~50斤	50~100元/亩

通过以上分析可以看出，提供托管服务的主体通过规模化采购、规模化机械作业和规模化销售，降低了小农户单独从事绿色生产的物化成本，节省了小农户从事农业生产的时间，提高了小农户的农产品销售收益，托管模式尤其适用于劳动力老龄化严重或外出打工较多的区域，对于当前加快小农户与现代农业相衔接、走上农业绿色发展道路具有重要意义，但需要注意的是土地托管服务可能会加大农业的兼业化程度。

（三）自我提升与风险防范

理事长认识到要实现联合社的长远、可持续发展，就需要不断自我学习与提升，每年农忙之后的 7 月初，联合社都会组织主要成员奔赴外地的合作社考察，学习其他优秀合作社的运作管理经验。每年还通过召开联合社年会，公开交流与分享一年来每个合作社的运营经验与教训，年会也会邀请政府公职人员、优秀农资供应商等主要合作伙伴参加，就联合社未来发展、未来合作方向等进行友好协商与交流。农机合作社的最大风险就是机器事故，目前合作社的农机基本都参加农机互助保险，每年交 300～600 元，对农机手是个很好的保障。

四、目前合作社托管服务存在的主要问题

（一）资金担保问题

目前联合社在与农资企业谈合作时，由于购买托管服务的农户经常赊账所以合作社资金回流不是很及时，一定程度上制约了农资产品价格的谈判空间。如果可以，希望政府能够提供一定的资金担保（比如允许向农资企业一定程度的赊账），这样购买农资产品的价格可以压得更低，为小农户节省更多成本，让真正贫困户脱贫。

（二）区域公共基础设施建设相对落后

农机作业规模直接受到地理条件制约，服务规模经营受限。理事长谈到当前他所在的乡镇土地整理项目不多，水利灌溉设施相比周边地区落后许多，建议政府能够加快高标准农田水利设施建设，做好沟渠疏通、土地平整、排灌设施等修建与提升，为优质社会化服务提供保障。

（三）绿色农产品很难实现优质优价

限制普通农户从事绿色生产的另外一个重要原因则是优质农产品很难实现优价，农民得不到绿色农产品的实惠，因而缺乏绿色生产的积极性。联合社也面临这种问题，由于 2016 年没有好的销售渠道，绿色水稻价格 4.2 元/千克，再生稻 7 元/千克，最终核算亏损了 20 万元左右。通过多方打听和洽谈，2017 年底与北京高略农业发展有

限公司签署了战略合作协议。联合社一共拿到绿色大米订单100万斤，与该公司捆绑后，合作社大米的销路和资金链将不成问题，再生稻价格目前定在9元/千克，普通绿色稻6元/千克，相比之前的价格有很大提高。理事长说近期还会进一步扩大托管规模，预期水稻面积2019年要达到5万亩。

五、完善农业绿色生产社会化服务的政策建议

在当前我国仍然以小农经营为主要经营方式的大背景下，进一步提高农民的组织化水平，通过服务规模化引领农地经营，实现小农户与现代农业发展的有机衔接是必然选择。农业绿色发展应以健全绿色生产社会化服务体系为重点，引导支持各类社会化服务主体更好地为农户提供绿色生产全产业链的相关服务，更好更快地实现农业绿色发展与高质量发展。

（一）补齐基础设施短板

基础设施建设落后，是很多地方农业绿色发展的最大短板。做好土地平整、高标准农田建设、灌溉沟渠和水利设施的翻修维护等，对于农业绿色发展特别是推进绿色生产的规模化农机作业至关重要，应该加快补齐基础设施短板、夯实农业绿色发展基础。

（二）打造和维护区域品牌

缺乏区域绿色品牌也是当前各地制约农业绿色发展的普遍问题，在当前农业高质量发展和绿色发展的政策背景下，笔者认为联合社长远发展必须坚持"质量兴农、绿色兴农、品牌强农"。只有农产品质量上去了、安全达标了、品牌立起来了，我们的农产品才会有品质、有价格、有口碑。需要进一步加强品牌建设，通过互联网销售、与大城市建立生产基地等方式，积极稳妥地开创绿色农产品销售渠道，确保优质农产品不仅卖得出去，还要卖的划算。例如河南通过依托自贸区建设和口岸建设、推进"一县一品"、充分利用和发挥"互联网＋"技术等，扩大河

南绿色农产品的销售范围和品牌影响力①。

（三）优化绿色生态导向的补贴政策

绿色生产社会化服务相比传统社会化服务在服务目标、服务标准、服务内容等方面都存在差异，绿色生产社会化服务的正外部性较大，更需要政府公共财政补贴支持，引导鼓励农户采取绿色生产行为。而为了达到这一政策效果，需要科学论证补贴方式与补贴标准，完善绿色生态导向的补贴政策体系。直接补贴绿色生产的托管服务主体，比如直接补贴绿色生产的农机化作业，使其降低托管收费标准。

另外，对托管主体所从事的公益性服务给予一定的财政补贴。比如目前理事长是自己出资请专家进村为农户讲授农技和绿色种植知识，而农技培训应该是公共政策重点支持的领域。建议政府也能拿出部分资金共同支持农技进村培训，确保培训的可持续。这可能比直接向农户发放绿色生产补贴更为有效，管理成本相对更低。

（四）强化绿色生产主体的金融服务支撑

建议地方政府充分发挥财政资金的撬动作用，整合利用项目资金，加大金融服务创新，帮助解决绿色生产过程中新型农业经营主体出现的暂时资金周转困难、贷款难等具体问题，通过为从事绿色生产的新型农业经营主体提供差异化信贷、保险服务，鼓励引导更多的新型农业经营主体从事绿色生产性服务，更好更快地带动小农户步入农业绿色发展轨道。

---

① 崔小年，2018. 以绿色发展理念引领河南农业发展的思路与对策 ［J］. 农业部管理干部学院学报（30）：49.

绿色发展引领乡村振兴要处理好五个关系

——基于海南省琼海市调研的思考

韩　洁　李荣耀　朱云云

实施乡村振兴战略，是以习近平同志为核心的党中央着眼党和国家事业全局，对三农工作作出的重大决策部署。习近平总书记关于农业绿色发展的重要论述是习近平生态文明思想在农业农村领域的具体体现，是推进农业绿色发展的行动指南和工作遵循。以绿色发展引领乡村振兴是一场深刻革命。走中国特色社会主义乡村振兴道路，必须坚持人与自然和谐共生，走乡村绿色发展之路。海南省作为国家生态文明试验区，以"美丽海南百镇千村"为抓手，扎实有效推进宜居宜业宜游的美丽乡村建设，在绿色发展引领乡村振兴方面开展了有益探索。2017年底，琼海市被列入第一批国家农业可持续发展试验示范区暨农业绿色发展试点先行区，是海南省唯一名列其中的城市，同时该市贯彻生态文明理念，依托优质的农业资源和优美的田园风光，创建了一批美丽乡村，为乡村振兴打造了样板。琼海在农业绿色发展和绿色发展引领乡村振兴方面作出的实践探索，值得研究和学习。

一、依托资源生态，政府规划主导，实现产业转型

（一）琼海市基本情况

琼海市位于海南省东部，万泉河中下游。全市包括12个镇205个行政村，万泉河自西向东流经10个乡镇后注入南海。琼海市2019年上半年国内生产总值为147.4亿元，城镇居民可支配收入17 285元，农村居民可支配收入9 689元。农林牧渔总产值719 447.5万元，其中种植业444 256.6万元、林业34 907.9万元、牧业96 513.6万元、

渔业 101 467.3 万元、农林牧渔服务业 42 302.1 万元。

（二）调研村基本情况

1. 资源生态 沙美村位于琼海市博鳌镇，是三江入海口，地理位置优越，西面是博鳌国家农业公园，南侧是瓜果热带种植区，东面是沙美内海湿地公园，是退塘还湿的大自然景观。沙美村辖 10 个村民小组（自然村），村域总面积 631 公顷（9 465 亩），共 301 户 1 075 人。沙美村耕地面积 1 380 亩，其中 788 亩流转给北京新发地公司种植绿色蔬菜，剩余 592 亩由村民种植水稻。退塘还林还湿面积 568 亩。北仍村是官塘行政村中的 8 个村民小组（自然村）之一，位于琼海市三大组团之一——官塘组团的核心区，毗邻官塘温泉、万泉河和白石岭景区，拥有优越的区位和资源优势。北仍村总面积 39 公顷（585 亩），共 48 户 162 人。北仍村土地面积 585 亩，其中耕地面积占 25％，林地面积占 60％，宅基地面积占 15％。林地主要种植橡胶、槟榔、胡椒等热带作物。

2. 规划投入 沙美村紧邻博鳌亚洲论坛永久会址，与博鳌国家农业公园一起被琼海市作为海南乡村振兴战略的试验区，对全村村容村貌升级和新业态布局进行了科学规划。海南省和当地政府投资上亿元支持沙美村建设美丽乡村。在村基础设施建设方面，建设污水管网和污水集中处理设施，出水处理标准达到一级 A；建立垃圾回收系统，并实施"村收集、镇运输、市处理"的垃圾处理过程；对各家厕所进行改造，达到"一户一厕"。在生态环境整治方面，国家补贴养殖户退塘还湿每亩 1 万元，共腾退 18 家养殖户的鱼塘虾塘 568 亩复植红树林。在产业转型方面，帮助村民改造房屋经营农家乐和民宿，由传统种植转型农旅结合，发展乡村旅游。北仍村毗邻官塘温泉区，因为度假区缘故，开发较早，于 2014 年被琼海市选定打造美丽乡村，村庄游览道路以及路旁农房腾退改造等基础设施建设所需资金都由政府财政补贴。

3. 产业转型 沙美村因为美丽乡村的政策机遇而发展乡村旅游业，虽然开业时间不长，但是年接待游客在 160 余万人次。沙美村传统产业以槟榔、橡胶等热带作物种植为主，同时也种植水稻等粮食作物，并辅以内海捕捞，农业收入不高，村民外出就业较多。但自 2017 年以来，琼海市在实施乡村振兴战略中重点打造沙美村，使得村民收入有了大幅提升，人均纯收入从 2016 年的 13 000 元上升到 2018 年的 16 500 元，返乡创业人口增多。北仍村虽然毗邻官塘温泉区，但 2014 年以前以种植槟榔、橡胶和胡椒为主。经过政府投资建设美丽乡村之后，北仍村对村庄进行改造升级，于当年 9 月开放接待，当年接待游客达到 7 万多人次。2015 年 3 月 28 日，习近平夫人彭丽媛邀请出席博鳌亚洲论坛 2015 年年会的部分外方领导人夫人参观了北仍村，进一步带动了北仍村的乡村旅游业发展，村民收入从 2014 年以前的每年 1 万元/人上升到 2018 年的 3 万元/人，增收效果显著，不仅吸引本村外出务工人员返乡创业，还帮助提升了邻村的居民收入。

二、正确处理五个关系，助力乡村五大振兴

（一）产业振兴：处理好政府规划主导与内生动力培育的关系

乡村振兴，产业兴旺是重点。习近平总书记强调，产业兴旺是解决农村一切问题的前提。琼海市在农业绿色发展先行先试过程中，以绿色发展拓宽乡村产业振兴空间，推动一些乡村依托当地自然资源和生态环境，从传统种养业向乡村旅游、民俗观光产业转型。其中，沙美村打造"椰林水韵""饮水思源""滨海长廊""耕读传家""山海在望"和"金牛泉涌"等沙美六景，发展乡村旅游、民俗体验、农家餐饮等农村特色产业；北仍村在保护绿色生态环境和保持原汁原味特色村庄的同时，建成三环骑行绿道、乡愁味道农家乐、草寮咖啡屋、庭院时光咖啡屋、北仍书屋、北仍大客厅、重教之家等一批景点发展乡村旅游。但是，应该看到，乡村旅游业迅速发展的同时，也存在一些问题：一是产业持续发展内生动力不足。如沙美村在美丽乡村建设过程中，得到政府财政的大力支持，使得生态环境和人居环境大力改善、乡村旅游产业兴起，但旅游项目较少、民俗供应不足，缺乏吃住行游购娱一体化多元化经营能力，乡村旅游产业发展缺少内生动力。2018 年沙美村接待游客 160 余万人次，乡村旅游收入仅有 200 万元，折算下来，平均每人次带来的旅游收入仅有 1 元多。二是村集体经济及其带动能力较弱。调研发现，两

村的农家乐、民宿等旅游项目主要由少数村民经营，其他村民参与机会较少。同时，村内还没有健全经营管理机制，在组织管理、经营模式、利益分配等方面都还比较迷茫或者处于起步摸索阶段。如，沙美村对农家乐等经营主体仅收取部分卫生费用（100元/月）和摊位费（100元/月）；北仍村对经营主体按照经营收入的5%收取管理费，2018年村民仅获取300元/人的分红。三是产业融合度较低。沙美村、北仍村的乡村旅游产业并未与传统种养业实现深度融合，乡村休闲观光采摘、农情农事体验不足，村民的土地仍然以传统的槟榔、橡胶种植为主。乡村产业振兴，应基于当地的生态环境、民俗文化、产业基础打造适宜的特色产业，促进传统的种养业与加工业、旅游业结合，丰富旅游项目与观光体验，增强赢利能力，壮大集体经济，让村民共享改革发展成果。

（二）人才振兴：处理好总量过剩与结构性不足的关系

实施乡村振兴战略，必须破解人才瓶颈制约。要把人力资本开发放在首要位置。琼海市在推进美丽乡村建设过程中，仍然面临着劳动力过剩与结构性不足的矛盾。如在沙美村和北仍村，一方面，由于传统种养业萎缩和土地流转，除部分年轻劳动力外出打工外，大量在村劳动力闲置；另一方面，乡村旅游产业发展紧缺的管理人才、服务人才、电商人才、新型经营主体、高素质农民等人才供给不足。这要求当地在以绿色发展引领乡村振兴过程中，要注重引进和培养人才，壮大"一懂两爱"干部人才队伍。要引进产业发展管理人才，解决美丽乡村建设、乡村旅游发展遇到的难题；强化服务人才、电商人才等实用人才培训，提高乡村旅游产业服务水平，适应产业发展需要；培养新型农业经营主体等实干人才，提高适应市场和带动农民增收致富能力，为乡村振兴提供新动能；另外，农业人才培养要纳入节约资源、保护环境、生态服务提升等内容，提升高素质农民的绿色发展理念和绿色生产技术技能。

（三）文化振兴：处理好乡村文化保护与开发的关系

中华文明根植于农耕文化，乡村是中华文明的基本载体。在乡村振兴战略实施过程中，既要做好社会主义核心价值观和法治文化的传播，又要做好优秀农耕文化、民间艺术等传统文化的挖掘和传承。琼海市有着丰富多样的文化资源，有黎苗文化、东坡文化、军坡公期文化、疍家文化、南洋文化等很多独具特色的文化资源。在推进美丽乡村建设的过程中，一方面要充分保护当地的文化传承，对当地文物古迹、传统村落、民族村寨等物质文化进行保护和修复；另一方面，要对民间艺术、文化遗产等非物质文化进行挖掘和传承，结合新时代的乡村绿色发展，修订《乡规民约》，践行社会主义核心价值观，丰富文化内涵；同时，也要充分对文化产业价值进行挖掘和开发，拓展农业功能，实行农商文旅结合，增加乡村发展内部动力。

（四）生态振兴：处理好经济发展与生态保护的关系

乡村振兴，生态宜居是关键。良好生态环境是农村最大优势和宝贵财富。习近平总书记 2018 年 4 月在海南考察时强调："要把保护生态环境作为海南发展的根本立足点，牢固树立绿水青山就是金山银山的理念，像对待生命一样对待这一片海上绿洲和这一汪湛蓝海水，努力在建设社会主义生态文明方面作出更大成绩。"沙美村同时拥有山峦、林野、田园、村落、海河湖泉，集"山水林田湖"生态景观于一体，为建设美丽乡村、打造乡村旅游，在内海全面退塘还林还湿，形成以红树林保护为主的湿地生态区。北仍村坚持"不砍树、不拆房、不占田，就地城镇化"的原则，整合提升自然景观、挖掘特色民俗风情、扶持特色产业发展、成立管委会。同时两村实行"户分类、村收集、镇转运、市处理"的垃圾处理模式，推进乡村厕所革命，建设污水管网，使生态环境和人居环境得到大力改善。但是，当地美丽乡村建设也面临着产业发展单一、规划推进缓慢的问题。究其原因，当地对生态环境的保护要求，使得建设乡村旅游产业配套设施用地批准受限，如沙美村建设观光码头，收到国家海洋局罚单，使得村集体对推进乡村旅游产业发展态度消极。因此，在美丽乡村建设的过程中，保护生态是前提，同时也要结合当地产业发展情况，灵活运用"增减挂钩""占补平衡"等政策工具，为当地产业发展配套设施建设提供建设用地支持。

（五）组织振兴：处理好党组织引领与村民自治实践的关系

乡村振兴，治理有效是基础。在琼海市的美丽乡村建设过程中，基层党员在先行先试、退塘还湿、产业经营、纠纷化解等方面，发挥着重要的先锋模范作用，为生态保护、人居环境整治等工作推进作出了重要贡献，充分体现了基层党组织在乡村振兴过程中的主心骨和顶梁柱作用。同时，除了村党支部、村民委员会以外，以北仍村管委会、沙美休闲农业农民专业合作社为代表的经济组织，以村务协商会为代表的纠纷处理组织，以北仍客厅为代表的乡风引导组织，为完善基层治理发挥着重要作用。因此，一方面，要加强基层党组织建设，优化基层党组织带头人队伍，壮大基层党员队伍，积极推行村党组织书记通过法定程序担任村民委员会主任和村级集体经济组织、合作经济组织负责人，充分发挥基层党组织思想引领和组织引领的作用；另一方面，健全和创新党组织领导下的村民自治实践，鼓励村民建立完善充满活力的自治组织、志愿组织，开展绿色服务，倡导文明新风，壮大绿色经济组织体系，健全以党组织为核心的组织体系。

三、提高科学思维能力，指导乡村振兴实践

习近平总书记指出："马克思主义哲学深刻揭示了客观世界特别是人类社会发展一般规律，在当今时代依然有着强大生命力，依然是指导我们共产党人前进的强大思想武器。"[①] 在乡村振兴战略实施过程中，应学好用好马克思主义哲学，提高战略思维、辩证思维、创新思维和底线思维能力。

（一）提高战略思维能力，高瞻远瞩、统揽全局

乡村振兴战略是党的十九大提出的七大战略之一，是以习近平同志

---

① 中共中央宣传部，2019. 习近平新时代中国特色社会主义思想学习纲要 [M]. 北京：学习出版社：241.

为核心的党中央着眼党和国家事业全局，对三农工作作出的重大决策部署。在乡村振兴战略实施过程中，应从国家战略的高度，用全局的眼光和系统的方法来看待问题、分析问题、解决问题。2001年，博鳌亚洲论坛落户海南，不仅给博鳌镇带来了名声和发展机遇，也让周边村镇焕发出蓬勃生机。北仍村，隶属嘉积镇官塘村，借助博鳌亚洲论坛的东风蜚声海内外，吸引了各地游客的到来。2018年北仍村接待游客超过100万人次，本村80%的村民参与到旅游项目经营中，有力带动了本村村民收入的快速增长，还辐射带动周边其他自然村、村民小组，对当地的住宿、餐饮等服务业以及椰子、槟榔等传统产业起到了拉动作用；同时，以北仍村为核心的官塘组团，在北仍村接待能力受限的情况下，在住宿、餐饮等方面为北仍村提供了有力支撑。北仍村的良性发展得益于搭上了国家战略平台博鳌亚洲论坛的"顺风车"，选定了组团前行一体化发展的"小康路"。当地政府从战略全局的高度进行规划指导，是战略思维能力的具体实践。

（二）提高辩证思维能力，承认矛盾、解决矛盾

在乡村振兴战略实施过程中，经济发展和生态保护是一对客观存在的矛盾，需要用辩证思维方法来看待和分析解决。沙美村和北仍村依托天然美好的生态景观发展乡村旅游，每年吸引到访游客超过百万人次，带动了村民收入的增加。如沙美村2018年乡村旅游收入200万元，充分体现了"保护生态环境就是保护生产力，改善生态环境就是发展生产力"[①]的真谛。同时，也应该看到，经济发展与生态保护的矛盾是不可避免的，如沙美村退塘还湿后，生态变美了，但村民的捕捞收入却损失了。对待这个问题，就要提高辩证思维能力，一方面承认矛盾，认识到退塘还湿、林木保育都是保护自然资源和生态环境的必然举措；另一方面分析矛盾、解决矛盾，及时转变发展理念，调整发展思路，健全组织管理、利益联结等运行机制，将产业发展与生态保护有机统一起来，真

---

① 佚名，2013. 坚持节约资源和保护环境基本国策　努力走向社会主义生态文明新时代［N］. 人民日报，05‐25（01）.

正实现绿水青山就是金山银山。

（三）提高创新思维能力，深化改革、促进发展

在乡村振兴战略实施过程中，需要勇于开拓、敢于创新的组织和人才，落实新理念，深化改革，转变方式，促进发展。在美丽乡村建设和博鳌亚洲论坛的大背景下，生态环境得天独厚的沙美村和北仍村成为政府顶层设计的关键一环，海南省投入1亿多元专门支持沙美村美丽乡村建设。沙美村于2017年10月被纳入美丽乡村建设，是琼海市实施乡村振兴战略、建设博鳌田园小镇过程中重点打造的美丽乡村，与博鳌国家农业公园一起作为海南乡村振兴战略的试验区。无论规划设计、基础设施建设，还是公共服务配套，政府对沙美村都倾注全力进行创新性开拓性的创建。海南电网公司琼海供电局将电缆全部入地，并提高电力建设标准，不仅使村庄更美观，而且趋避了台风影响，使供电更有保障，可以满足未来5～10年的负荷增长需求。为了打消村民对美丽乡村建设的疑虑，村党支部书记带头拆除自家房屋，村"两委"干部、党员表现出知难而进、开拓创新的勇气和魄力，以敢为人先的精神引领本村建设和发展，发挥了重要的"头雁"作用。

（四）提高底线思维能力，居安思危、未雨绸缪

在乡村振兴战略实施过程中，保持农业的绿色本底，保护农村的生态资源，就是底线思维的具体体现。习近平总书记2013年4月在海南考察时就强调，青山绿水、碧海蓝天是建设国际旅游岛的最大本钱，必须倍加珍爱、精心呵护。北仍村在规划设计上，坚持"三不一就"（不砍树、不占田、不拆房、就地城镇化）的新型城镇化原则，最大限度保留传统村落，整合提升自然景观、挖掘特色民俗风情，让游客能够体验到原汁原味的乡风民俗。沙美村秉持"山水林田湖草是一个生命共同体"的生态保护理念，全面退塘还林还湿，恢复生态和景观功能，自2017年4月博鳌田园小镇建设以来，共清退鱼塘虾塘复植红树林568亩，打造以红树林保护为主的湿地生态区。这些做法都是底线思维方法在实践中的具体运用。

我国畜禽粪污集中处理模式的运行机制分析[①]

舒　畅　沈　莹　尚旭东　乔　娟

一、引言

随着对环境保护工作重视，近年环保压力逐渐增加，畜禽粪污治理效果成为地方政府重点考核任务，各地开始探索不同治理模式以实现畜禽粪污资源化利用，集中处理模式便是一种新实践。2017年，国务院办公厅出台《关于加快推进畜禽养殖废弃物资源化利用的意见》，鼓励在养殖密集区域建立粪污集中处理中心，探索规模化、专业化、社会化运营机制；随后，国家发展改革委、农业部联合发布《全国畜禽粪污资源化利用整县推进项目工作方案（2018—2020年）》，提出整合、优化相关中央投资专项，鼓励优先支持第三方机构和中小规模养殖场，构建粪污资源化利用的社会化服务机制，筹建区域性畜禽粪污集中处理中心成为财政资金优先扶持项目之一。受环保压力影响和国家政策引导，一些畜牧大县已筹建、运行集中处理中心，有的以政府与社会资本合作（PPP）作为主要运营方式，但集中处理模式治理效果如何，治理目标是否实现，存在哪些问题，是否适合大范围推广等问题尚不明确。

畜禽粪污的治理模式也可称为管理模式[②]，现有文献多从畜禽粪污

①　本文为国家社科基金项目"基于循环经济视角的畜禽养殖废弃物治理模式与支持政策研究"（18BGL169）、现代农业产业技术体系北京市生猪产业创新团队产业经济岗位项目（编号：BAIC02）阶段性成果。

②　姜海，雷昊，白璐，等，2015. 不同类型地区畜禽养殖废弃物资源化利用管理模式选择：以江苏省太湖地区为例［J］. 资源科学，37（12）：2430-2440.

处理技术、治理主体的技术行为、组织行为和政府监管政策等①②③④角度入手研究。但对畜禽粪污集中处理模式的研究相对较少，仅有的少数文献大多论证单个集中处理中心的实践优势和限制条件：效果、效率和适应性评估结果表明，农村废弃物处理中心可以改善小型、分散养殖废弃物资源化利用的经济效率，能够发挥地方政府环境保护职责，但建设运行成本高、对地方政府的监管及财政能力要求高⑤；常州市武进区畜禽粪污综合治理工程存在选地难、管理难、成本高等问题⑥；四川省蒲江县引入 PPP 模式、成立畜禽粪污集中处理中心生产沼肥带来生态效益的同时，也要求配套择优选择合作伙伴、健全运营机制、政府有效监管⑦；四川省邛崃市实施 PPP 模式筹建集中处理中心，配套专业抽粪合作社服务，但面临政策、财务和管理风险⑧⑨。

综上，关于集中处理模式运行效果和问题的研究存在以下不足：一是缺少该模式的理论探讨。已有文献大多根据案例实践效果推论该模式的合理性，理论基础薄弱，难以理清其运行机制。二是单一案例不足以说明问题本质。以往案例多局限于一个区域的一个或几个案例，区域经

① 陈智远，石东伟，王恩学，等，2010. 农业废弃物资源化利用技术的应用进展[J]. 中国人口·资源与环境，20（12）：112 - 116.

② 彭新宇，2007. 畜禽养殖污染防治的沼气技术采纳行为及绿色补贴政策研究［D］. 北京：中国农业科学院.

③ 舒畅，乔娟，耿宁，2017. 畜禽养殖废弃物资源化的纵向关系选择研究：基于北京市养殖场户视角［J］. 资源科学（7）：1338 - 1348.

④ ALARY V, CORBEELS M, AFFHOLDER F, et al. , 2016. Economic assessment of conservation agriculture options in mixed crop-livestock systems in Brazil using farm modelling［J］. Agricultural systems，144：33 - 45.

⑤ 姜海，雷昊，白璐，等，2018. 我国畜禽养殖污染多中心治理典型案例与优化路径［J］. 江苏农业科学（2）：235 - 239.

⑥ 王子臣，吴昊，姜海，等，2015. 小型分散畜禽养殖场粪污收集服务体系建设研究［J］. 江苏农业科学（6）：360 - 363.

⑦ 谷晓明，邢可霞，易礼军，等，2017. 农村养殖户畜禽粪污综合利用的公共私营合作制（PPP）模式分析［J］. 生态与农村环境学报，33（1）：62 - 69.

⑧ 林赛男，李冬梅，冉毅，等，2017. 沼肥还田的公共私营合作制（PPP）模式浅析：以邛崃市为例［J］. 中国沼气（12）：89 - 93.

⑨ 郑绸，冉瑞平，陈娟，2019. 畜禽养殖废弃物市场化困境及破解对策：基于四川邛崃的实践［J］. 中国农业资源与区划（3）：70 - 77.

济政策及生态环境特点明显，难以从普遍性角度印证该模式优劣。三是缺少对该模式推广的适用性价值和条件的探讨。畜禽粪污治理进入攻坚阶段，亟须借鉴先进地方经验。在部分地区适用的集中处理模式，在其他地区是否适用？在什么情况或条件下适用？探讨这些问题具有重要现实意义。

鉴于此，本文在理清畜禽粪污集中处理模式运行机制基础上，利用东部和中西部区域 4 个典型案例，探讨我国畜禽粪污集中处理模式运营过程中存在问题及困境，分析该模式在区域层面运营的适用条件，为我国畜禽粪污资源化利用提供实证借鉴和参考。

二、理论探讨

（一）畜禽粪污集中处理模式的理论属性

交易费用的存在和差异受资产专用性、交易不确定性和交易频率影响，促使市场主体以不同的纵向关系完成交易[①]。根据纵向关系的紧密程度，可分为市场交易、口头协议、书面合同、合作社、纵向一体化等，其中纵向一体化属于最紧密的纵向关系，有利于减少搜寻、讨价还价和监督等交易费用[②]。

畜禽粪污治理主要通过资源化利用技术实现生态效益，通过种养利益主体纵向合作实现经济效益，具有资产专用性高（投入设备、土地无法移作他用）、交易频率高（粪污不断被产出必须处理）、交易不确定性高（无消纳用地则随机性大）的特征，纵向关系越紧密，交易费用越低，治理越有效。结合交易费用理论和纵向关系特点，可将畜禽粪污治理模式分为两大类：①一体化型。包括种养一体化模式和种养就近消纳模式。当养殖场户选择种养直接结合（自有农田）或租赁周边农地消纳时，交易费用最低，养殖场运营成本和政府监管成本最低。②紧密型。

---

① WILLIAMSON O E，1985. The economic institutions of capitalism [M]. New York：Free Press.

② 吴学兵，2011. 基于质量安全的生猪产业链纵向关系研究：以北京市为例 [D]. 北京：中国农业大学.

当养殖场户没有农田时，需要与周边种植户或中间商如"粪贩子"、有机肥厂、沼气公司签订消纳协议（销售或赠予），纵向关系较紧密，交易费用较低，但运营成本和政府监管成本相对高。

一体化型是理想治理类型，前提是周边必须有可租赁或承包的农地。在种养脱离的现实背景下，特别是在农地少的养殖密集区，大多只能采用紧密型的畜禽粪污治理模式，需要一个中间商（组织）来承担中转工作。如果靠"粪贩子"这种兼业化程度高、组织化程度低、资源化程度低（不加工）、运输半径短的市场主体来承担，治理链条不稳定；如果依靠有机肥加工厂、沼气公司等市场主体制成商品有机肥或"三沼"产品，运营成本高且难以持续。

无论是从养殖场户还是资源化消纳方自身的成本收益角度来看，畜禽粪污治理不仅具有明显正外部性效应，还具有公共物品性，改善后的生态环境具有消费非排他性和非竞争性，再加上农业弱质性，养殖场户、有机肥企业、种植户等市场经营性治理主体难以同时承担起自身发展、提供更多更好农产品与保护生态环境的多重任务，需要政府参与进来，提供支持。特别是在养殖密集区，养殖场户或资源化消纳方寻找畜禽粪污消纳土地的成本更高。但因政府财力限制，难以普惠制方式向所有市场经营性治理主体提供全面扶持，故政府选择集中力量扶持有经济实力和经营能力的社会资本参与进来，建立畜禽粪污集中处理中心，承担畜禽粪污收集、处理、加工、销售责任。借助集中处理中心构建畜禽粪污治理主体之间的紧密纵向关系，既可缓解养殖密集区畜禽粪污量大、疏解难的环境难题，还可降低财政负担。

（二）畜禽粪污集中处理模式的运行机制

畜禽粪污集中处理模式的治理主体包括前端的养殖场户、中端的畜禽粪污处理中心经营者、后端的种植户以及相关政府部门。其中，养殖场户承担修建化粪池、沉淀池等简易处理畜禽粪污的责任，处理中心经营者承担收集、肥料化或能源化加工处理、运输销售资源化产品等经营管理责任，种植户承担施用资源化产品的责任，三者构成市场交易关系；政府对处理中心的经营、养殖场户的处理、种植户的施用提供政策优惠、融资服务、监管服务。

畜禽粪污集中处理中心的经营者主要是拥有社会资本、以营利为目的的市场经营主体，可以是养殖主体、种植主体，也可以是第三方机构。其中，第三方机构凭借自身的运营能力、专业处理能力和资金实力，在政府支持下以PPP运营方式特有的公私合作运营方式参与到畜禽粪污集中处理中心筹建中来，以收集畜禽粪污为原材料，通过资源化技术加工处理成粪肥、沼肥、商品有机肥等肥料化产品或沼气等能源化产品销售获利，连接着种养治理主体，从而实现畜禽粪污的区域性治理。然而，第三方机构既不能自产粪污又不能自行消纳粪污，既要支付土地、厂房、设备、人工等经营管理成本，还要支付获取粪源和销售肥料的信息成本和运输成本。实践中，第三方机构也会将畜禽粪污的收集责任或畜禽粪污资源化产品的运输责任外包给专业化社会服务组织。畜禽粪污集中处理模式的运行机制及相关主体关系如图1所示。

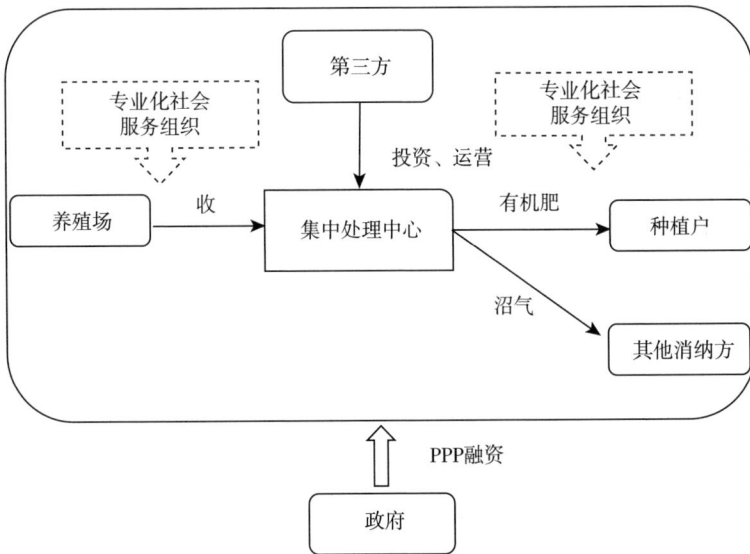

图1 畜禽粪污集中处理模式的运行机制及相关主体

鉴于在第三方机构参与情况下，集中处理模式的治理主体更多、利益链条更复杂、PPP运营方式更考验项目主体的运营能力和政府的治理监管能力，因此，本文以第三方机构参与畜禽粪污集中处理中心的

PPP 实践为例，从技术方式、纵向关系（运营方式、合作主体、融资渠道）、政府监管、成本收益四方面剖析畜禽粪污集中处理模式运行的特征、效果、困境及适应性。

三、畜禽粪污集中处理模式的运行特征

（一）案例选择与数据采集依据

课题组以 2018 年县级农业农村部门主管负责人轮训班第三期畜牧业绿色发展班为依托，发放参训县畜牧局长学员问卷，摸清遍布东、中、西部的 100 个县域的畜禽粪污资源化利用情况及集中处理中心运营情况，再结合课题组前期研究成果，综合考虑自然条件、经济条件、种养结合程度、政府监管，在全国范围内挑选了 4 个具有代表性、第三方机构参与、PPP 运营的集中处理中心案例，并于 2018 年 4—8 月进行了实地调研和案例访谈，通过现场观察、交流咨询等方式近距离了解 4 个案例的真实运营情况、存在的问题及困境等。访谈对象涉及县级畜牧主管部门和畜禽粪污集中处理中心的相关负责人、养殖场户、社会化服务组织成员等，总人数超过 25 人。

选择这 4 个案例的原因是：第一，案例囊括了目前以第三方机构参与、PPP 运营的畜禽粪污集中处理中心在技术、运营、合作主体、融资等方面的所有方式，具有普遍的代表性；第二，案例的地方政府监管的力度各有差异，运行效果也参差不齐，成本收益差异性大，对检验畜禽粪污集中处理模式的推广条件具有实证参考价值；第三，案例所在区域涉及东部、中西部及南北方，符合目前我国畜禽粪污集中处理中心的分布趋势，将自然环境条件因素纳入研究范围，有助于全面考察畜禽粪污集中处理模式的推广条件。

（二）案例描述

根据其运营状况，4 个案例的基本特征（表 1）如下：

案例 1 位于北京市某区。某区号称"世界栽培桃树面积最大区县"，也是北京市养殖密集区和畜产品重要供给区。为解决年产 15 万吨桃树

表 1 畜禽粪污集中处理中心的基本特征

序号	所在区域	技术方式	运营方式	纵向关系			政府监管	成本收益
				合作主体	融资渠道			
1	北京某区	沼气-沼渣-有机肥	PPP	种植户＋养殖户＋处理中心	拨改投：政府＋第三方机构		网格化管理	暂无收益，需政府资金支持
2	江苏某市	沼气-沼渣-有机肥	PPP	种植户＋养殖户＋社会化服务组织＋处理中心	以奖代补：政府＋养殖户＋第三方机构		网格化管理	有收益但旧不能补偿，需政府资金支持
3	江苏某市	粪便-粪肥-有机肥	PPP	种植户＋养殖户＋处理中心	拨改投：政府＋养殖户＋第三方机构		网格化管理	收益不稳定，需政府资金支持
4	四川某县	沼气-沼渣-有机肥	PPP	种植户＋养殖户＋社会化服务组织＋处理中心	拨改投：政府＋养殖户＋第三方机构＋种植户		网格化管理	收益稳定持续，需政府资金支持

枝、63 万吨畜禽粪便、54 万吨养殖污水的乱排乱放问题，打破政府、企业、农户、基层党支部等各主体之间的治理政策断桥，2017 年 2 月，区政府正式实施"生态桥"治理工程，与当地有机肥厂合作筹建东西两大集中处理中心，面向全区收购果树枝条、畜禽粪污等农业废弃物，采取 1 吨树枝兑换 1 吨有机肥激励方法。目前已收集粉碎树枝 10 635.75 吨，经过与畜禽粪污的耦合发酵，制成的有机肥有机质含量高达 79%，已陆续向农户发放 4 000 吨。

案例 2 位于江苏省某市经济开发区。2014 年，为缓解当地养鸡场众多、蔬菜基地有机肥缺乏问题，区政府与当地一家大型国有企业合作成立蛋禽粪便集中处置项目，是国家第一批畜禽养殖废弃物综合利用示范试验项目，建成运行后，日处理鸡粪 500 多吨，年生产生物天然气 350 万米^3、生物有机肥 0.5 万吨、沼液肥（水产、农业用）1.5 万吨。

案例 3 位于江苏省某市。2015 年，该市率先开展畜禽养殖污染专项整治工作，指导建设 8 家畜禽粪污集中处理中心，收集处理不具备自行综合处理能力，特别是无相应消纳土地的畜禽养殖场的粪污。每个集中处理中心收集处理服务范围均为所在镇及周边镇村。案例 3 是 2017 年市农委与一家私营环境科技公司合作，成立的鸡粪集中处理中心，目前有 3 个加工车间正在运营。

案例 4 位于四川省某县。2015 年，该县以农林局作为项目发起人，公开选择适合的社会投资人开展伙伴式合作，双方以畜禽粪污综合利用项目为载体，筹建集中处理中心及分部，通过签署合同明确集中处理中心的运营权利义务，相互协调、合力决策。截至 2017 年，畜禽养殖粪污基本实现资源化利用，施用各类有机肥 30 万吨，项目区土壤有机质含量平均提高 0.2 个百分点，减排增汇二氧化碳 236 万吨，农村环境明显改善。

（三）案例综合特征分析

1. 技术方式　4 个案例资源化利用技术主要以肥料化或能源化为主，但在技术上更精益求精，以提高有机质含量为重要技术目标。案例 1 将畜禽粪污和桃树枝混合加工提高有机质含量，案例 2 根据国家《腐殖酸肥料标准》制成用于水产或农用的沼肥，案例3采用条垛式发酵加工提高"三沼"产品质量，案例4要求合作的养殖场统一按照饲养生猪50头（或禽兔500只）配套沼气池15米³、储粪池30米³、堆粪场15米²的标准，配套建设沼气池、储粪池、堆粪场等处理设施。

2. 经营方式 4个案例均采用PPP运营方式，由当地政府引入第三方机构筹建并设置收集点。第三方机构可以是私营企业（案例1、3、4），也可以是国有企业（案例2），大多是有机肥企业或环保公司等具有专业背景的企业。①畜禽粪污收集。4个案例的畜禽粪污收集辐射半径、收购规模与其加工储存能力呈正比。案例1、3由集中处理中心自行聘用员工收粪，案例2、4则依靠当地社会化服务组织成立的抽粪队。其中，案例2是由当地村民自行成立收粪队，自担购置费、维护费、油费等，按照运输量（40~50吨/次）和运输距离（60千米以内），与集中处理中心核算运输费（2元/次）；案例4由乡镇政府公开招标组建服务队伍，推行"服务外包"成立抽粪和施肥服务队伍。②资源化产品销售。案例1采取种桃户1吨树枝兑换1吨有机肥激励方法，案例2将沼气并入天然气管道输送到周边工业园区、沼渣制成商品有机肥卖给经销商或种植大户、沼液免费供周边国有农场稻田施用，案例3、4的商品有机肥销售给经销商或种植大户。

3. 融资渠道 4个案例的融资渠道中均有第三方机构的社会资本和政府财政资金，这两类资金贯穿项目建设、运营甚至产品销售环节，除此之外，在粪污收集、肥料化产品销售环节也会有养殖户或种植户的资金以"谁受益、谁付费"的方式参与进来。①原始资金投入。案例1、3、4采用政府将财政资金转化为国有资产形式入股，即拨改投方式。而案例2中财政资金介入的方式是以奖代补，即项目建成并运营良好后以奖励方式配给财政资金。其中，拨改投方式能够最大限度提高财政资金的利用效率和杠杆作用，例如案例1中政府参股1‰的理念，案例3中政府购置有机肥处理设备作为国有资产供企业无偿使用，案例4将5 000万元市财政资金作为引导基金发起2亿元规模的产业基金。②粪污收集、转运。除案例1由企业自行承担粪污收集、转运费用外，其他均由养殖户和集中处理中心承担，政府在收集筹建、运输车购置、粪污转销、有机肥施用等方面给予补贴。案例 2 运输 1 吨鸡粪，区政府和镇政府分别补贴 20 元和 10 元，养殖场户支付 10 元，其余由集中处理中心经营者承担；案例 3 规定每辆运输车每年补助 5 000 元燃油费，运输里程在 5 千米以内，每吨鸡粪养殖场户支付 5 元、项目运营者支付 5 元、政府补贴 20～25 元；案例 4 购置沼渣沼液抽运车每辆补助 5 万元，运输 1 吨猪粪，政府补助 15 元、养殖户支付 5 元、有机肥购买者承担 15 元。③肥料施用。为解决粪污资源化"最后一公里"问题，政府往往对有机肥等资源化产品的施用给予补贴。例如案例 3 的种植户使用商品有机肥每吨只需支付 65 元，政府补贴 300 元，案例 4 的种植户，每修建 200 米^3 田间沼液储存池补助 2 万元。

4. 政府监管　4 个案例均选择采用村级日巡查、镇级周检查、区级月督查的三级网格化管理制度，通过经济手段或行政手段动态监督养殖场户的日常治理行为。案例 1 要求村民代表与村集体签协议承诺将果树枝和畜禽粪便送到收集点，否则将受到被计入信用档案、取消低保户待遇和密植补贴（每年 1 500 元）等处罚。案例 2、3 要求养殖场户缴纳环保保证金。案例 4 要求村委会与养殖场户签订污染治理承诺书，将污染治理行为与耕保金挂钩。

5. 成本收益　4 个案例中的集中处理中心均已投产运营，投入总成本相对较大，但收益参差不齐。案例 1 由于下属的菌剂专业合作社尚未投产，无法弥补运营公司的生产成本，由于有机肥均赠送给种桃户，目前暂无收益来源，主要依靠财政项目扶持；案例 2 每年运行成本与天然气销售收益大抵相当，为 750 万元左右，但无法补偿折旧成本；案例 3 的部分营业收入受需肥季节影响而不稳定，辐射面积相对较小，赢利面不大；案例 4 由于成立早、规模大，已经形成稳定的收益。

四、畜禽粪污集中处理模式困境探讨

从案例特征分析中可以看出，畜禽粪污集中处理中心选择的技术方式愈加成熟，多融资渠道形成，PPP 运营机制初步建立，政府网格化管理制度正在发挥效应，环境效益和社会效益开始显现。但是也存在以下问题和困难需要进一步解决：

（一）技术方式

1. 生产方面 除商品有机肥有肥料质量标准外，粪肥、沼肥均没有国家级质量标准，负责监管商品有机肥的土肥站不具有执法职能，加上商品有机肥检测专业性强、抽查成本高，存在有机肥质量难以保障的风险。调研发现，部分地区将沼肥施用于蔬菜和水果，连续滴灌后出现土壤盐渍化和烧苗现象，甚至有农产品重金属超标、抗生素残留等问题，影响农产品质量和销量是种植户施用意愿不强的重要原因之一。

2. 施用方面 没有可推荐的粪肥、沼肥施用技术标准，测土配方施肥技术效益对中小种植户不能明显体现，很多种植户还不能根据种植作物和土地承载力合理施用有机肥，不仅影响农产品产量和质量，也可因超量施用造成二次污染。

（二）运营融资

集中处理模式大多采用第三方机构的社会资本和政府合作的 PPP 运营方式，融资渠道主要依靠政府和社会资本，且财政项目资金仅限于前期起步阶段扶持，一旦财政项目到期，谁来填补这块资金是个问题。案例 2 的集中处理中心由当地政府与国企合作筹建，负责人表示尚未亏损，但是庞大的投资和运营成本，若不是经济实力雄厚的国企支撑将难以维持。案例 4 转运 1 车沼肥（4 米^3）成本约 140 元，其中财政补助资金 60 元、养殖业主承担 20 元、种植业主承担 60 元，财政资金一次性退出后 60 元资金缺口分摊到种植养殖业主势必会影响其积极性

（三）政府监管

1. 土地政策 农用土地属性变更难，在养殖场周边或在农田中修建畜禽粪污短期存储池很难获批，导致需肥淡季畜禽粪污没有去处。案例 3 集中处理中心筹建时正赶上当地最后一批土地属性调整，才获得土地。

2. 监管成本和能力 集中处理模式要考察政府与社会资本之间的

合作协调性、管理机制妥当性，但实践中存在"盲目上马"现象，忽略了项目主体的经营能力和财力、财政资金的阶段性特点（一般 2～3 年）、监管辐射半径长以及长距离运输畜禽粪污可能带来的疫病传播风险。

3. 资源化产品扶持补贴　和前期畜禽粪污处理扶持相比，肥料化、能源化产品的财政资金扶持力度还相对薄弱。案例 2 的沼气发电有补贴（如江苏省每千瓦时补贴 0.15～0.2 元），但并入天然气管道没有补贴。案例 3 进行区域性商品有机肥招投标，种植户购买享受政策优惠，但粪肥和沼肥未列入补贴范围。

（四）成本收益

1. 设施设备投入　集中处理中心多以生产商品有机肥或沼肥等资源化利用程度更高的产品为主，投入成本相对较高。

2. 收集运输　吸粪车（喷污车）等粪污转运机械供给不足，服务组织自筹资金困难，从事畜禽粪污转运和农田喷洒的专业服务组织数量少、兼业程度高，影响畜禽粪污运输的稳定性和持续性。

3. 资源化产品销售　案例 2 在 2014 年选择沼气并入天然气管道，面临立项难度大、价格变动大的问题，当时转化为天然气可卖 3 元/米^3，但到 2017 年 9 月降至 2.2 元/米^3。沼液和粪水等液态肥因田头储存池用地难获取、管道铺设成本高、净化技术成本高等，解决不了"最后一公里"问题，大多数集中处理中心的沼液或粪水只能免费赠送给周边农户。案例 2 希望将沼液制成液态肥，已申请专利，但由于农户相应器械不完善（滴灌或喷施）、使用成本高，推广难度大。

（五）结论与讨论

1. 主要结论

（1）畜禽粪污集中处理模式能够在降低政府监管成本的基础上实现区域内的环境效益和社会效益。该模式在理论上能够实现种养利益主体间紧密的纵向联系和较低的交易成本，在政府监管能力和财政实力暂时无法全面实施普惠制情况下，能集中财力将面源污染转化为点源污染，集中处理，在短时间内实现环境治理的生态效益，第三方机构参与更为专业，但利益主体众多、利益链条复杂，考验项目主体的运营能力和政府的治理监管能力。

（2）技术标准缺失、运营融资难、亏本普遍成主要困境。在技术方面，面临粪肥、沼肥质量标准和施用标准缺少、商品有机肥抽检成本高、测土配方施肥推广缓慢导致的有机肥质量难以保障；在运营融资方面，PPP运营手段需要依靠政府和社会资本共同运作，短期的财政资金扶持、社会资本的运营能力和资金实力能否帮助集中处理中心顺利渡过亏本期，尚难以定论；在赢利方面，该模式需要投入的生产、运输收集成本较高，但资源化利用渠道受运输半径、产品质量、需肥季节、需肥品种、施用方法、施用效果等多种因素影响，经济效益不明显，亏本现象普遍，一时难以脱离财政资金支持独自运营。

（3）资源化产品销售渠道需要政府协助打通。资源化产品销售渠道难打通是集中处理中心赢利难的主要原因，不仅需要政府在消纳用地、沼气发电并网、沼液输送、粪肥收集、有机肥施用方面给予适当的政策优惠，还需县、镇、村三级协作监管，构建网格化管理机制，实现动态监管。

2. 政策建议

（1）畜禽粪污集中处理模式的适用性。在种养承载消纳能力尚不足以平衡情况下，在养殖密集区等畜禽粪污量大的地区由治理能力强的地方政府和资金雄厚的第三方机构合作筹建集中处理中心具有可行性，但面临经济成本、运输半径、疫控风险等现实问题。因此，推广该模式需具备如下社会经济条件：

第一，合理的种养产业结构、专业化程度及产业布局。需要有稳定的粪源和销路，具备规模经济效益、靠近种植密集区域，才能保证集中处理中心持续运营。应统筹考虑资源环境承载能力、畜产品供给保障能力、畜禽粪污资源化利用能力、农作物消纳能力，科学规划畜禽粪污集中处理中心的地址和运输半径。

第二，社会资本需要有项目建设运营的财力和能力。生产出来的畜禽粪污资源化产品，无论是"三沼"、粪肥还是商品有机肥，必须要有较好的销路，其生态价值能够在经济上得到体现，让市场主体获益，才能使集中处理中心在财政补贴退出时能实现可持续运营。而在资源化产品的生态价值尚不能及时转化成经济价值时，需要社会资本具有较高的运营财力和能力。因此，应严格综合考量社会资本的资金实力和运营能力，指导建立和完善合作方资质审批考核标准，提供可参考的畜禽粪污集中处理PPP模式合作方"资质库"，降低"烂尾"风险。

第三，完善的社会化服务组织。每一个畜禽粪污集中处理中心背后都有一套周密的畜禽粪污收集服务体系，这套体系既可以由中心自行出资组建，也可以由社会化服务组织参与。

第四，充分发挥政府扶持监管职能。一是探索政、银、企、社新型利益联结机制。将项目补贴更多投向公益性集中处理中心，配备专业运输车并纳入农机补贴目录，实行商品有机肥普惠性补贴，给予粪肥及沼肥补贴，鼓励国有农场、种植龙头企业、种植专业合作社、种植大户等规模化种植主体优先施用有机肥。二是完善资源化产品的技术标准。规范简易粪肥以及沼肥的生产技术标准，严格限制重金属、抗生素等污染物含量，规范不同有机肥料施用方法和用量标准，提供必要的技术规范培训指导。三是推广区县、镇、村三级实时动态监督的网格化管理。实行村级日巡查、镇级周检查、区县级月督查的常态化监管，采用违规排污罚款、取消养殖补贴等经济手段，约束养殖场户行为。

（2）畜禽粪污治理模式的选择方向。种养直接结合，由养殖场户与周边种植户签订消纳协议就近还田，无论是理论上还是实践中，都属于交易成本相对较低、政府监管成本较低的治理模式，应该是未来主要选择方向。

农业产业化经营组织制度演进下的
农户绿色生产行为研究[①]

刘　帅　沈兴兴　朱守银

作为践行农业绿色发展理念的重要微观载体，农户的行为动机和行为方式一直是学界研究的重要内容。从个体的角度，农户个人或家庭特征会影响其行为选择，这些因素包括收入、年龄、受教育水平等[②]。从理性经济人的角度，农户的行为逻辑往往遵循特定的经济学规律，土地使用权的稳定性、农村雇佣劳动力的成本、相关技能学习的难易程度以及市场交易的不确定性会影响其从事绿色生产的意愿[③]。

一般来说，农户从事有机肥替代、人工除草、残膜捡拾等作业活动，其成本会随着生产过程绿色化程度的增加而边际递增。相比于普通农产品的提供者，绿色农业的实践者往往生产投入更大、获利周期更长、市场风险更高，其行为选择也因此更加谨慎。尽管存在诸多挑战，但自20世纪90年代以来，新型农业经营主体如雨后春笋般出现，带动了一家一户式的中国传统农业经营方式向合作化方向转变，推动了小农户对绿色农业新技术、新模式的使用。这启发了我们以更宏观的视角，深入思考农业产业化经营组织方式对农户绿色行为模式的影响。

我国农业经营组织的主体模式，是以家庭生产经营为基础，按照自愿原则，通过分工协作，把各种生产要素有效组织起来投入农业生产的结果。其主体构成经历了从单个小农户，到"公司＋农户""公司＋合

① 本文得到农业部软科学课题"家庭农场经营行为与政府公共目标的实践偏离及政策优化（D201749）"支持。

② 仇焕广，莫海霞，白军飞，等，2012. 中国农村畜禽粪便处理方式及其影响因素：基于五省调查数据的实证分析 [J]. 中国农村经济 (3)：78-87.

③ 褚彩虹，冯淑怡，张蔚文，2012. 农户采用环境友好型农业技术行为的实证分析：以有机肥与测土配方施肥技术为例 [J]. 中国农村经济 (3)：68-77.

作社＋农户""公司＋社会化服务组织＋家庭农场"的演进过程，其中的每一次变革，对农户的绿色生产行为都产生了深远影响。

一、农村家庭联产承包责任制改革以来，不同时期农业经营组织制度下农户从事绿色生产的行为分析

1978 年家庭联产承包制改革，重新奠定了农户家庭作为农业生产基本单元的地位，极大调动了农户参与农业生产的积极性。但由于长期在有限的土地上种植自己需要的多种作物，农户无法享受专业化分工所带来的好处，生产效率长期处于较低水平①。加之小规模农户在市场经济条件下自我积累能力弱，限制了他们在农产品种植、加工、营销环节的投资②。同时，无力抗拒较大自然灾害的侵袭和市场的风险，加剧了农户生产的反风险倾向，抑制了它们在农业领域的技术创新与制度创新，较难产生促进农业绿色产业发展的内生动力。

20 世纪 90 年代初，山东莱阳等地"龙头企业＋农户"合作经营模式的出现，标志着中国农业走向了合作化的产业经营之路。"龙头企业＋农户"，又被称为"分包制"或"订单农业"，农户家庭分工生产农产品，龙头企业专门从事农产品的加工和销售③。龙头企业由于具有较为雄厚的资金实力，在农产品生产基地建设以及产品加工、包装和销售等方面都可以投入大量资金，通过将先进的绿色种养技术、机器设备和现代管理、经营理念引入农产品生产，加快农业绿色发展的进程④。而针对小农户生产技术的缺乏，龙头企业利用其雄厚的资本建立技术体系，

---

① 咸春龙，2002. 论农业产业化经营与农民组织化问题［J］. 农业经济问题（2）：40-43.

② 朱广其，1996. 农户合作：农业组织化的主体性选择［J］. 经济问题（5）：55-58.

③ 周立群，曹利群，2001. 农村经济组织形态的演变与创新：山东省莱阳市农业产业化调查报告［J］. 经济研究（1）：69-75.

④ 郭晓鸣，廖祖君，2010. 公司领办型合作社的形成机理与制度特征：以四川省邛崃市金利猪业合作社为例［J］. 中国农村观察（5）：50-57.

通过技术人员的派驻，将技术信息、知识和规范传递给小农户①。这一制度安排在很大程度上限制了农产品质量变异的空间，有助于将绿色农业生产引向标准化。

进入 21 世纪，合作社迅速崛起，带动了"龙头企业＋合作社＋农户"合作经营模式的出现。作为龙头企业与农户之间的中介者，合作社为协调农户开展各项生产活动起到了关键作用②：龙头企业通过契约与合作社约定本年度生产的数量、品种及主要品质指标，由合作社把生产任务分解落实到各个农户，农产品生产出来以后，再由合作社组织收购并交付龙头企业。作为当地的种植能手，合作社理事长往往能起到意见领袖的作用，通过率先使用新技术、主动承担潜在风险、充分展示使用效果，让农户更容易接受农业绿色生产技术③。同时，得益于合作社范围内成员间彼此的熟悉，单个农户的行为始终处于合作社成员的观察之下，这保证了合作社能及时制止农户的机会主义行为，确保符合要求的绿色农产品的供给④。

进入新时代，我国农业产业化经营体系又发生了新的变化。传统农户通过适度扩大经营规模，逐步发展成家庭农场。由于拥有更强的信息、资金和技术优势，家庭农场能够更好地理解并执行绿色生产技术标准。通过与家庭农场联合，龙头企业能够以更低的成本促成农业绿色生产。鉴于家庭农场具有较强的谈判能力，因此合作社不再仅仅作为农户利益的代表而存在，逐渐演变成为专门提供专业社会化服务的组织⑤。家庭农场主只要成为合作社的成员，就能够以组织内部分工的形式获得

---

① 洪银兴，郑江淮，2009. 反哺农业的产业组织与市场组织：基于农产品价值链的分析［J］. 管理世界（5）：67 - 79.

② 何秀荣，2009. 公司农场：中国农业微观组织的未来选择？［J］. 中国农村经济（11）：4 - 16.

③ 国鲁来，2003. 农业技术创新诱致的组织制度创新：农民专业协会在农业公共技术创新体系建设中的作用［J］. 中国农村观察（5）：24 - 31.

④ 谭智心，孔祥智，2012. 不完全契约、内部监督与合作社中小社员激励：合作社内部"搭便车"行为分析及其政策含义［J］. 中国农村经济（7）：17 - 28.

⑤ 蔡海龙，2013. 农业产业化经营组织形式及其创新路径［J］. 中国农村经济（11）：4 - 11.

绿色、高效的服务供给。得益于规模化带来的成本优势，这些社会化服务组织可以在标准化、机械化和智能化的道路上走得更远，成为农业绿色生产的重要参与者。

二、现代农业经营组织制度安排下农户绿色生产行为方式的不确定性

现代农业的产业化经营，是各利益相关方围绕如何生产和销售农产品达成的契约关系。稳定和持续的契约关系是组织有效运行的基础。由于现实世界的复杂性和人的有限理性，各缔约方想要签订一个包括对未来任何偶然事件的条款详尽的合约是不可能的[1]。不完全合约下，各利益相关方都有可能利用自己掌握的信息优势，以追求个体利益最大化为目标，作出不利于合作组织总体目标实现的行为选择。

具体到农业绿色生产方面，主要表现在农户不按照技术规程的要求使用有机肥或生物农药，或是在精细化管理方面不愿意执行合作组织的要求。这一现象存在的根源，首先源于企业无法有效监督农户的生产行为。与工业生产不同，农业生产具有季节性特征，加上作业空间的广阔性，使得对农民生产活动努力程度及其劳动成果计量十分困难。人民公社时期，这一矛盾就曾不可避免地导致了"大概工""大呼隆""大锅饭"等平均主义问题，并最终促成了中国农业生产向家庭经营的回归[2]。如今，这一问题同样困扰着现代农业生产企业。为制约农户的机会主义行为，企业能够采取的办法往往十分有限。法律诉讼是解决契约争端的最终途径，但是企业在决定是否对簿公堂，请求第三方规制时，还不得不面临一个十分棘手的成本与效益权衡的问题。

事实上，作为有着共同利益追求的主体，企业与农户或许能够在农业绿色生产的方向性问题上达成一致，但这无法排除部分农户出现"搭

---

① 黄祖辉，王祖锁，2002. 从不完全合约看农业产业化经营的组织方式 [J]. 农业经济问题（3）：29－32.

② 陈锡文，罗丹，张征，2018. 中国农村改革 40 年 [M]. 北京：人民出版社.

便车"的心理。这些农户希望企业或别的农户为产品品牌的打造付出更多的努力，而自己则可以坐享其成。然而，当组织内更多人持有"搭便车"的心理时，组织目标根本无法实现。

另一方面，对企业的不信任也是农户不愿意为农业绿色生产增加投入的原因。在以企业为主导的经营组织中，农产品生产和销售计划的制定由企业作出。但考虑到农业生产和市场行情的不确定性，企业存在无法按照契约规定进行产品收购的可能。这时，农户在向企业提供绿色农产品时，会面临不收购或压级收购的问题。鉴于农户在谈判中所处的被动和弱势地位，不难理解农户减少投入以规避违约风险的行为动机。

再者，农业生产具有资产专用性强的特征，这令组织各方在农业绿色投资问题上更加小心谨慎。农业生产活动中，化肥、农药、农业机械、设施及种养知识都是专用性的投资。考虑到合约的不完全性，这些专用性将成为农业生产交易各方"敲竹杠"问题的根源。现实中，企业或农户都可能成为"敲竹杠"的一方。当企业一方进行更多的专用性资产投资时，企业就将更多地面临被套牢风险，农户亦然。例如，企业在绿色产品品牌打造和销售渠道维护方面进行的投资就具有较强的资产专用性，一旦农户决定将绿色产品另售他人，企业在销售端的投资将悉数"打水漂"。为应对这种不利局面，企业的策略是鼓励农户更多地进行事前投资，而作为剩余索取权和再谈判地位低下的一方，农户天然不具备进行专用性投资的积极性。在不完全合约背景下，因资产专用性而产生的矛盾是企业与农户双方博弈的焦点，导致对农业绿色生产的投资不足。

三、现代农业经营组织对农户绿色生产的行为管控

面对潜在的不确定性因素，为尽可能约束农户行为，使之作出与组织目标相一致的行为选择，经营组织需要通过实施一系列的制度安排，确保组织运行的稳定性和持续性。实践中，经营组织会通过农资供应、技术指导、代耕代种、产品分级等方式，直接或间接介入到农户的生产

活动中。这几种管控方式，按照作用阶段的不同可分为前端控制、过程控制和结果控制等。

前端控制，这里指合作组织通过直接向农户提供种子、肥料和农药，替代农户自行购买农资的行为方式。前端控制有助于企业以更低的监督成本实现农业绿色生产的组织目标。为鼓励农户更多使用这些农资产品，企业为农户提供了诸多优惠措施，包括价格、贷款或结算方式上的优惠等。前端控制实施的主要障碍在于前期推广难度大，在某些情况下，为消除农户的犹豫心理，企业会以极低的价格向农户推销有机肥或生物农药，但却免不了出现农户转卖这些农用物资的情况。

过程控制，这里指合作组织通过为农户提供播种、施肥和植保服务，直接参与田间管理的行为方式。过程控制是一种介入程度更深的管控方式，有助于企业将农户不按规程开展农业生产的不确定性降到最低。过程控制的有效执行，有时需要依靠社会化服务组织的参与。社会化服务组织通过在连片土地上开展规模化作业，能够在显著提升作业质量的同时，将作业成本降到最低。过程控制实施的主要障碍，在于并非所有的农业生产过程都适合于开展托管作业。对于蔬菜、杂粮等高度依赖家庭作为主要生产单元的作物品种，企业要想全方位介入其生产过程，只能采用大量招募产业工人的方式，这必然导致监督成本的大幅上升和执行效果的下降。

结果控制，这里指合作组织通过对农户所交付农产品进行质量控制，来倒逼农户改变其生产行为的管控方式。结果控制不要求企业直接参与农户的生产过程，而只要做好产品端的管控即可。结果控制，需要企业建立较为完备的产品质量分级体系，具备对产品外观、色泽、大小、甜度、农药残留等关键指标的检测能力，并有与质量体系相适应的价格收购方案。对于品级更好的农产品，企业除支付更高的收购价格外，还会与生产者达成更多的合作协议，而对于质量始终无法达到最低标准的农户，则有可能与之解除合作关系。结果管控的优势在于只需要向农户进行一个经济激励，就可以预期对方作出行为上的改变，在整个过程中，企业都不需要承担太大的管控风险。

四、农户绿色生产行为管控策略有效执行的关键因素

现代农业经营组织对农户绿色生产行为的管控策略，按照对农户行为的介入程度，从弱到强依次是结果控制、前端控制和过程控制。实践中，合作组织需要综合多种因素以决定采取何种管控策略。其中，农作物本身的属性特征、合作组织的经营能力，以及农户对合作组织的信任程度等，将最终影响到经营组织对农户绿色生产行为管控策略的有效执行。

1. 农作物本身的属性特征 从农作物种植过程对家庭经营的依赖程度看，有的是高度依赖型，有的则可以通过某些形式的专业化分工由社会或企业承担。瓜果、蔬菜、杂粮等绿色农产品的生产，由于更强调精细化管理，对家庭经营的依赖程度更强。对于这类产品生产的行为管控，更适宜采用前端控制或结果控制等干预程度较小的管控策略。家庭经营确保了生产者能够对绿色农产品种植的全过程负责，而农民最突出的优秀品格，就是他能够对他所从事的生产具有高度的责任心，无论自然环境发生变化，无论白天还是黑夜，无论工作日还是假日，只要他的产品有需要，他都会竭尽全力地付出他的劳动，以保证他的作物能够更好地生长。加之草莓、葡萄等绿色农产品往往市场价格不菲，安排更信得过家庭内成员进行采摘也避免了需要时刻监督的麻烦。

相对而言，玉米、小麦的种植者更容易接受合作组织提供的各类生产性服务。由于基本实现了全程机械化作业，因此只要操作得当，在种植过程中一般不会出现较大的质量问题，从而避免了过于高昂的对作业工人的监督成本。对玉米、小麦种植实施全过程管控，不至于让农户产生过度的担忧情绪，有利于企业更加容易地实现其标准化种植的组织目标。

2. 合作组织的经营能力 合作组织的经营能力包括其赢利能力、资金投入和经营规模。

首先，赢利能力是合作组织顺利推行各种管控策略的前提。农户是具有独立进行生产经营活动能力的个体，当农户选择加入某个合作组织

以后，其独立决策的权利部分让渡给了合作组织。为此，合作组织需要向农户提供更高的收入或更低的风险，作为对自由决策权的交换。由于绿色农业在生产成本和市场风险方面均显著高于普通农产品，因此，除非合作组织具有很强的赢利能力，否则不足以对农户产生足够的吸引力。尤其当合作组织想要更大程度地介入农户的生产过程时，农户对潜在的经营风险就会越敏感，所希望获得的额外收入也会越高。

其次，充足的资金投入是合作组织有效执行各种管控策略的基础。前端控制方面，为鼓励农户更多使用合作组织推荐的农资产品，企业会为农户提供诸多优惠，除更低的价格外，还包括贷款或结算方式上的便利，不少企业允许农户等到产品收购完成以后再结清农资款，这很大程度上考验了企业对资金的融通能力。过程控制方面，为向农户提供播种、施肥和植保服务，企业需要雇用大量的产业工人，并安排专门的机械完成作业，同样也极大考验了企业的融资能力。结果控制方面，企业需要建立相对完备的产品质量分级体系，根据产品的外观、色泽、大小、甜度、农药残留等指标完成筛选与分级。为此，企业需装备相应的产品分级设备，而这些设备通常都比较专业，尤其涉及甜度、农药残留等指标的设备，价格更是不菲。一台具备瑕疵分选能力和内部品质（糖度和酸度）无损检测能力的脐橙分选设备售价可达十万元以上，只有资金雄厚的规模以上企业才有能力购买。

最后，经营规模是合作组织降低管控成本的砝码。在适合的经营规模条件下，合作组织可以实现对各种生产要素的最优组合和有效运行，取得最佳的经济效益。以某企业面向农户提供的植保服务为例，每完成一次喷药作业，企业的技术工人需要首先用货车将机械设备装运上车，开到作业地块，完成作业后再开至下一地块继续作业，直到一天的作业结束后再将货车开回企业。除开喷药作业时间，工人在企业和作业点、各个作业点之间的时间花费被称为转场时间。当喷药作业面积较小时，工人需要更加频繁地装卸和运输设备，转场时间的占比将大幅上升，严重影响工人的作业效率。要达到更高的作业效率，理想的作业面积是工人达到作业点后，刚好可以用一整天的时间完成作业，此时工人的转场作业时间占比最小。假设一个技术工人的作业能力是 200 亩/天，那么

200亩就是该技术工人及其机械设备对应的最适经营规模，在这一规模下作业，企业所提供的植保服务亩均成本最低。

3. 农户对合作组织的信任程度 作为避险情绪较高和再谈判地位低下的一方，农户天然地对合作组织怀有不信任。尤其对于绿色农业这种前期投入较大的生产活动而言，农户的行为选择会更加谨慎。有时，农户会采取"边走边看"的行为策略，在选择性地接受合作组织对其行为管控的同时，也部分保留自我决策的权利，从而在开展绿色农业的"高风险"和从事普通农产品生产的"低风险"间寻找平衡。直到合作组织充分争取到农户对其的信任，农户才有可能更多地接受合作组织的管控方案。

对于增强农户对合作组织的信任程度，一是可以通过实施一系列的制度安排，赋予农户更多的剩余控制权，以此激发农户参与的积极性。所谓剩余控制权，是指在不完全契约下，对初始契约没有明确规定的或然事件出现时作出相应决策的权利。拥有更多的剩余控制权，意味着农户再谈判地位的上升，在市场行情低迷或其他不确定因素发生的情况下，有能力对抗企业单方面压级、压价或撕毁订单的行为。例如一些企业在与农户建立订单收购关系的同时，也允许农户自行开拓销售渠道，并为其提供文案支持以及品牌授权等，这使得农户得以在不违背契约的前提下，拥有更加灵活处置自己生产经营成果的权利，从而具备对不确定因素的应对能力，因而也更愿意增加对绿色农业的专用性投资。

同时，合作组织还应积极融入所处的农村熟人社会。在农业经济活动中，农户的行为选择除受自身利益驱动外，还受到诸如文化、观念、习惯等社会因素的影响。族亲、邻里、乡贤在引导农户行为方面，能够起到表率与示范作用。企业通过融入农村熟人社会，有助于与农户开展良性互动。一些时候，企业负责人本身就是乡里土生土长的村民，这为相关措施的推行提供了情感基础；另一些时候，企业则需要更多地借助对当地村民打"感情牌"。如某企业在向农户推广其植保业务时，最初面临有大量农户需要说服的难题。这时该企业想到了借助当地村妇女干部的力量，这些农村妇女平时这家门串那家门、聊天唠嗑，十分乐意也擅长处理这类乡村事务。为此，企业负责人首先联系了各乡镇妇联，召集全县妇女干部参加培训，与其中150个村的妇女干部建立了长期利益关系，将她们发展成为企业在村里的联络员。这些妇女干部充分发挥其熟人优势，对村民逐一击破，实现了既定的组织目标。不但如此，该企业还利用村妇女干部在当地物色拖拉机手，发展成为组织的技术工人，一来作为本村村民，对村里土地平整和归属情况更加了解，方便开展作业；二来与村民们彼此熟悉，有热情将事情做好，以维护自己在村里的声望；三来村妇女干部会跟随下地，方便监督和避免矛盾。

五、现代农业经营组织农户绿色生产行为演进中农业社会化服务组织的作用发挥

进入新时代，我国农业产业化经营体系又发生了新的变化，农业社会化服务组织快速兴起，是农业产业内部分工不断深入的重要标志。更加细化的专业化分工有助于提高农业生产效率，为合作组织各项管控策略的有效执行提供资金、技术和规模等方面的支撑。社会化服务组织需要在行为方式上，尽可能代表合作组织的意愿，为合作组织各项管控策略的执行提供更加灵活的运行机制。

首先，农业社会化服务的提供是合作组织各项管控策略在社会化分工方向的延伸。农业社会化服务的提供是建立在社会化分工基础上的，所谓"服务"，是一个与"生产"相对应的概念。一个部门通常把由本部门完成的生产环节叫作生产，把由其他部门完成的前向生产环节和后向生产环节叫作服务[①]。合作组织将原本在组织内部完成的生产环节交由农业社会化服务组织完成，可以理解为是企业内分工向社会化分工的转变。合作组织与农业社会化服务组织建立"委托—代理"关系，后者在行为方式上需要严格按照合作组织的意志，代表合作组织执行对农户的行为管控。

其次，农业社会化服务的提供可以提升合作组织各项管控策略的执

---

① 龚道广，2000. 农业社会化服务的一般理论及其对农户选择的应用分析 [J]. 中国农村观察（6）：25-34.

行效率。一方面，受资金、技术和规模等因素的限制，合作组织有时并不能有效执行其管控策略；另一方面，专业化分工可以提高农业生产效率。农业社会化服务的产生和发展源于技术上的可分性，一个农产品生产总过程可分为几种操作，而这些操作的最适生产规模通常是不相同的，以小麦种植为例，1台喷药机1天能完成作业200亩，那么200亩就是这一操作对应的最适生产规模；到了收割季节，1台联合收割机1天能完成作业150亩，那么150亩就是收割操作对应的最适生产规模。假定实际小麦的种植规模达到了前一种操作的最适生产规模，那么后一种操作就没有达到最适生产规模，这增加了小麦在收获环节的单位生产成本。这时，合作组织可以选择自己完成前一项操作，而将收割的操作交由农业社会化服务组织去完成。倘若合作组织将操作分离出去所获得的生产成本的减少，能够抵消接受社会化服务所带来的交易成本的增加，则农业社会化服务的提供是有助于效率提升的。随着技术的进步，农业生产总过程的可分性还会不断增加，社会化服务组织也将更多地承接合作组织对其各项管控策略所涉及生产环节的持续转移。

最后，农业社会化服务的提供应当有助于为合作组织各项管控策略的执行提供更加灵活的运行机制。随着专业化分工越来越细，合作组织需要更多地与农业社会化服务组织通过交易来完成对要素的融合，由此产生了交易费用。需要通过降低交易费用来提升合作组织在寻求农业社会化服务时的运行效率。实践中，合作组织可以把农业生产环节委托给其中一家社会化服务组织，也可以委托给若干家不同的社会化服务组织，后者能够更好达成农业生产各个环节所要求的最适生产规模，但在交易对象与交易频率上多于前者，需要合作组织权衡考虑。虽然交易费用提高，但在另一个层面，社会化服务组织却也能扮演合作组织与农户间的"润滑剂"，当服务提供出现质量问题时，合作组织和农户可以同社会化服务组织进行沟通、纠偏与更换，避免发生农户对合作组织的信任危机。再者，不少地方的社会化服务组织原本由过去的农民合作社演变而来，能继续代表农户利益，选择由这类社会化服务组织执行合作组织的管控策略，农户对其信任程度高，实施起来更加容易。

六、政府在引导现代农业经营组织农户绿色生产行为中的作用

适合的政策环境，是现代农业经营组织良好运行的制度保证。政府在资金上满足合作组织对启动资金和资金周转的需要，以及从工商登记、注册和税收等方面为合作组织提供方便，将有利于合作组织各项业务的开展[①]。从制度层面讲，有以下几点：

1. 遵循合作自愿原则　农户与企业的自愿一致行为是组织建立和运行的基础，政府的作用在于促进这种自愿一致行为的达成，而不是代替农户和企业作出决策[②]。在一个运行良好的合作组织中，农户具有充分的自我选择权，可以自由决定加入或退出组织。这种自由进出的权利，有利于提高农户在合作组织中的再谈判地位，争取更多的剩余控制权，提高它们进行专用性资产投资的积极性，更好地融入合作组织的标准化生产体系之中[③]。另一方面，企业从事绿色农产品的生产和销售，面临更高的生产成本和更大的市场风险。因而在选择合作对象时，也十分看重农户对绿色生产技术规程的执行能力，这与农户的种植经验、投资能力和对新技术的接受水平等因素有关。与谁或者不与谁建立合作关系，以及建立什么样的合作关系，这些决定需要由农户与企业自行作出。

2. 坚持家庭经营的基础性地位　纵向一体化是我国农业经营组织制度演进的重要方向。在这一过程中，企业通过强化内部治理，更深地介入到农民的生产活动中，推动了农业生产的标准化。然而，在一些时候，企业并没有很好地根据实际情况选择最为合适的管控策略，乃至于采取自建基地的方式，通过雇用当地农民开展生产。由于无法对作业工

---

①　蒋永穆，高杰，2012. 我国农业产业化经营组织的形成路径及动因分析 [J]. 探索（3）：105 - 109.

②　杜吟棠，2005. 农业产业化经营和农民组织创新对农民收入的影响 [J]. 中国农村观察（3）：11 - 20.

③　林毅夫，1994. 制度、技术与中国农业发展 [M]. 上海：三联书店.

人进行有效监督，这种模式对于更强调精细化管理的瓜果、蔬菜和杂粮种植过程而言是低效的。家庭经营使得农民能够对生产的全过程负责，促使他尽心尽力地把每个生产环节都做到他能够达到的最高水平。现阶段，家庭经营仍是农业合作经营框架下企业对农户绿色生产行为进行有效管理的基础和前提，是政府需要予以维护的。

3. 提供互补性的制度安排　政府的互补性安排在提高组织协调能力、弥补组织缺陷和降低交易成本方面可以起到十分重要的作用。首先，政府可以促进农户和企业间的沟通，帮助农户更好理解绿色农业生产技术规程的具体要求。以政府信誉提供担保，可以提高合作组织各方的信任程度，加快组织的形成速度。此外，政府还可以通过提供第三方检测、产品质量追溯和其他必要的公共服务，为企业相关标准的有效执行提供技术支持。这里，要强调村集体的作用，一个富有活力的村集体能够在土地流转、技术推广、标准执行、矛盾化解等方面为合作组织提供非常有力的支持，成为稳定组织各方契约关系最重要的力量。

七、结语

告别了一家一户式的传统农业经营方式，组织化、规模化、市场化是我国现代农业经营体系的演进方向。在坚持自愿和家庭经营的前提下，小农户通过加入农业产业化经营组织，实现了与现代农业的有机衔接。在合作经营的组织框架下，农户根据合同要求承担农产品的生产任务，执行企业规定的生产标准或产品质量标准。其绿色生产行为不仅受个人和家庭因素的驱动，还是经营组织内部各方博弈的结果。通过比较不同主体构成、利益关系和治理模式下农户的行为模式，可以揭示农业产业化经营组织制度演进对农户绿色生产行为的深远影响。良好的内部治理结构和外部制度环境是组织顺畅运行的关键，积极的做法是提高农户目标与组织目标的契合程度，采取更加合适的管控策略，充分利用社会化分工的力量，以及发挥农村熟人社会和政府互补性制度供给在协调农户执行企业绿色生产技术规程方面的正向作用。

农村人居环境整治要"面子"更要"里子"

——基于山东省安丘市大盛镇
娄家庄村的调研思考

娄凯强

改善农村人居环境，建设美丽宜居乡村，是实施乡村振兴战略的一项重要任务，事关广大农民根本福祉和农村社会文明和谐。山东省各地区各部门认真贯彻党中央、国务院决策部署，把改善农村人居环境作为实施乡村振兴战略的重要内容，大力推进农村基础设施建设和城乡基本公共服务均等化，农村人居环境建设取得显著成效。春节期间，围绕村容村貌整治提升、生活垃圾治理、厕所改造等重点任务，笔者通过走访村域、入户座谈、村委会调研等多种形式，对娄家庄村这一传统北方村落农村人居环境整治有了深入的认识，对娄家庄村村容村貌治理所面临问题进行了认真思考，并提出了对策建议。

一、村域人居环境整治基本情况："面儿"靓

娄家庄村位于安丘市西部，大盛镇东部，距市中心 30 千米。面积 4 千米^2，登记在册 426 户，人口 1 428 人（2012 年），其中娄氏占比达 98%，建村 1 000 年，村中沿袭"设宗祠、修族谱"旧制，属于典型的中国北方传统单一姓氏宗族村落，村中 40 岁以下人口占 40%，人力资源相对丰富，外出务工、求学人数占全村总人数 20%。村域山区、丘陵、平原地各占 1/3；属暖温带大陆性季风气候，半湿润区，发展农、林、果、畜牧业条件优越。省道下（关）小（关）公路贯穿村中，交通便利。作为本镇重要的民营经济小区，各类民营企业 10 余家，家庭作坊 10 余户，其他餐饮、住宿、超市等机构 20 余家，全村人均年收入达

3万元①。依托好的政策、便捷的交通以及本村良好的经济发展水平，娄家庄村人居环境整治工作也取得了很大进展。

1. 改掉土茅房、旱厕，村庄变得更环保 "一个土坑两块砖，三尺土墙围半边。猪拱鸡挠粪满地，蚊蝇成群臭熏天。"这曾是以前农村老百姓厕所的真实写照。2016年5月10日，潍坊市人民政府办公室下发了《关于印发全市推进农村改厕工作实施方案的通知》，安丘市迅速建立政府统一领导、公共财政扶持、专业服务相结合的推进体制，实行市、镇、社区三级联动、分级负责。娄家庄村于2018年底完成了全村厕所改造工程。通过调研了解到，每户改厕约需1 000元，省每户补助300元，市、县两级原则上分别按不低于省级资金同等规模进行补助。"改造一间水冲厕所，基本不用群众自己花钱。"政府保基本，负担包括便盆、化粪池还有施工费用等。实现了农村无害化卫生厕所基本覆盖。"干净又整洁，上厕所方便卫生，在城里上班的儿子儿媳都愿意回家了。"村里的大爷都不住感叹。

2. 大拆土房、危房，村庄变得更整齐 2016年，村里进行异地搬迁进楼民主意见表决，近半数村民反对住进楼房。2017年，按照市镇两级政府统筹安排，村里进行村落原址修复建设，对村中老旧房屋、土房、危房进行建设改造。在尊重农民意愿的基础上，拆危房、建新房，目前全村房屋基本实现纵横交替、整齐建筑。村"两委"组织专人对全村房屋进行登记，张挂门牌号，实现了村落精准管理，村里变得更加整齐。

3. 广修新路、垃圾站，村庄变得更漂亮 长期以来，道路与生活垃圾是困扰村民生活的两大难题，道路问题尤其是在雨天和晚上显得格外突出：雨天土路泥泞，走路困难；夜晚无灯，走路也困难。在村头、路边、河渠、沟塘等区域积存了大量的生活垃圾，家家户户垃圾习惯往沟里塘里倾倒，一到夏天臭味熏天，既不美观也不卫生。最近几年，村里整合资金，不但把道路两侧的垃圾全都清理干净了，家家户户门前安置垃圾桶，还以小组为单位，设置了10个卫生区域小组，定期巡查清扫垃圾，有专门的车辆来回收。"处理生活垃圾，城市乡村一个样，咱

---

① 信息来源于娄家庄村村民委员统计材料以及大盛镇政府网站信息。

村不比城市差。"村里大娘满怀欣喜地跟我说道。自 2014 年 3 月起，山东实施城乡环卫一体化行动，探索形成"户集、村收、镇运、县处理"城乡环卫一体化垃圾处理模式①。针对道路问题，村里把村中所有道路进行硬化处理，安置路灯，道路两侧种植绿化树木，环境得到了极大改善。

4. 大建休闲广场、文体中心，村庄变得更文化 在过去，农民闲时的娱乐消遣活动匮乏，打牌搓麻将赌博还一直存在。村里缺乏像样的活动场所与设施。2018 年新一届村"两委"班子上任后，整合资金，在全村修建休闲广场 3 处，安装健身设施，建露天篮球场、乒乓球场；整合废弃小学教学楼资源，新修文体中心图书室、老年活动中心、医务室；成立娄家庄村传统民俗活动小组，修缮族谱、组织秧歌队。现在村民有了自己的活动场所与组织，整个村里的文化气息浓厚了起来。这次回村，可以看到青少年在篮球场上飞驰，可以看到老年活动室人头攒动，可以看到秧歌队排练热火朝天，可以看到农技图书室一群庄稼汉讨论着明年怎么干。随便拽一个人问他对乡村振兴怎么看，都给你说得头头是道。

二、村域人居环境整治面临问题："里儿"薄

虽然目前村里在人居环境整治各方面取得了不错的成绩，但是通过调研来看，目前仍然存在一些亟须改善的问题：

1. 持续管理缺乏统筹，服务保障困难比较严重 在村庄整治管理过程中，目前村里缺乏专业的机构与人员，这也是目前当地村庄普遍存在的一个问题。例如，厕所修建好后，无法有效地进行管理，厕所出现问题，村里没有应急人员处置。目前安装的厕所硬件也存在一些问题：质量不达标，一年损坏率较高，应对恶劣天气的技术也不过关，北方农村冬季较为寒冷，厕所无法使用的问题没有得到有效解决。"厕所都冻住了，不能用，我烧热水是伺候人的，咋还能去伺候厕所。"邻居大妈向我吐槽。垃圾清理方面，固定的倾倒日期在执行过程中存在偏差，往

---

① 春庆，丽华，广荣，等，2007. 垃圾处理，咱和城里一个样［N］. 烟台日报，06-15（07）.

往在桶满后很久都得不到有效清理；绿化植物也经常出现被破坏后得不到有效补植；道路损坏后也得不到有效修补。在咨询村"两委"负责同志后，得到的答复是"你说的这都是问题，但是我们资金太缺乏"。

2. 环境整治缺乏深入，面上工程依然存在　　在村里走访时依旧能够感受到，硬化道路旁的房屋以及周边环境较为整齐，在村里背街位置，仍然发现部分房屋没有进行良好修缮。这次春节回家，村里取暖依旧以采用煤炭取暖为主（图 1），既浪费煤又污染环境，取暖效果也不甚理想[①]。

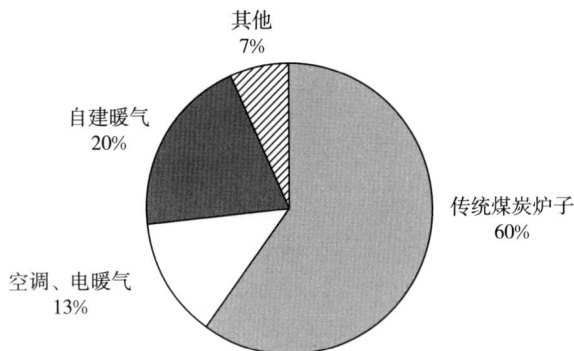

图 1　冬季取暖方式

在村中发现部分居民厕所安装不彻底现象：屋外是厕所外置装置，屋内没有作任何连接，依旧保持原来面貌，出现"猪圈厕所"现象——部分农户在猪圈外修了厕所外置装置。这样的问题在村委会没有得到有效答复。

3. 村民思想提升还需加强，避邻破窗现象严重　　村里事务细小繁杂，村民思想守旧认死理还是一种普遍现象。垃圾处理临时点设置便出现了问题，大家互不相让，不能离自己近成了死守的理，出现了多次大闹村委会现象。再比如，厕所抽粪需要交一定的费用，每年 70 元，钱不多，但在村里却成了一个难题。有些"聪明"的人把厕所排放桶自行打上孔，任由渗透到地下也不愿掏钱。与村党支部书记聊天时，他频频摇头："村里就这样，需要慢慢改。"

---

① 统计数据源于村民抽样调查，数据结果得到村党支部书记认可。

三、村域人居环境整治思考建议：精细

如何更好地实现村里人居环境大变样，做到"面子靓""里子厚"？通过调研，笔者认为要做好以下几个方面：

1. 保障上要注重开拓范围　人居环境整治的关键点在于"钱""人"两个方面。一味靠上级政府不是长久之计。要发挥村民主体地位，多种方式多途径筹措资金、人才是解决当前村里问题的重中之重。首先，建议镇政府统筹，以在村企业、农民为主体，科学合理制定资金筹措机制；其次，在条件成熟后村里创办相应的公益性企业，所获收入用于村里公共服务，确保美丽乡村建设好，并且维持发展下去。

2. 手段上要跟上时代节拍　在微信、支付宝畅通的时代，村中人居环境整治手段也必须跟上时代的潮流。要利用新的方式方法做好宣传推广工作，倡导新风尚；要引进竞标机制，遴选质量过硬、价格公道的环卫建材；要引入专业的垃圾处理公司；要推行新的监督机制，制定新的村规民约，引导广大群众真正投身到家乡建设当中。

3. 思想上要抓住百姓真心　要抓住带头示范户建设，瞄准老百姓心理，做好思想动员工作，稳步提升村民觉悟。尤其是在宗族村落，要格外注重好发挥宗族长者作用，示范效果更加明显。在推行相应政策前，要与村民进行充分有效沟通，确保信息阳光透明，提升村干部公信力，用真情换真心。

4. 范围上要锚定全面覆盖　村庄环境整治必须要坚持公开公平公正原则，不能搞特殊化。在农村小社会群体，只有公平公正，政策才能够得到有效施行，所以在整治范围上必须锚定全村覆盖，不能厚此薄彼。

"暖暖远人村，依依墟里烟。"美丽乡村不仅具有经济价值和生态价值，还具有社会价值和文化价值。改善农村人居环境，是让美丽乡村成为美丽中国底色的扎实一步。因此必须稳扎稳打，干一件成一件，直面问题、改进措施，有序推进农村人居环境突出问题治理，"面儿靓""里儿厚"，让农民群众有更多实实在在的获得感、幸福感，期待家乡娄家庄村的未来有更好的发展。

农业农村法治

乡村振兴促进法的立法定位与立法模式探讨

杨东霞　　刘齐齐

以乡村振兴战略统领国家现代化进程中的农业农村发展，是解决我国发展不平衡不充分问题、满足人民日益增长的美好生活需要的有力抓手。通过制定乡村振兴促进法，可以将行之有效的乡村振兴政策法定化，以加强制度供给，加快各类资源要素向农业农村倾斜。充分发挥立法在乡村振兴中的保障和推动作用，确保各项投入和措施落实到位，是乡村振兴立法的题中应有之义。

一、乡村振兴促进法立法背景

当前，我国社会的主要矛盾已经转化为人民日益增长的美好生活需要和不平衡不充分发展之间的矛盾，而这种不平衡不充分在农业农村发展上主要体现在以下方面：

1. 乡村"空心化"和老龄化现象比较普遍　由于市场机制的作用与城乡二元体制的运行惯性的相互影响，农村资源要素向城市集聚，大量人口向城市流动。在广大中西部地区，大量青壮年劳动力外出，农村人口结构发生了很大变化，农业从业人员老龄化现象日益突出。据统计，当前农业从业人员约为 2.15 亿，较 2000 年减少 40%，平均年龄约 50 岁，而 60 岁以上的超过 24%。另据统计，农村留守儿童、留守妇女、留守老人超过 1.5 亿人。从实际情况来看，现有的农村人口科学文化素质又远远不能适应农业农村发展的需要。

2. 集体经济薄弱，资金供给不足　根据农业农村部的统计，截至2018 年底，全国农村集体资产总额是 4.24 万亿元（不包括土地等资源性资产），经营收益 5 万元以上的村 19.9 万个，占总数的 36.5%；集体没有经营收益的"空壳村"19.5 万多个，占总数的 35.8%；经营收益在 5 万元以下的村有 15.2 万个，占总数的 27.9%。另外，总体上农村发展水平比较低，自我积累能力有限，加上投融资渠道不畅，资金有效供给不足。

3. 农村基础设施不完善，公共服务严重滞后 据统计，目前大约有 3 万个行政村没有通宽带，2 000 个左右村没有通路通电，超过 45% 的自然村饮用水没有经过净化处理。全国企业退休人员月均基本养老金 2 362 元，而农村居民领取的养老金月人均只有 117 元，还有 1.5 亿农民游离于基本养老保险之外。政府的农村人均卫生支出仅为城市的 35% 左右，农民因病致贫或放弃大病治疗的现象仍然存在。城镇的学前教育已经普及，但全国 56 万个村中只有 15.5 万所幼儿园。这一状况亟待扭转。

4. 农民增收难度日益加大 虽然城乡居民收入差距在不断缩小，但农民收入的增加主要不依靠农业农村，而是高度依赖于农业农村之外的城市产业支撑。长期来看，这种增收模式具有不可持续性，由于农村没有坚实的产业支撑，缺乏足够的就业岗位，很容易造成农村的衰落和凋敝[①]。

城乡发展不平衡已经成为制约我国社会主义现代化发展的短板，迫切需要实施乡村振兴战略，缩小城乡区域发展差距和居民基本生活水平差距，实现城乡基本公共服务均等化，促进乡村全面发展。自党的十九大报告提出实施乡村振兴战略以来，2018 年中央 1 号文件提出制定乡村振兴法，把行之有效的乡村振兴政策法定化，充分发挥立法在乡村振兴中的保障和推动作用。2018 年 7 月，十三届全国人大常委会启动了乡村振兴法的立法程序，制定乡村振兴促进法成为立法机关的一项重要工作。

二、乡村振兴促进法的立法定位

科学的立法定位是立法框架设计的前提条件，为立法的制度设计提

---

① 魏后凯，2018. 实施乡村振兴战略目标及难点 [J]. 社会发展研究 (1)：2 - 8.

供法理上的依据①。立法初期，为了保障乡村振兴战略的有效实施，应当明确乡村振兴促进法的立法定位。

1. 乡村振兴促进法应当定位为涉农法律体系的基本法　乡村振兴战略是一个内涵丰富的综合性大战略。实施乡村振兴的总要求是"产业兴旺、生态宜居、乡风文明、治理有效、生活富裕"。乡村振兴不仅指产业的振兴，而且还包括生态振兴、文化振兴和组织振兴。我国现有的涉农法律体系虽然已经形成，但涵盖范围以农业为主，颁行多年的农业法是以农业和农村经济为调整对象的法律，而涉及乡村发展的其他方面的立法则处于空白状态，现行有效的《农业法》还不能称为三农领域的基本法。因此，需要制定一部在三农领域发挥引领作用的基本法。将乡村振兴促进法定位为涉农领域的基本法，对于推动农业全面升级、农村全面进步、农民全面发展，具有重要的现实意义。

2. 乡村振兴促进法是促进城乡融合发展的法律　新中国成立以来，城乡不平等的制度安排给乡村发展造成了负面影响，生产要素从乡村向城市的单向流动，导致城乡发展的不平衡。我国现有的法律体系仍然以城市为主导而忽视了城乡的平等性。因此，乡村振兴促进法要从城乡平等出发，建立促进城乡要素自由流动、平等交换和公共资源均衡配置的法律制度，为农业农村发展提供全方位、系统、稳定的制度保障。

3. 乡村振兴促进法是促进农业农村优先发展的法律　实施乡村振兴战略，从产业振兴、文化发展、组织振兴到人居环境改善，都需要投入大量的资金。然而，农业投入、农村金融支持、农业补贴等重要的支持保护措施尚无专门立法，有关规定散见于不同法律法规及大量文件中，而且这些措施不仅"少"，还比较"虚"，鼓励性、倡导性条文多，刚性规定较少，随之也带来了文件和法律法规对有关部门和地方政府约束"软"的问题。另外，现行文件和法律法规对有关部门和地方政府不履行职能的行为基本上缺乏具体可行的问责措施，导致很多规定难以有效落实。总体来看，现行涉农法律体系对农业农村优先发展理念的体现

---

① 代水平，高宇，2019.《乡村振兴法》立法：功能定位、模式选择与实现路径[J]. 西北大学学报（哲学社会科学版），49（2）：20.

较弱，与实施乡村振兴战略、加快推进农业农村现代化的现实要求尚有差距。鉴于此，乡村振兴促进法应当促进农业农村优先发展，将近年来行之有效的具体政策上升为法律，在人、财、物等方面优先保障农业农村发展，特别是财政支农投入方面要作出刚性规定，并明确相应的法律责任，优先保证农业农村领域的支出，并建立行之有效的监督机制①。

三、乡村振兴促进法的立法模式选择

乡村振兴促进法的立法模式整体上有两种：第一种为内容全面、详尽、高度综合性的"法典型立法"的模式；第二种为内容不太精细、查漏补缺、与其他法律协同发挥作用、具有基础性地位的"框架型立法"模式。

"法典型立法"模式和"框架型立法"模式各有特色，关键是要看立法时机是否合适，特别是与经济社会发展的条件是否相适应。从实际情况出发，乡村振兴促进法应当选择"框架型立法"模式。首先，我国现阶段涉农法律体系已经基本建立，有些制度已经在农业法或是颁布的单行法中作出规定，比如农村土地承包制度、农产品质量安全等，没有必要在乡村振兴促进法中再进行细化。为了避免重复立法，合理利用有限的立法资源，可对其他立法已经明确规定的内容，采用引致的立法技术，而对于规定不明确，基于其在乡村振兴中的重要程度，又需要进一步完善的制度，可作出相应的原则性规定，比如农村集体经济组织。其次，乡村振兴是一个动态发展的过程，有明确的时间路线，农业农村在经济发展不同阶段所呈现的主要问题也不相同，而且乡村由于资源禀赋、地理位置等差异所存在的问题也是各具特色，虽然目前省级层面的乡村振兴战略规划已经陆续颁布，但颁布时间太短，很多制度有待在实践中进一步完善。因此，客观条件决定现阶段乡村振兴促进法难以全面细致，需要概括性或是原则性规定，为实践探索和立法完善预留必要的空间。

① 张天佐，李迎宾，杨洁梅，等，2018.农业农村优先发展制度化法制化研究 ［J］.农业经济问题（8）：13-14.

农业农村法治建设 70 年回顾与展望

杨东霞　刘齐齐

70 年砥砺前进，70 年春华秋实。中华人民共和国成立以来的 70 年，是不断创造伟大奇迹、彻底改变中华民族前途命运的 70 年。习近平总书记深刻指出："历史和现实都告诉我们，一场社会革命要取得最终胜利，往往需要一个漫长的历史过程。只有回看走过的路、比较别人的路、远眺前行的路，弄清楚我们从哪儿来、往哪儿去，很多问题才能看得深、把得准。"① 农业农村法治建设是社会主义法治建设的重要组成，是推进国家治理体系和治理能力现代化的重要内容。总结 70 年来农业农村法治建设的成就与经验，对于进一步充分发挥法治保障作用，更好地推动实施乡村振兴战略具有重大意义。

一、农业农村法治建设 70 年的主要成就

新中国成立以来，农业农村法治建设大体上可分为开创探索、恢复重建、快速发展和提升完善 4 个阶段。

（一）开创探索阶段（1949—1977 年）

新中国成立时，百废待兴，法治建设的主要任务是，为新民主主义社会向社会主义社会转变时期的社会关系和社会秩序的稳定与发展，创造良好的环境。1949 年 9 月 29 日中国人民政治协商会议第一届全体会议通过的《中国人民政治协商会议共同纲领》，对土地改革、保护农民经济利益和私有财产、保护农民已获得的土地所有权、实现耕者有其田以及恢复和发展农业生产等作了明确规定。为了尽快恢复农业生产，国

---

① 赵丽涛，2019. 论中国特色社会主义道路自信的生成逻辑 [J]. 探索（3）：13 - 20.

家将封建剥削的地主所有制变革为农民所有制。1950 年 6 月 30 日，中央人民政府颁布了《中华人民共和国土地改革法》（下文简称《土地改革法》）。土地改革法的实施，废除了封建土地所有制，使 3 亿多无地、少地农民无偿获得了 7 亿亩土地，实现了"耕者有其田"的历史性变革，为国民经济的恢复和国家大规模的建设奠定了基础。

为完成农业的社会主义改造，1953 年至 1956 年，中共中央和全国人大分别通过了《关于发展农业生产合作社的决议》《关于农业合作化问题的决议》《农业生产合作社示范章程（草案）》《高级农业生产合作社示范章程》，这些决议和章程为农业社会主义改造提供了政策指引和法律遵循。

随着生产资料公有制的逐步建立，为将经济活动纳入国家计划轨道，在农业生产领域，为方便油料统购，中共中央于 1953 年作出《关于在全国实行计划收购油料的决定》。接着，政务院发布《关于实行粮食计划收购和计划供应的命令》，逐步对粮食实行计划收购和计划供应。1954 年，为实现在全国范围内对棉花统购统销，并加强对纺织企业的机纱、棉布等产品的统一管理，政务院发布《关于棉花计划收购和计划供应的命令》。为贯彻粮食的统购统销政策，国务院于 1955 年 8 月颁布了《农村粮食统购统销暂行办法》。

在 20 世纪 60 年代初期，为实现对国民经济的调整，在农业领域，中共中央于 1961 年 3 月通过《农村人民公社工作条例（草案）》（即"农业六十条"），确立了"三级所有、队为基础"的农村经济体制[①]。从 1957 年反右派扩大化到 1976 年"文化大革命"结束，由于政治运动不断，经济建设和法制建设受到严重干扰。

总体而言，从 1949 年到 1956 年这段时期，我国较为重视用法律来规范农业生产与农村发展。我国的农业农村立法取得较大成就，尤其是在土地关系方面，随着《土地改革法》的颁布，废除了存在 2 000 余年的土地私有制，新的土地关系得以建立。但是，社会主义改造完成后，由于政治运动的开展，国家法制建设几乎处于停滞状态。在这一时期，

---

① 丁关良，2011. 涉农法学［M］. 杭州：浙江大学出版社：27.

党的决议、指示在调整和规范农业农村法律关系方面发挥着重要的作用。

这一时期农业农村立法的特点可以总结为两个方面：一是适应新中国成立初期社会主义建设和改造的需要，着眼于农业生产关系的变革和调整；二是与计划经济体制相适应，政府处于绝对的主导地位，市场因素逐渐消失。从 1958 年开始实行政社合一的人民公社体制，抑制了农民的生产积极性，农业领域从生产资料的供应到农产品的收购，再到土地的分配都纳入计划体制，阻碍了生产力的发展。

（二）恢复重建阶段（1978—1993 年）

1978 年 12 月，党的十一届三中全会作出了以经济建设为中心的战略决策，农村开始逐步废除人民公社旧体制，实行政社分设，建立乡镇人民政府，发展乡镇企业。由此，经济体制改革首先在农村取得突破性的进展。随后，城市经济体制改革也开始启动。农村改革促进了农村商品流通、农村劳动力转移和城乡要素流动[①]。

党的十一届三中全会后，我国法治工作逐步恢复。在农业农村立法方面，全国人大常委会相继颁布了《草原法》《渔业法》《森林法》《土地管理法》《乡镇企业法》《水污染防治法》《村民委员会组织法（试行）》等法律，国务院先后颁布了《水产资源繁殖保护条例》《兽药管理条例》《种子管理条例》《植物检疫条例》《农民承担费用和劳务管理条例》等行政法规，国家水产总局、农牧渔业部等部委也发布了法规性质的规范性文件，农业农村法律框架体系初步形成。与此同时，农业执法工作开始起步，但执法主要局限在渔业、兽药管理等少数领域，而且缺乏专门的执法机构，执法大多依托技术推广部门。

这一时期农业农村法治建设的特点体现在以下方面：

1. 法律规定总体上比较原则　由于当时我国正处在改革开放初期，立法工作的主要任务是加快法律法规的出台，把涉及社会各领域的法律

---

① 宋洪远，2018. 中国农村改革 40 年：回顾与思考［J］. 南京农业大学学报（社会科学版）（3）：1-11.

制定出来①。受客观条件所限，所调整的法律关系较为简单。当时的立法大部分都比较原则，特别是农业农村领域的一些法律，都非常概括，条文数量不多，内容也相对简略。例如，1985 年出台的《草原法》，没有章节的划分，包括立法目的在内共 23 条，其中有 13 条仅一句话内容。1984 年制定的《森林法》仅有 42 条，其中有 20 条也是仅一句话概括。《水土保持法》同样有将近 30 条都是一句话概括。

2. 由综合性的法律规范农村经营体制　农村改革建立了以家庭承包经营为基础、统分结合的双层经营体制，这一体制的建立迫切需要通过立法的形式予以确定。1982 年《宪法》首先规定了农民土地集体所有制度，即农村和城市郊区的土地除有法律规定属于国家所有的以外，属于集体所有；宅基地和自留地、自留山也属于集体所有。这个规定从法律制度上确立了农村土地集体所有制。在总结实践经验的基础上，1986 年 4 月，六届全国人大制定的《民法通则》首先对土地承包经营作了规定，明确了农村集体经济组织成员在法律允许的范围内，按照承包合同的规定从事商品生产的为农村承包经营户。农村承包经营户的合法权益受法律保护。此规定不仅明确了农户的法律地位，也强调了对承包经营户的合法权益的保护。1986 年 6 月制定的《土地管理法》进一步从立法上完善了农村土地承包经营制度。

3. 农业农村立法主要集中在资源的开发利用和管理方面　这一阶段专门的农业法律主要是草原、森林、渔业、水土保持等一些涉及资源开发利用方面的法律。

另外，在这一时期，农业执法开始起步，但农业部门的执法主体地位尚未确立。

（三）快速发展阶段（1993—2012 年）

党的十四大确立了建立社会主义市场经济体制的目标，要求高度重视法制建设，抓紧制定与完善保障改革开放、加强宏观经济管理、规范

---

① 古建佳，陈建新，2000. 迈向法治的辉煌：邓小平民主法制思想研究［M］. 北京：中国文联出版社：24.

微观经济行为的法律法规。党的十五届三中全会作出了"加强农业立法和执法，支持和保护农业"的战略部署。党的十六大提出2010年要形成中国特色社会主义法律体系。在这一时期，我国农业农村立法进入了快速发展阶段。八届全国人大常委会在1993年颁布了《农业法》，确立了我国农业发展与农村改革的基本目标和主要措施。随后，又相继颁布了《种子法》《农村土地承包法》《农民专业合作社法》《农产品质量安全法》等法律。国务院先后颁布《基本农田保护条例》《野生植物保护条例》《农药管理条例》等行政法规。同时，修改了一批重要的法律法规，废止了《农业税条例》。

这一时期，农业执法开始全面推进。1994年农业部第一次专门召开全国农业政策法规工作会议，研究部署全国农业法制工作，加快立法进程，强化农业行政执法，并以浙江省为试点，开始农业综合执法试点工作。1997年党的十五大确立了"依法治国，建设社会主义法治国家"的治国方略，党的十五届三中全会作出了"加强农业立法和执法，支持和保护农业"的战略部署，执法领域逐渐扩展到种子、农药、兽药等20多个领域。针对"一法一机构"、执法力量分散、执法与技术推广甚至与经营不分等现象，农业部从1999年开始开展以相对集中行政处罚权为内容的农业综合执法改革，探索推进农业执法体制改革。

这一阶段，农业农村法治建设的成就体现在以下方面：

1. 农业农村立法数量多，效率高　这一阶段农业农村立法的数量明显增加。在1993年以前，每年平均出台一部农业农村领域的法律，而从1993年颁布《农业法》开始，平均每年颁布4～5部农业方面的法律，立法速度明显加快。究其原因，这与当时农业农村法治建设的迫切要求相关。此外，这一时期的立法质量大幅度提升，如1993年通过的《农业法》，全面规范了农业生产、经营体制、农民投入等各方面的内容，成为规范农业农村发展的基本法。

2. 立法范围不断拓展　这一阶段的立法范围除了农业生产和管理以外，还向其他领域拓展，其中比较典型的是《乡镇企业法》。乡镇企业是农民的伟大创举，是当时市场经济发展的先锋力量。乡镇企业的发展对于推进改革开放、促进经济发展都起到了非常重要的作用。随着乡镇企业的发展壮大，20 世纪 90 年代初期逐渐暴露出了一些问题需要解决。这部法律确立了乡镇企业的法律地位，其实施标志着乡镇企业的发展进入了法治轨道。又如《村民委员会组织法》的修订，完善了村民自治的法律规则，有力保障了广大农民群众的民主权利。

3. 注重法律的可操作性　例如，1993 年制定的《农业法》共 9 章 66 条，而到 2002 年的修改稿则增加到 13 章 99 条，修改稿不仅增加了粮食安全、农民权益保护等 4 个章节，而且对很多章节条款的内容都作了进一步补充和细化。2002 年修改的《渔业法》由 33 条增加到 80 条，这次修改不仅增加了一部分条款，也对原来条款进行了充实。2002 年修改的《草原法》由 23 条增加至 75 条，丰富了立法内容。

4. 农业执法全面推进　种子、农药、兽药、动物防疫、植物检疫、草原监理、渔政渔港监督等 20 多个领域的执法得到全面加强，但仍普遍存在"一法一机构"、执法力量分散、执法与技术推广不分的问题，严重影响了执法效果和农业部门的执法形象与权威。

（四）提升完善阶段（2012 年至今）

党的十八大以来，以习近平同志为核心的党中央在坚持和发展中国特色社会主义理论体系的基础上，深刻阐释了推进全面依法治国的一系列新思想新理念新任务，为新时代农业农村法治建设指明了方向。这一阶段的立法注重提高立法质量，增强法律可操作性。在农业农村立法方面，工作主要围绕着全面深化改革不断修改法律，以适应经济社会的发展。2017 年修订的《农民专业合作社法》扩大了法律的调整范围，规定国家保障合作社享有与其他市场主体平等的法律地位，这对带动农民脱贫致富、促进小农户与现代农业有机衔接、优化和改善营商环境具有重要意义。2018 年修订的《农村土地承包法》，把"三权分置"制度和第二轮土地承包到期后再延长 30 年写入法律，为稳定和完善农村基本经营制度，深化农村集体土地制度改革提供了坚实的法治保障。除了对上述两部重要的法律进行修改，《种子法》与《农业技术推广法》也得以修改完善。另外还颁布了《畜禽规模养殖污染防治条例》《农田水利条例》等行政法规。与此同时，党的十九届三中全会明确要求整合组建农业综合执法队伍，中共中央办公厅、国务院办公厅又专门印发《关于深化农业综合行政执法改革的指导意见》，对农业综合行政执法改革进行总体部署，农业综合执法改革全面推进。

这一阶段农业农村法治建设的特点：一是立法思路从先改革再立法调整到强调改革于法有据。注重提高立法质量，更加强调立法与改革决策的有效衔接，突出发挥立法的规范引领作用，确保重大改革依法有序推进。二是法律修改任务逐渐增加。自 2011 年中国特色社会主义法律体系初步形成后，我国经济、社会、文化等主要方面已经有法可依，所以这一阶段法律修改成为主要任务。农业农村领域，《农民专业合作社法》《农村土地承包法》《种子法》《农业技术推广法》等几部重要的法律都进行了修订。三是政府管理方式不断改进创新。"农业综合执法力度不断加强，除了相对集中地行使法律、法规、规章规定的由县级以上农业行政主管部门为执法主体的行政处罚权"[①]，还愈发注重履行相关法律赋予其在经济调节、市场监管、社会管理和公共服务方面的职能，持续推进政府部门"放管服"理念的增强与职能转变。

二、70 年农业农村法治建设经验

法治兴则国家兴，法治衰则国家乱。新中国成立 70 年，我们经历了忽视法治的曲折坎坷，更有顺应历史发展规律，重视法治并不断实现新突破，促进农业农村发展取得历史性成就的累累硕果。回望 70 年农业农村法治建设历程，主要有以下几点经验：

（一）坚持党的领导

坚持党的领导是新中国 70 年建设历程的重要宝贵经验。"党的十五大提出了依法治国、建设社会主义法治国家的基本方略；十六大指出，发展社会主义民主政治最根本的是要把坚持党的领导、人民当家作主和

① 任大鹏，曲承乐，2018. 改革开放 40 年我国农村法治进展与展望［J］. 中国农业大学学报（社会科学版）（6）：34－43.

依法治国有机统一起来"①；党的十七大强调依法治国是社会主义民主政治的基本要求，指出要全面落实依法治国基本方略，加快建设社会主义法治国家；党的十八大提出法治是治国理政的基本方式；党的十九大对深化依法治国实践作出全面部署。这些重要的阐释与论述为我国农业农村法治建设指明了方向。

改革开放至今，中央已经出台了 21 个以三农为主题的中央 1 号文件，确立了农村基本经营制度，推动了农村土地所有权和使用权的分离，作出了"把解决好'三农'问题作为全党工作的重中之重"② 的战略定位。为了加快城乡融合发展，破解三农领域发展的难题，党的十九大报告提出"实施乡村振兴战略"进一步强调"农业农村优先发展""加快推进农业农村现代化"。党的十九届三中全会将完善执法体制作为深化党和国家机构改革的重要内容并作出专门安排，明确要求整合组建农业、市场监管、生态环境、文化旅游、交通运输等五支综合执法队伍。"70 年农业农村法治实践充分证明，通过立法程序将党的强农惠农富农政策上升为法律，及时将党的主张转化为国家意志，能够更好地规范和推动工作，稳定农民群众的政策预期，激发他们从事农业生产经营的积极性，促进农业农村各项发展目标的顺利实现。"③

（二）坚持农民主体地位不动摇

新中国成立 70 年来，农业农村法治建设始终坚持农民主体地位，将实现好、维护好、发展好农民的根本利益作为出发点和落脚点。1950 年颁布的《土地改革法》确认了农民土地所有权。改革开放以来，我国农业农村法治建设不断强化对农民权益的保护。1982 年《宪法》和 1998 年《村民委员会组织法》以法律的形式对村民自治予以认可，推

---

① 房宇，熊安锋，史明艳，2018. 毛泽东思想和中国特色社会主义理论体系概论 [M]. 镇江：江苏大学出版社：207.

② 杜志雄，肖卫东，2019. 中国农业发展 70 年：成就、经验、未来思路与对策 [J]. 中国经济学人（英文版）（1）：2-33.

③ 农业农村部法规司，2018. 乡村治理体系和能力现代化的根本保障：改革开放 40 年我国农业农村法治建设的回顾与展望 [J]. 农村工作通讯（22）：21-25.

进农村民主建设不断深入，保障了农民的民主权利。为减轻农民负担，1991 年颁布的《农民负担费用和劳务管理条例》首次以行政法规的形式明确了农民应承担的费用和劳务项目。2002 年修改的《农业法》设置了农民和农业生产经营组织权益保护的原则性规定，对向农民和农业生产经营组织收取行政、事业性费用，罚款处罚，摊派，集资，达标等活动进行了限制与禁止，同时规定，农民作为直接的权利当事人，不仅可以获得征地补偿，还可以自主自愿经营。农产品收购不得被压低价格，而且因生产资料问题引起的损失应受赔偿等。2018 年修改的《农村土地承包法》实现了农村承包地"三权分置"的法律化，农民进城落户后可以自己选择将承包地转让或有偿退出，也可以不退出。为改善农业相对弱势的状况，我国还制定了一系列促进农业发展和保障小规模农户利益的制度。例如在《农民专业合作社法》中规定了支持、引导农民专业合作社发展的扶持措施。相关法律如《种子法》《畜牧法》也为农民安排了特别的保护措施，体现了我国农业农村法治建设坚持农民主体地位的核心思想。

（三）坚持与时俱进调整发展理念

为了解决温饱问题，我国走过了一段粗放式发展道路。在迅速解决粮食紧缺问题的同时，也带来了耕地数量减少和质量下降、农业污染加重、农产品质量风险增多、水资源短缺、生物多样性锐减等一系列生态环境问题。为了提高农产品质量，实现农业的绿色可持续发展，探索新的农业发展道路，农业立法从单纯发展生产转向生产与资源保护并重，同时注重提高存量资源的利用效率。"通过立法促进农业发展与生态环境的协调，将可持续发展、绿色发展的理念法律化、制度化。"例如，2003 年修改的《农业法》将国家坚持农业可持续发展作为基本方针，并对保护农业生态环境进行了强调。《土地管理法》《草原法》《基本农田保护条例》等法律法规对土地资源的保护和合理利用作了严格规定。《渔业法》规定了保护渔业资源的禁渔期、禁渔区、捕捞限额、捕捞许可制度。2017 年修订的《农药管理条例》对"农药""假农药""劣质农药"进行重新定义，建立了假农药、劣质农药和回收农药废弃物的处置机制，完善了农药登记制度，全面加强和规范农药的使用，加大违法行为的惩处力度，以贯彻落实"保证农药质量"和"保护农业、林业生产和生态环境"的立法宗旨，着力体现发展绿色农业的理念。2018 年颁布的《土壤污染防治法》体现了绿色发展的新思维。

（四）坚持立足基本国情、借鉴国外经验

法治建设需要立足本国国情，因时制宜、因地制宜、因人制宜。新中国成立 70 年来，农业农村的法治建设始终能够坚持从国情出发，从自身实际出发，尊重基层与农民群体的首创精神，总结本土实践经验与法治资源。如我国 2002 年颁布的《农村土地承包法》不仅确立并保障了农民对土地的长期承包经营权，还确立了中国特色的土地承包经营制度。

我国农业农村法治建设一直十分重视吸收、借鉴其他国家，特别是发达国家的先进管理经验和成熟做法。比如：新修订的《种子法》借鉴了欧盟、美国、日本等的非主要农作物登记制度；2017 年修订的《农民专业合作社法》，借鉴发达国家有关合作社联盟等方面的先进经验，建立了合作社联合社运行制度。

三、70 年农业农村法治建设的不足

1. 法律制度对现实需求的回应亟待提高　农业农村法治体系逐步构建，总体上实现了有法可依，但在农业农村经济社会快速发展过程中，法律作为最重要的制度形式所提供的知识支持亟待提高。例如，农村集体产权改革深入推进，但相关法律还没有出台，《民法总则》规定农村集体经济组织为特殊法人，但理论和制度设计还没有及时回应现实的需求。再如，我国对如何促进城乡融合发展以及农业的投入支持等没有作出相关规定，而美国、欧盟则以立法的形式明确了对农业的支持和保障。

2. 对中国传统法治经验的挖掘汲取有待深化　中国有着悠久的农耕历史和灿烂的农耕文化，是创造了中华法系的文明古国。中国历朝历

代的政治家、思想家都非常重视农业发展，关怀农业生产，重视农业方面的立法。历代的土地立法、水利立法、厩牧立法、农时立法等非常丰富和完备。"早在云梦秦简中，便有惩治擅自挪用地界侵犯他人土地所有权的立法：盗徙封，赎耐。历代经济的繁荣与社会民众的安宁都和农业立法得当密切相关。为了发展农业，法律还注重维护水源，保持山林，改善自然环境，形成了非常有价值的中国古代环境立法经验。"①中国古代乡村治理经过了从先秦时期的"乡遂制"、秦汉时期的"乡官制"、隋唐以后的"职役制"到宋以后乡村自治的确立与演变，最终在中国古代农村基层治理中形成了"国家法与民间法"相协调的治理格局。党的十九大报告提出，"实施乡村振兴战略""加强农村基层基础工作，健全自治、法治、德治相结合的乡村治理体系"。乡村治理体系既是国家治理体系的重要组成部分，也是实施乡村振兴战略的重要基石。中国古代乡村治理优秀文化的创造性转化和创新性发展，对加强乡村治理有着极其重要的作用，有必要深入挖掘吸收借鉴。

3. 对涉农国际规则的运用能力有待提高　新中国成立以来尤其是改革开放以来，我国加入了一系列农业对外合作的国际条约并参与了多项国际规则的谈判与修订，如《国际植物保护公约》《国际食品法典标准汇编》《国际植物检疫措施标准》《农药预先通知准则》《负责任渔业行为守则》等，积极参与各类双边及区域性农业磋商，为农业对外合作确立了初步的国际法框架和基础。另一方面，我国涉农条约体系构建还存在诸多不尽完善之处，表现在我国现已加入的涉农国际条约呈现"碎片化"，缺乏战略性、系统性和协调性，国际规则与国内规则间的良性互动尚不足。此外农业对外投资具有独特性，但目前对投资规则构建中的新动向研究跟进不够。

4. 执法能力和水平亟待提升　法律的生命力在于实施。随着一系列涉农法律法规的出台，农业农村领域基本实现了有法可依，但是，法律的实施效果还亟待提升，这主要体现在执法能力和执法水平亟待提高。农业部自1999年起就在农业系统探索推进农业综合执法改革，也

---

① 张晋藩，2019. 中国古代从实际出发的立法传统［J］. 求是（7）：60-68.

取得了很大成效。但农业执法各自为政、多头分散的问题依然没有得到根本解决，执法队伍素质参差不齐、职能界定不科学、机构性质和人员身份不合理、保障不到位、着装不统一等问题仍然突出。特别是一些地方制假售假、套牌侵权、违法添加、私屠滥宰、非法捕捞等违法行为时有发生，农业执法能力和水平亟待增强提升①。

四、新时代农业农村法治建设展望

党的十九大报告提出实施乡村振兴战略。乡村振兴战略的实施，既丰富了农村法治建设内容，也提出了新要求，明确了新任务。党的十九届四中全会审议通过的《中共中央关于坚持和完善中国特色社会主义制度推进国家治理体系和治理能力现代化若干重大问题的决定》对坚持和完善中国特色社会主义法治体系，提高党依法治国、依法执政能力作出了专门部署②。为新时代农业农村法治建设指明了前进方向、确立了基本遵循原则。

（一）构筑善治之基：完善农业农村法律体系

"法治"的含义应当包含两个层面：一是所立之法当为良好的法律；二是良好的法律制定之后得到普遍的遵循。可见，良法是"法治"的前提。

因此，要在服务乡村振兴的大局之下，完善农业农村法律体系。当前，我国农业农村领域总体上实现了有法可依。但现行法律法规大多侧重产业发展，而城乡要素流动不顺畅、公共资源配置不合理等问题仍然突出，影响城乡融合发展的体制机制障碍仍未根本消除。乡村发展方面的法规规定还有所欠缺，缺乏一部促进乡村全面发展的基础性、综合性

① 农业农村部新闻办公室，2018. 韩长赋在深化农业综合行政执法改革工作视频会上强调加快推进农业综合行政执法改革为实施乡村振兴战略提供法治保障［BE/OL］（12-13）［2022-03-15］. http://www.moa.gov.cn/xw/zwdt/201812/t20181213_6164856.htm.
② 魏哲哲，2019. 坚持和完善中国特色社会主义法治体系［N］. 人民日报，11-25（02）.

法律。因此，要加快制定乡村振兴促进法，通过立法推动城乡要素有序流动、平等交换和公共资源合理配置。从财政投入、农业补贴、用地保障、融资担保、金融支持、农业保险、资金基金、社会资本投入等方面加强"人、地、钱"等要素保障，构建起全面的支持保护体制机制。要将党的强农惠农富农的有效政策措施转化为法律规定，提高扶持措施的含金量，把农业农村优先发展的理念和原则落到实处。比如，明确规定县级以上各级人民政府应当优先保障用于乡村振兴的财政投入，确保与实施乡村振兴战略目标任务相适应，并随财政收入的增长而增加；明确规定各级人民政府应当坚持取之于农、主要用之于农的原则，将土地使用权出让收入主要用于农业农村；健全城乡统一的公共基础设施、健全城乡均衡发展的基本公共服务体系等应作出明确规定。与此同时，要以制定乡村振兴促进法为统领，以现有农林牧渔等涉农法律法规为基础，进一步强化农村土地制度、乡村产业促进、农业绿色发展、农产品质量安全、乡村建设治理等重要领域立法，尽快出台农村集体经济组织法[①]。随着农业农村改革的深化以及对外开放的扩大，要及时捕捉、收集、分析市场经济发展信息，总体提炼农村社会治理的丰富实践经验，关注气候变化、科技发展带来的新挑战。在加强立法引导性、前瞻性的同时，不断完善现行法律制度，做好《农产品质量安全法》《渔业法》《动物防疫法》《生猪屠宰管理条例》等重要法律法规制定、修订工作，不断推动农业农村法律体系与时俱进、完善发展。从更加全面的角度，为实施乡村振兴战略提供坚实法治保障，实现乡村振兴中的良法善治。

　　农业在对外开放领域发挥着重要作用。要加强涉农国际条法的研究和规则的制定与适用。要高度重视涉农国际条约的订立，积极参与国际涉农立法活动，针对当前"一带一路"农业投资加强与有关部门的协作，整合目前冲突重叠和复杂低效的碎片化投资规则，在条件成熟时及时参与多边投资规则的构建，提高我国在全球治理体系变革中的话语权

---

　　① 农业农村部法规司，2019. 英德两国促进乡村发展的立法经验与启示［R］. 北京：农业农村部法规司.

和影响力。

与此同时，农业农村相关立法要注意与党内法规的协调。2019 年 9 月中共中央印发的《中国共产党农村工作条例》是新时代党全面领导农村工作的基本遵循。因此，要注重以该条例为代表的党内法规同国家法律的衔接和协调，处理好党内法规与农业农村立法的关系，不断提高党内法规和农业农村法律的衔接与统一。

（二）树立法治权威：强化法律实施

"天下之法不难于立法，而难于法之必行。"执法是推动法律落地的重要环节。农业农村法律制度能否得到较好的贯彻，关键在于执法。在强化领导干部法治意识和法治观念、推进依法决策、科学决策、民主决策的同时，还要大力推进农业综合行政执法。执法体制作为行政权运行机制的重要组成部分，其设置是否科学合理，直接影响着法治政府的实现进程。随着改革的深化，按照中共中央办公厅、国务院办公厅指导意见要求，应全面整合农业行政执法队伍，组建农业综合行政执法机构，集中行使行政处罚、行政强制和行政检查职能，以农业农村部门名义统一执法。在省市县分级设立农业综合行政执法机构，加快构建权责明晰、上下贯通、指挥顺畅、运行高效、保障有力的农业综合行政执法体系，建立"结构合理、配置科学、程序严密、制约有效"的行政执法机制，健全执法公示、全程记录留痕、重大案件法制审核制度，促进公正文明规范执法。创新执法监督机制，完善"双随机一公开"抽检机制，探索建立信用监督制度，强化事中事后监督。

要创新普法形式，提升普法效果。在执法过程中，要落实"谁执法谁普法"的责任机制[①]，将普法贯穿立法执法全过程。创新普法形式，提高农村社会、农业领域，乃至全社会对农业农村法律规范体系的认知度、遵从度，营造办事依法、遇事找法、解决问题用法、化解矛盾靠法的法治环境。

---

　① 李飞，2018. 加快推进农业综合行政执法改革　为实施乡村振兴战略提供法治保障［N］. 农民日报，12 - 14（01）.

（三）构筑具有中国特色的乡村治理体系

"从 16 世纪以来，社会政治组织已经成为首要，法律已成为社会控制的主要手段，社会正是依赖于这种强力才得以继续。"① 法律是社会经济发展到一定历史阶段的产物，尤其是当社会经济发展至今日，法律已然成为调节社会经济发展，为经济发展提供制度保障的重要力量。在乡村治理语境下而言，法治程度的高低，是乡村现代治理能力的体现。因此，在今后的农业农村法治工作过程中，要特别注意提高农业农村工作的法治化水平，让法律成为规范农业农村事务，保障农业农村发展的重要依赖方式，并逐渐引导这一方式成为常态化。因此我们农业农村法治工作的开展，还需要从这些源头问题着手。先解决农民法律意识淡薄、农业农村法治开展不平衡的问题。在以后的法治工作开展中，注意工作力度的倾斜，逐渐缩小群体差距、地区差距，才能更好地全面提升乡村治理能力，提高乡村善治水平，全面实现乡村振兴。

乡村善治以自治为主，德治为先，而法治是其关键和保障。构建乡村自治、法治、德治共为善治的新格局，要坚持促进"三治"的有机结合。促进"三治"的有机结合，"就要做到坚持自治为基、法治为本、德治为先，健全和创新村党组织领导的充满活力的村民自治机制，强化法律权威地位，以德治滋养法治、涵养自治，让德治贯穿乡村治理全过程"②，实现乡村社会中的"三治共融"与"三治合一"，激活乡村治理的机制融合力和有效创造力③。

---

① 庞德，2013. 通过法律的社会控制 [M]. 沈宗灵，译. 北京：商务印书馆：12.

② 新华社. 中共中央　国务院印发《乡村振兴战略规划（2018—2022 年）》[N/OL]. 2018-9-27. http：//www. gov. cn/xinwen/2018-09/26/content_5325534. htm.

③ 蒲实，2019. 加快构建中国特色乡村治理体系 [N]. 光明日报，10-14（16）.

农村集体成员身份认定标准研究[①]

秦静云

一、引言

(一) 研究背景

1. 关系到农民权益的保护、公平正义的实现　首先，农村集体成员身份的认定标准问题，是保护农民权益的一个起点。我国城镇化在一路高歌猛进的同时，也暴露出因人口过分集中而导致的一系列问题。中国农村未来如何发展，是继续推进城镇化建设并全部消灭农村，还是适可而止、保留农村，这是我们在发展的十字路口必须作出的抉择。党的十九大提出的乡村振兴战略告诉我们，党中央选择了后者。这一方面是因为城市的饱和，一个健康、能让居民有幸福感的城市所能容纳的人口实际上也是有限的；另一方面则是考虑到我国农村人口、面积占多数以及长期农耕文明所导致的乡村情怀。对于乡村发展的重视，乡村振兴战略提出之前即已开始，到乡村寻找发展的商机也是自然而然的事情。一旦有商机可寻，便可能有权益被侵犯的现象发生。比如，快速城市化背景下的土地征收导致农地利益的走高，现实中出现了大量侵犯农村集体成员权益的纠纷。为保护农民权益，党中央提出集体产权制度改革，要求确权到民，但到底谁是"民"，判别标准现在也是不确定的。因为改革开放以来，农村人口在不断流动。之前不是问题的问题，到现在也成为一个棘手的问题。因此，应当认为，农村集体成员身份认定标准的问题，是保护农民权益的一个起点。其次，从立法上确定统一的农村集体成员身份的认定标准，关系到立法公平正义价值的实现。公平正义是立

---

　① 本文已经公开发表于《河北法学》2020 年第 7 期，系农业农村部管理干部学院
2019 年院级课题成果。

法的最高价值追求。要使公民普遍能够感受到公平正义，就要使每一个公民都能在类似的具体案件中通过适用法律而得到同样的结果。然而，当前的问题恰恰在于学界、司法界对于农村集体成员身份认定标准存在不一致的观点。当前关于农村集体成员身份的认定标准包括户籍、是否履行了村集体的权利义务、是否遵守了村规民约、是否参加了社会保障以及同时包括上述几种在内的复合裁定标准等。党中央在针对具体问题制定政策之前，考虑到因地制宜、充分发挥广大群众能动性的因素，总会让各地区先实践，然后搞试点，总结经验，最后出台政策。充分调动地方积极性，明确理论与实践结合，原本是没有错的。但问题不能长久搁置，这尤其体现在那些需要通过立法来体现且最终会作为裁判依据的问题上。农村集体成员身份如何认定，应当尽快从立法上明确统一的标准，否则便有违立法关于公平正义价值的实现，不利于广大群众公平正义感的体验。

2. 关系到乡村振兴战略的顺利推动　首先，农村集体成员身份认定标准的统一，是巩固和完善农村基本经营制度、深化农村土地制度改革、深入推进农村集体产权制度改革的题中应有之义。《中共中央　国务院关于实施乡村振兴战略的意见》明确指出，实施乡村振兴战略，必须把制度建设贯穿其中，强化乡村振兴制度性供给，具体包括巩固和完善农村基本经营制度、深化农村土地制度改革、深入推进农村集体产权制度改革等。实际上，无论是农村基本经营制度的完善，还是农村土地制度改革的深化，抑或是农村集体产权制度改革的深入，都避免不了对农村集体成员身份认定标准问题的回答。具体而言，农村基本经营制度、农村土地制度改革中的"三权分置"制度的完全落地，需要以土地相关权利的"确权到民"为前提，而要做到"确权到民"，就必须回答确权到哪些民的问题。集体产权制度更是如此，"推动资源变资产、资金变股金、农民变股东"，也必须回答适格农民是哪些人的问题。其次，如何认定农村集体成员身份，实际上也隐含着城乡关系重塑、城乡融合发展的问题。农村集体成员身份认定标准的问题，不仅仅是静态判断具体某人是否属于农村集体成员，而且还包括农村集体的申请加入与退出。2018年中央1号文件明确提出，中国特色社会主义乡村振兴道路必须重塑城乡关系，走城乡融合发展之路。在城乡二元体制之下，农村集体成员身份的获得除去出生、婚嫁之外几乎不再有其他情形，农村集体的退出也几乎不会发生；但在城乡融合发展的当下，农村集体的加入状态变得复杂，农村集体的退出也变得频繁。城乡融合发展，不仅仅是指发展水平、机遇的相等、相平，更是人口身份的有序有效变化。

综上，农村集体成员身份的认定标准问题，是一个基础性问题。既关系到农民权益的保护与公平正义的实现，更关系到乡村振兴战略的顺利推动，值得研究。

（二）文献综述

农村集体成员身份认定标准的问题，具体可进一步细化为两个层面的问题。第一，如何认定农村集体成员身份的问题，在立法层面应当采用法定化的模式还是交由集体决议。第二，如果选择法定化模式，那么具体标准应当如何确定？如果选择交由集体来决议，那么如何确保集体决议的公平正义？

首先，是关于第一个层面问题的讨论。根据我国学者[1]已有的调研结果，当前农村在认定集体成员身份的实践中，大多根据村规民约来进行；也有通过集体章程的形式进行明确的；有的虽未形成章程，但所遵行的集体决议仍然以村社传统和成员众意为基础。实际上，国家层面立法的缺失，也决定了农村实践中集体决议模式的采用。值得注意的是，近年来，随着农村集体成员身份认定纠纷的增加，地方立法对成员资格的法定化进行了有益的探索，各地法院也在立法缺位的状态下就集体成员身份的确认标准形成了具有指导性作用的司法裁判规则。尽管农村实践采用了集体决议的模式，但并非农村集体成员身份的确认问题就应当采用此种模式。戴威[2]明确指出，不同于大陆法系语境下以成员自由意

---

[1] 陈小军，高飞，耿卓，2012. 我国农村集体经济有效实现法律制度的实证考察：来自 12 个省的调研报 [J]. 法商研究，29（6）：44-55.

[2] 戴威，2016. 农村集体经济组织成员资格制度研究 [J]. 法商研究（6）：83-94.

志为基础的私法团体，我国农民集体经济组织是在政治强力作用下作为一种国家政权基础的经济载体面世的，其形成和演变过程中不可避免地受到公权力影响，团体构造的私法属性较弱。农村集体经济组织并非单纯的私权组织，它是基于特定国家政治、社会经济职能的需要而生，兼具成员生存保障和发展壮大农业生产经营的双重职能，而这便为确立农村集体成员认定的法定化模式提出了要求。同时，还必须考虑到如果完全采用集体表决模式，将农村集体成员身份的认定问题交由农村集体自己决定，那么便会面临农民权利意识不强、民意表决程序不畅所导致的农民个体权益被侵害的风险。基于此，从立法层面，直接规定统一的农村集体成员身份的认定标准，便当是首选。

其次，是关于第二个层面问题的讨论。代辉等[1]根据相关地方性法规、法院内部报告与判例、农村实践，认为可将当前我国认定农村集体成员身份的标准概括为单一标准和复合标准两大类。其中，单一标准又具体可分为户籍、履行义务、年龄、生活保障、生产生活关系、与农村集体经济组织形成权利义务关系；复合标准则是上述单一标准的两种以上的结合。比如，山东省采用了户籍的单一标准（《山东省实施〈中华人民共和国农村土地承包法〉办法》第六条、第七条）；广东省则采用了户籍与履行法律法规和组织章程规定义务的复合标准（《广东省农村集体经济组织管理规定》第十五条）。学者在应然层面的讨论中，多认为单一标准无法回应农村集体成员身份认定问题的复杂性，且苛刻的成员认定标准，也可能限制农村人口流动，不利于农村非农产业发展和城市化，因此应当采用复合性的认定标准。但关于复合标准中的具体考量因素是什么，学者观点并不统一。如，王利明等[2]认为，原则上，应当以户籍标准为主，同时考虑集体所尽的义务、以集体土地作为基本生活保障、出生与收养、结婚与离婚等其他因素。代辉等[3]则认为，应当以集体土地为生活保障作为基本原则。具体标准上，不宜抽象地区分考量

---

[1][3] 代辉，蔡元臻，2016. 论农民集体成员资格的认定标准 [J]. 江南大学学报（人文社会科学版）（6）：28 - 35.

[2] 王利明，周友军，2012. 论我国农村土地权利制度的完善 [J]. 中国法学（1）：45 - 54.

因素的主次关系，而是根据结婚、出生、政策性落户或申请加入等不同情况，结合是否以集体土地作为生存保障、是否与集体形成生活关系、户籍等考量因素的功能，以解决问题为导向，确定适用上的优先、单一或者套接适用关系。还有学者强调，政府可以在总结各地经验的基础上，提出指导性意见，但要尊重农民自治原则。通过总结地方做法，集体经济组织成员资格界定的衡量标准至少应当包括以下几个方面：一是具有本集体经济组织所在地常住户口；二是取得本集体经济组织土地承包经营权；三是参与本集体经济组织收益分配；四是享有本集体经济组织选举权和被选举权。总之，关于农村集体成员身份的认定标准问题，学界在应然层面并没有达成一致见解。

之所以如此，根本原因在于学者们对农村集体成员身份认定标准背后所关涉的问题及问题所涉利益有不同的观点。农村集体成员身份如何认定，在微观层面，关系到具体农民权益的保护；在宏观层面，还与农民集体整体权益如何保护及我国集体所有制未来发展走向等重大议题相关。对该问题的回答，需要考虑农民与农民之间适用统一标准的公平性，还需要考虑尊重社会历史、确保社会稳定、制定标准的前瞻性与可操作性。已有的讨论实际上均已认识到农村集体成员身份认定标准背后所关涉问题的复杂性，但在问题所涉利益的取舍上不同学者有不同的考量，从而最终导致其在农村集体成员身份认定标准问题上的不同观点。如，以户籍标准作为认定农村集体成员身份主要标准的观点，便主要考虑了认定标准的可操作性问题；而将是否以集体土地为生活保障作为认定农村集体成员身份主要标准的观点，则首先考虑了社会稳定的重要性。已有研究在论述农村集体成员认定标准的问题时，尽管考虑了背后所关涉的利益且基于对某种利益的倾向性观点提出了对该问题的解决方案，但这种深入问题本质的论述是不全面的。换言之，论述没有充分分析认定标准问题所关涉的所有不同利害并比较不同利害重要性，因此即便解决方案恰当，也会因为论证过程的不科学而导致解决方案不能令人信服。正因为如此，本研究期望能够在充分认识农村集体成员身份认定标准问题本质的基础上，分析利弊，提出恰当的认定标准意见。

二、是"农村集体成员"还是"农村集体经济组织成员"?

立法、政策文件及研究文章中，"农村集体成员"和"农村集体经济组织成员"在相同的语境下被随意互换使用。到底应当是"农村集体成员"还是"农村集体经济组织成员"?

有必要在正式进入成员身份界定标准讨论之前，就该问题进行认真分析。

(一) 混用现状

立法层面，涉及农村集体相关的立法主要包括《宪法》《民法总则》《物权法》《土地管理法》《农村土地承包法》。《宪法》就集体所有制进行了提纲挈领的规定，但并未提到这两个概念。《民法总则》《土地管理法》《农村土地承包法》统一使用了"农村集体经济组织成员"的概念，《物权法》统一使用了"农村集体成员"的概念（表1）。《民法总则》第五十五条在界定农村承包经营户时，使用了"农村集体经济组织成员"，规定"农村集体经济组织的成员，依法取得农村承包经营权"。《物权法》则主要在界定农村集体所有财产归属及本集体成员决定事项，向本集体成员公布集体财产状况，及集体成员权益保护时，使用了"集体成员"的概念。《土地管理法》则主要在界定征地利益分配时使用了"农村集体经济组织成员"概念。尽管使用的具体情形有所不相同，但均是在农村集体财产利益分配或者集体事务决策权层面使用，因此属于同种情况下却使用了不同概念的情形。

表1 "农村集体成员""农村集体经济组织成员"使用情况

法律	"农村集体成员"	"农村集体经济组织成员"
《宪法》	0处	0处
《民法总则》	0处	1处（第五十五条）
《物权法》	5处（第五十九、六十二、六十三条）	0处

（续）

法律	"农村集体成员"	"农村集体经济组织成员"
《土地管理法》	0 处	6 处（第四十七、四十九、六十二、六十三条）
《农村土地承包法》	0 处	14 处（第五、十八、十九、二十七、三十三、四十六、四十七、四十八条）

政策层面，2016 年 12 月 26 日印发并实施《中共中央 国务院关于稳步推进农村集体产权制度改革的意见》（以下简称《意见》）就集体产权制度改革正式提出国家层面的指导意见，是关于集体产权制度改革相关问题的纲领性文件。《意见》中，"农村集体经济组织成员"和"农村集体成员"两个概念被同时使用，也属于同种情况下却使用了不同概念的情形。其中，使用"农村集体经济组织成员"概念的共计 14 处，使用"农村集体成员"概念的共计 6 处。《意见》在提到"有序推进经营性资产股份合作制改革"的改革任务时，明确指出，"将农村集体经营性资产以股份或者份额形式量化到本集体成员，作为其参加集体收益分配的基本依据"的同时，又指出"股权设置应以成员股为主，是否设置集体股由本集体经济组织成员民主讨论决定"。由于《意见》在明确确定成员身份任务时，使用了"农村集体经济组织成员"的概念，因此各地改革实践中制定的地方政策文件，便多直接使用了"农村集体经济组织成员"的概念，比如：贵州省绥阳县人民政府印发的《绥阳县农村集体经济组织成员认定实施方案》、山西省吕梁市文水县南武乡人民政府印发的《关于农村集体经济组织成员身份界定指导意见》、福建省宁德市福安市人民政府《福安市农村集体经济组织成员身份界定指导意见》等。"农村集体成员"与"农村集体经济组织成员"间的随意切换是显而易见的。

研究层面，学者们在开展相关研究时，既有使用"农村集体成员"

概念的①②，也有使用"农村集体经济组织成员"概念的③④⑤。甚至，有学者在进行农村集体成员资格界定的相关问题研究时，文章题目使用了"农村集体成员"的概念，文章中却使用了"集体经济组织成员"的概念⑥。与立法、政策层面的使用情况一样，研究层面对两种概念的使用，也属于同种情况下却使用了不同概念的情形。

（二）区分的必要性

两个概念意思相同，便可以混用，不存在问题；但两个概念意思不同，且需要明确区分，便不可以混用。"农村集体成员"与"农村集体经济组织成员"便属于需要明确区分的情形，尤其是在立法层面。更何况该问题还关系到农村集体财产所有权主体是谁及农村集体经济未来发展走向的问题。

农村集体与农村集体经济组织的不同，决定了农村集体成员与农村集体经济组织成员的不同。尽管在农村生产资料统一入社、全员入社的人民公社时期，农村生产资料所有权主体与经营、管理主体曾经合二为一，农村集体成员与农村集体经济组织成员几乎不存在本质上的不同；但人民公社解体后，所有权主体与经营、管理主体被明确区分开来，所有权主体为农村集体，经营、管理主体为集体经济组织、村民委员会。对此，《宪法》第九、十条，《物权法》第六十条，《土地管理法》第十条等均明确规定，农村集体是农村土地和城市城郊土地及法律规定属于

① 代辉，蔡元臻，2016. 论农民集体成员资格的认定标准［J］. 江南大学学报（人文社会科学版）(6)：28-35.

② 管洪彦，2012. 村规民约认定农民集体成员资格的成因、局限与司法审查［J］. 政法论丛 (5)：117-122.

③ 戴威，2016. 农村集体经济组织成员资格制度研究［J］. 法商研究 (6)：83-94.

④ 韩俊英，2018. 农村集体经济组织成员资格认定：自治、法治、德治协调的视域［J］. 中国土地科学 (11)：16-21.

⑤ 赵元松，2018. 农村集体经济组织成员资格司法认定标准研究［J］. 法制与经济 (10)：18-26.

⑥ 孔祥智，黄延信，夏英，等，2015. 农村集体成员资格界定的实践及法律问题［J］. 农村经营管理 (3)：22-25.

集体所有的森林和山岭、草原、荒地、滩涂等自然资源所有权的主体，而农村集体经济组织则与村民委员会一起属于经营、管理主体。农村集体经济组织当然也会在经营管理集体资产过程有自己的积累，形成组织自己的资产，但这种资产与集体资产无关，在所有权性质上属于私有，尤其是在《民法总则》明确界定集体经济组织特别法人地位的情况下，这与担负着集体所有制政治意识形态任务的农村集体所有存在本质上的不同。农村集体自然存在，农村集体经济组织却需要履行法定程序之后，才能够成立存在。实际上，尽管成员范围不同，但农村集体与农村集体经济组织的关系，就恰如国家（全民）与诸多国有企业的关系。我们不会也不能将国家与国有企业混淆，也不会将全民与国有企业成员混淆。同样的道理，农民集体与农村集体经济组织不同，农民集体成员与农村集体经济组织成员也不同。

尽管在实然层面，农村集体与农村集体经济组织的区分是明显的。但在应然层面，不同的声音一直存在。早在 20 世纪 90 年代，就有学者认为"村集体本身作为一种不特定的概念，是不宜成为所有权主体的，否则容易引起主体的混乱"，建议"在现有村的范围内，赋予村级农业集体合作经济组织为唯一集体土地所有权主体并保证其实现，在此基础上重新构造现行的村农业合作经济组织"[1][2][3]。现在提倡构建的新型农村集体经济组织与上述所谓的构建"村农业合作经济组织"本质上是相同的，宏观层面来看，实际均是希望构建村级的经营组织来弥补原来"统分结合的经营体制"中集体功效发挥作用不大的缺点。统分之后再统，便又回到了统的层面。但必须要注意到的是，此时的"统"与人民公社时期的"统"是不一样的，因为此时的"统"是在分的基础上的"统"，而人民公社时期是全部生产资料入社，并没有"分"的基础。因此，即便承认新型农村集体经济组织构建的必要性，也不能基于此而直

① 刘守豹，1990. 论农村土地集体所有权的重塑 ［J］现代法学（2）：14.

② 高飞，2017. 集体土地所有权主体制度研究 ［M］. 2 版 . 北京：中国政法大学出版社：1.

③ 汪洋，2014. 集体土地所有权的双重内涵与主体重构 ［J］. 河南教育学院学报（哲学社会科学版）（1）：57.

接将"农村集体"与"农村集体经济组织"混同。第一层面的"统"在人民公社时期已经完成，尽管人民公社没有保留，但农村集体所有延续了"统"的效果；第二层面是分，各种集体资源使用权落实到具体村民；第三层面的再统，则属于经营层面弥补小农户分散经营的弱点，这里只涉及经营或者管理，而不涉及所有。此外，需要特别说明的是，农村集体的不特定性所导致的所有权主体虚置、农民权益被侵害的问题，也并不必然就一定需要构建村集体经济组织来解决。引入集体成员权制度，先不论集体成员共有在法律上到底是何种性质的共有，只要成员明确，主体制度架构科学，便能够避免所有权主体"虚置"及农民权益被侵害的问题。

当前，之所以出现"农村集体成员"与"农村集体经济组织成员"的大量混用，主要源于两方面的原因：第一，人民公社时期所形成观念的延续导致。全民入社基础上的人民公社，既是集体，也是经营、管理的集体经济组织，农村集体成员与农村集体经济组织成员实现了实质上的统一。历史上曾经的统一，潜移默化地影响着人们对农村集体成员与农村集体经济组织成员关系的理解。第二，当前改革政策的模棱两可，及改革试点过程中全面推行村级层面集体经济组织的组建，将农村集体成员全部纳入村级集体经济组织，一定程度上也导致了人们观念上对农村集体成员与农村集体经济组织成员区分的淡化。但人民公社第一层面的"统"已经被"农村集体"的概念所替代，当前改革过程出现的农村集体经济组织则属于"分"之后的再"统"，目的是为了在充分调动农民积极性的同时，又能够充分发挥集体优越性。尽管当前改革实践中，村级集体经济组织的组建比较普遍，这导致农村集体成员与农村集体经济组织成员在辐射范围上没有差别，但是严格来讲，发展集体经济不以组建村级集体经济组织为必要条件，集体经济发展的规模不应局限于本村。在坚守集体所有的前提下，农村集体经济的发展规模应当具体情况具体分析，由市场客观决定。即便是当前组建的村级集体经济组织，集体成员被全部纳入进去，也就是说村级集体经济组织成员与农村集体成员在辐射范围上完全一致，也绝对不应该将两者混淆，因为农村集体、农村集体成员显然在层级上是更为基础的概念。将农村集体、农村集体成员与农村集体经济组织、农村集体经济组织成员明确区分，实际上更加有助于集体经济发展的可持续性。具体而言，所有市场行为都会有风险，所有市场主体也都会有破产的可能，但公有制必须坚守，公有资产必须被保证最大可能地不受损。如果将农村集体与农村集体经济组织混淆，便会面临着，依据市场规律农村集体经济组织必然会有破产的风险，但政治意识形态层面，却又不能让其破产的问题。将农村集体与农村集体经济组织明确区分，便能很好地解决这个问题，在坚守社会主义公有制优越性的同时，又能够很好地尊重市场规律，遵守法治规则。此外，将农村集体与农村集体经济组织明确区分，也有助于农村集体经济组织保持更大的开放性，比如，在成员上不必局限于主体是否具有集体成员身份，能够有效引入工商资本进入等。如果将农村集体与农村集体经济组织混淆，那么农村集体经济组织在成员、引入工商资本进入方面便都会受到限制。

总之，明确区分农村集体成员与农村集体经济组织成员，是由农村集体与农村集体经济组织的不可混淆决定的。而农村集体与农村集体经济组织的区分，则又直接与未来集体经济的可持续发展直接相关。表面上是两个概念的区分，深层次上则关系到农村集体经济的发展走向，实在马虎不得。

（三）改革实践急需界定的是农村集体成员身份

当然，农村集体有成员认定的问题，农村集体经济组织也有成员认定的问题。但集体资产产权归属明细的任务，决定了改革实践急需界定的是农村集体成员身份。根据《意见》，明晰农村集体产权归属、维护农村集体经济组织成员权利，是深化农村集体产权制度改革的主要目的。而农村集体产权归属明晰的前提之一，便是能够清晰地界定农村集体成员。

农村集体成员身份的界定问题是更为基础的问题，农村集体经济组织成员界定中的困难很大程度上也是因为该基础性问题。如果农村集体经济组织是村级的，对其成员有身份要求，那么农村集体成员身份界定好，农村集体经济组织成员便直接依据农村集体成员的界定成果即可，而无须再单独研讨。如果农村集体经济组织并非村级的，那么投资登记的便是成员，就好比公司股东的认定。改革实践中，总是把农村集体成员与农村集体经济组织成员的认定弄混，即把农村集体经济组织成员在农村集体成员的意义上使用，这就直接导致人们对于农村集体经济组织的理解也非常狭隘，比如农村集体经济组织必须是村级的，农村集体经济组织的成员身份必须局限于本集体成员。实际上，这种理解方式是与中央政策不相符的。《意见》中明确提到，"农村集体经济是集体成员利用集体所有的资源要素，通过合作与联合实现共同发展的一种经济形态，是社会主义公有制经济的重要形式"。由此，发展农村集体经济，不以建立村级农村集体经济组织为必须，部分集体成员利用集体所有的资源要素通过合作与联合，并由集体成员之外的人加入，从而实现共同发展，也属于农村集体经济。而此时，农村集体成员便显然不同于农村集体经济组织成员。此外，当前集体产权制度改革主要集中于清产核资、成员身份认定及组建股份经济合作社（集体经济组织）这三项任务，这三项任务的开展是按照顺序逐一进行。成员身份界定排在了股份经济合作社的前面，逻辑上，在组建股份经济合作社之前，便不可能有农村集体经济组织成员身份认定的问题。在应然层面，这里的成员身份认定实际上只能是农村集体成员身份认定。

综上，尽管当前法律、政策、研究层面，均存在"农村集体成员"与"农村集体经济组织成员"混用的现象。但农村集体与农村集体经济组织的不同，决定区分两个概念的必要性。农村集体产权归属的明晰，需要以界定农村集体成员为前提条件。改革实践急需的也正是农村集体成员的界定，农村集体经济组织成员的界定依托于农村集体成员的界定。

三、应当坚守的基本遵循

人们之所以对同一问题会有不同的答案，归根结底是因为持有的价值观念不同。换言之，所有的问题，都关涉到价值判断。公平正义是社会的首要价值，任何改革也都必须符合公平正义原则，农村集体成员身份认定当然也不例外。但即便确认了农村集体成员身份认定实践中公平正义原则的坚守，仍然不能避免各界在该问题上观点的不一致。因为公平正义具有抽象性，适用具体问题时仍然需要具体诠释，诠释过程决定了分歧的产生。诺奇克与罗尔斯关于正义的不同理解，便是对该情况最典型的说明。根据诺奇克的正义理论，一个所有者，只要他的财产来源清白（起点公正），此后的财富增殖又完全通过自由交易，而没有强制与欺诈（交易正义），那么即便他富可敌国，也无可指责（持有正义）。当然，如果其中有任何一个环节出现了不正义，其后的环节也就失去了正当性。此时，便必须受到诺奇克正义的第三个原则即"矫正的原则"的干预。罗尔斯的观点则认为即便没有环节出现不正义，个人财富的积累也必须受到"分配正义"的限制，即国家可以对清白致富者实行强制性的二次分配措施[①]。但必须注意的是，罗尔斯"分配正义"之下，国家进行强制性的二次分配是以对清白致富者承担相关义务为前提的，比如基础设施、养老保险等。换言之，清白致富者的失去是有对价的，且这种强制性的二次分配并非单独针对某个人或者某个群体，而是具有普适性。因此，罗尔斯的强制性的二次分配，也绝对不是毫无道理的随意抢夺。总之，对正义诠释的不同，决定了对农村集体成员身份认定标准的不同。农村集体成员认定是一个有历史包袱的问题，追根溯源，有助于在理清问题产生脉络的基础上，准确掌握分歧点所在，从而进行有针对性的分析。

（一）寻根溯源

农村集体及农村集体成员均是中国特有，与集体所有制、社会主义理想的最终实现相关。但众所周日，新中国成立之初，农村实行的是生产资料私有制，并无农村集体及农村集体成员的概念。1950 年中央人民政府委员会颁布《土地改革法》，通过土地改革，没收地主土地、耕畜、农具、多余的粮食及其在农村中多余的房屋，征收祠堂、庙宇、寺院、教堂、学校和团体在农村中的土地及其他公地，将所有没收和征收

---

① 秦晖，2000. 中国改革：历史与伦理的评价 ［J］. 战略与管理（1）：59.

得来的土地和其他生产资料，统一地、公平合理地分配给无地、少地及缺乏生产资料的贫苦农民，对地主也分给同样的一份。对通过土地改革分得的土地，由人民政府颁发土地所有证，土地所有者享有自由经营、买卖及出租其土地的权利。将土地等生产资料分配给农民，实现了中国共产党对广大农民的诺言。

随后，人民公社改革运动的开始，农民逐渐失去了对农村土地等生产资料的所有权，农村集体及农村集体成员等概念正式出现。1956 年 6 月 30 日第一届全国人民代表大会第三次会议通过的《高级农业生产合作社示范章程》（以下简称《章程》），明确合作社按照社会主义的原则，把社员私有的主要生产资料转化为合作社集体所有，组织集体劳动，实行"各尽所能，按劳取酬"，不分男女老少，同工同酬。《章程》第七、八条，对合作社社员的入社条件进行了明确规定：年满十六岁的男女劳动农民和能够参加社内劳动的其他劳动者，都可以入社做社员。入社由本人自愿申请，经社员大会或者社员代表大会通过。合作社要积极地吸收烈士家属、军人家属、国家机关工作人员家属、残废军人、复员军人（包括起义以后和和平解放以后复员回乡的军政工作人员）入社，也要吸收老、弱、孤、寡、残疾的人及外来移民入社；对于过去的地主分子和已经放弃剥削的富农分子，合作社根据他们的表现和参加劳动生产的情况，并且经过乡人民委员会的审查批准，可以分别吸收他们入社做社员或者候补社员等。自此，土地等生产资料由私有变为集体所有，产生合作社社员的概念，这便是农村集体成员概念的起源。1962 年"农村人民公社六十条"颁布后，最终确立"三级（人民公社、生产大队、生产队）所有、队为基础"的农村集体所有制。社员直接由合作社社员转入，因此《农村人民公社条例（修正草案）》没有对社员作出具体规定。

党的十一届三中全会后，随着家庭联产承包制度的兴起，社队客观上无法再承担政治和经济职能，人民公社制度开始解体[①]。1983 年 10 月 12 日，中共中央、国务院颁布《关于实行政社分开建立乡政府的通

---

① 李永军，2017. 集体经济组织法人的历史变迁与法律结构 [J]. 比较法研究（4）：24.

知》，明确提出："随着农村经济体制的改革，现行农村政社合一的体制显得很不适应。……当前的首要任务是把政社分开，建立乡政府，同时按乡建立乡党委，并根据生产的需要和群众的意愿逐步建立经济组织。"此项工作在 1984 年底完成。自此，人民公社不复存在。人民公社及生产大队的行政职能分别被乡镇政府和村民委员会替代，至于社区管理和公共事业则由从依附政权组织中分离出来的集体经济组织承担。根据改革方案，分离出来的农村集体经济组织要成为自我组织、自我发展、自主经营的组织实体。在实际运行中，村民委员会与社区集体经济组织经常是"两块牌子，一套人马"。当然，在部分地区，村民委员会与社区集体经济组织是相互独立的。由此，尽管人民公社解体了，但是集体所有制、农村集体、农村集体经济组织等概念保留了下来。

当前我国正处于全面建成小康社会决胜期的发展阶段，而决胜全面建成小康社会最关键最繁重的任务就在农村。当前农村集体土地所有制下的土地承包经营权制度、宅基地制度、农村集体建设用地制度等都处在继续完善或改革的关口。改革开放以来，统分结合的土地承包经营权制度在不断强化农民对土地的使用权，调动农民积极主动性，极大解放和发展农村社会生产力的同时，也使得我国农业陷入小农户分散生产状态，农业生产效率受到严重影响，而这显然是不利于农业现代化的。如何在确保调动个人积极性的同时，再次发挥集体优越性，实现农村经济发展，成为当前改革发展的重要任务。此时，部分学者提出了构建新型农村集体经济组织的建议。此新型农村集体经济组织与人民公社的区别，上文已经提到过，在此不再赘述。但若要通过此新型农村集体经济组织来助推农村集体经济的发展壮大，第一步便是明晰产权。因为明晰的产权归属，是参与市场交易的第一步，也是公平正义实现的基础。由此，便有了农村集体成员身份认定的问题。

（二）基本遵循

在认定农村集体成员的时候，应当坚持以下几个方面的基本遵循：

1. 确保原有人民公社人员及其衍生人口的农村集体成员身份是底线 在当前明晰产权归属、确认农村集体成员之际，务必把人民公社人员的农村集体成员资格确定下来。同时，人民公社人员的衍生人口也应当被明确，这是因为，一方面，依据农村生产资料私有状态的正常发展，农民衍生人口作为家庭成员是享有相应的农村生产资料的相关权益的，入社之后的权益状态，不应当低于此；另一方面，改革开放后，实践中的新增人口实际上均被接受为农村集体成员，新成员的不断纳入，的确会导致农村集体成员对农村集体财产权益的被不断稀释，但若获取农村集体成员的一致同意，新增人口的集体成员身份的获取便是公平合理的。

2. 农村集体成员决定其他类型人员是否获得农村集体成员身份 入社人员及其衍生人口之外的在本村长期居住或者户口在本村的其他类型人员，其农村集体成员身份的获取必须要以农村集体成员的决议为依据。其原因主要在于，农村集体成员人数越多，农村集体成员个体所享有的权益实际上就越少，是否纳入新成员，事关农村集体成员的权益。

3. 按照上述标准具备农村集体成员资格的人，不能以他们已经进城享受城市社会保障为由，而随意否定他们的农村集体成员资格 城乡二元体制改革背景下，大量农村劳动力转移至城市，投入到各行各业为祖国的繁荣昌盛作贡献，其中，部分人员还成为编制内人员。但根据公平公正原则，只要他们属于入社人员及其衍生人口，或者被农村集体成员决议确认其农村集体成员资格，便不能基于其已经进城或者享受编制内待遇为由，而剥夺他们的农村集体成员身份。因为他们获取农村集体成员身份是付出代价的，进城获得城市社会保障或者享受编制内待遇是他们另外努力的结果，不能成为丧失农村集体成员资格的条件。农村集体成员身份代表着农村集体财产权益和民主权益的享有，随意取消其农村集体成员身份，便意味着对农民权益的随意侵害，历史错误将会再显，这显然是有违公平公正原则的。当然有学者可能会认为，这是在实现罗尔斯口中的"矫正正义"。但必须注意的是，罗尔斯的"矫正正义"也是在尊重私人财产权益基础上的。"矫正正义"发生于国家基于平等目的的实现对"持有正义"的干涉，且这种干涉并非直接的剥夺，而是通过税收等间接收到来进行，且以提供公共服务为对价。而农村集体成员身份认定问题本质上关涉到产权归属问题，属于地点问题。在地点问题上，无论持有何种正义理论，都会强调正义原则的坚守，不支持外在力量的干涉。总之，进城与否并不能构成农村集体成员身份判断的考量因素。

综上，公平正义是社会的首要价值，任何改革也都必须符合公平正义原则，农村集体成员身份认定当然也不例外。具体而言，农村集体成员身份认定需要坚持三个方面的基本遵循：第一，确保原有入社人员及其衍生人口的农村集体成员身份是底线；第二，农村集体成员决定其他类型人员是否获得农村集体成员身份；第三，按照上述标准具备农村集体成员资格的人，不能以他们已经进城享受城市社会保障为由，而随意否定他们的农村集体成员资格。

四、现状

截至目前，关于农村集体成员身份的界定标准并没有国家层面的统一立法规定，社会各界围绕该问题的观点如下：

（一）法院裁判观点

司法实践中，侵害集体经济组织成员权纠纷主要体现为征地补偿款分配、土地承包经营权保护及其他集体收益分配纠纷。自 2008 年起，"侵害集体经济组织成员权益纠纷"在《民事案由规定》中被明确认可。在逻辑上，解决具体侵害经济组织成员权益纠纷通常需要以界定农村集体成员身份为前提条件，而对于该问题，立法层面至今无明确依据可循，最高人民法院也以该问题属于立法问题为由直接拒绝就该问题进行明确表态①。因此目前法院在处理涉及该问题的具体案件时，在是否受

---

① 最高人民法院于 2015 年就《关于审理涉及农村土地承包纠纷案件适用法律问题的解释》答记者问时，就农村集体经济组织成员资格问题，明确指出："……农村集体经济组织成员资格问题事关广大农民的基本民事权利，属于《立法法》第四十二条第（一）项规定的情形，其法律解释权在全国人大常委会，不宜通过司法解释对此重大事项进行规定。因此，应当根据《立法法》第四十三条规定，就农村集体经济组织成员资格问题，建议全国人大常委会作出立法解释或者相关规定。"

理上便没有达成一致，即便受理，判断标准也存在一定差异①②③④。

司法实践中，诉讼主体直接以确认集体成员身份为由或者以征地补偿款、土地承包经营权益纠纷等集体利益分配纠纷为由向法院提起诉讼的，各地法院的基本态度包括裁定不予受理、驳回起诉和进行受理并判决两大类。其中，裁定不予受理、驳回起诉的核心理由为，认为确认集体成员身份不属于人民法院受理民事诉讼案件的范围。至于不属于法院民事案件受理范围的具体依据和理由，主要包括四类：第一，集体成员身份界定不属于平等民事主体之间的法律关系，而法院受理民事诉讼范围必须是平等主体之间的民事法律关系，如"李某艳等与滦平县滦平镇西瓜园村第一村民小组侵害集体经济组织成员权益纠纷上诉案"⑤、"原告郭某与被告湖南省湘潭县易俗河镇山塘村横塘组侵害集体经济组织成员权益纠纷一案民事裁定书"⑥；第二，集体成员身份界定问题属于需要立法解决的问题，不属于法院民事案件的受理范围，如"陈某化与聊城经济技术开发区蒋官屯街道办事处固均店村民委员会侵害集体经济组织成员权益纠纷上诉案"⑦；第三，属于村民自治范畴，如"刘某平与湘潭县易俗河镇山塘村山塘组侵害集体经济组织成员权益纠纷一审民事

---

① 本文在北大法宝—司法案例（https：//www.pkulaw.com/case）平台上进行案例检索，将检索条件限定"案由"后，直接搜索"侵害集体经济组织成员权益纠纷"，之后再进行结果搜索，将检索条件限定为"争议焦点"，直接搜索"集体经济组织成员资格"，检索到从 1994 年到 2019 年 8 月 22 日的 3 213 个案例。在期望能够了解全国各地法院判决情况，并充分考虑到案例众多、精力有限因素后，本文在保障每个省份会有 10 个案例的基础上进行择取，省份内案例的择取方式主要考虑到与界定集体成员身份问题的相关性、案件发生时间，省内不同市的法院等因素，包括最高人民法院审理的一个案件在内，实际择取有效案例 311 个。同时，也借鉴了已有研究成果。

② 江晓华，2017. 农村集体经济组织成员资格的司法认定：基于 372 份裁判文书的整理与研究［J］. 中国农村观察（6）：14 - 27.

③ 赵元松，2018. 农村集体经济组织成员资格司法认定标准研究［J］. 法制与经济（10）：18 - 26.

④ 杜玫娟，2018. 农村集体经济组织成员资格认定标准研究：基于土地补偿款分配纠纷的案例分析［J］. 福建法学（1）：11 - 20.

⑤ 参见河北省承德市中级人民法院（2018）冀 08 民终 59 号民事裁定书。

⑥ 参见湖南省湘潭县人民法院（2018）湘 0321 民初 246 号民事裁定书。

⑦ 参见山东省聊城市中级人民法院（2017）鲁 15 民终 2459 号民事裁定书。

裁定书"①、"尹某云等诉鹤岗市绥滨县绥滨镇凤仪村民委员会确认集体经济组织成员资格纠纷案"②、第四，认为应当先由政府或有关部门解决，如"樊某花诉缙云县五云街道镇东村民委员会侵害集体经济组织成员权益纠纷案"③、"郭某民、郭某荣侵害集体经济组织成员权益纠纷二审民事裁定书"④。当然，也有很多法院直接以不属于法院民事案件受理案件为由作出了不予受理或驳回起诉的裁定，而没有进一步说明为何不属于法院民事案件受理范围，如"张某某诉滦平县小营满族乡盆窑村村民委员会侵害集体经济组织成员权益纠纷案"⑤、"施某英确认集体经济组织成员资格案"⑥、"起诉人何某英提起涉及集体经济组织成员资格确认案"⑦、"张某兰与长春经济技术开发区杨家村民委员会确认集体经济组织成员资格纠纷案"⑧ 等。

对涉及集体成员身份界定问题的相关案件受理后进行进一步审理的法院，在确定相关当事人是否具有集体成员身份时，主要考虑了户口、基本生活保障⑨、长期固定生产生活关系所在地、权利义务关系、村民意思自治等因素。以择取上述单一标准确定集体成员身份的裁判观点很少，各地法院多采用上述两个以上因素的综合判断标准。这种综合判断标准，又主要可分为三大类：第一，以户籍为基本判断依据，再结合其他因素进行判断，如"郴州市苏仙区飞天山镇飞天山村联合组与李某侵害集体经济组织成员权益纠纷上诉案"⑩、"文昌市铺前镇林梧村民委员会木兰村民小组与韩某洪侵害集体经济组织成员权益纠纷上诉案"⑪、

① 参见湖南省湘潭县人民法院（2018）湘 0321 民初 97 号民事裁定书。
② 参见黑龙江省鹤岗市兴安区人民法院（2017）黑 0405 民初 261 号民事裁定书。
③ 参见浙江省缙云县人民法院（2016）浙 1122 民初 302 号民事裁定书。
④ 参见广东省佛山市中级人民法院（2016）粤 06 民终 9263 号民事裁定书。
⑤ 参见河北省滦平县人民法院（2014）滦民初字第 1253 号民事裁定书。
⑥ 参见青海省西宁市中级人民法院（2017）青 01 民终 1344 号民事裁定书。
⑦ 参见海南省澄迈县人民法院（2016）琼 9023 民初 1140 号民事裁定书。
⑧ 参见吉林省长春经济技术开发区人民法院民事裁定书。
⑨ "基本生活保障"判断标准的核心在于，当事人是否取得其他基本生活保障，包括城市或其他集体的生活保障。
⑩ 参见湖南省郴州市中级人民法院（2018）湘 10 民终 461 号民事判决书。
⑪ 参见海南省第一中级人民法院（2017）琼 96 民终 2188 号民事判决书。

"张某等与合经区桃花工业园西安社区杨三村民小组等侵害集体经济组织成员权益纠纷上诉案"[①] 等；第二，以基本生活保障为基本判断依据，再结合其他因素进行判断，如"杨某明诉重庆市大足区宝兴镇虎形村第二村民小组侵害集体经济组织成员权益纠纷案"[②]、"文昌市铺前镇林梧村民委员会木兰村民小组与韩某洪侵害集体经济组织成员权益纠纷上诉案"等；第三、以长期固定生产生活关系所在地为基本判断依据，再结合其他因素进行判断，如"交口县双池镇店则沟村民委员会高家垣村民小组与刘某、刘某某、刘甲侵害集体组织成员权益纠纷案"[③]；第四，不分先后顺序，同时考虑上述几个因素，如"洛南县城关街道刘涧社区第七居民小组与赤某玲侵害集体经济组织成员权益纠纷案"[④]、"广德县新杭镇牛头山社区居民委员会下仁村村民组与陈某祥侵害集体经济组织成员权益纠纷上诉案"[⑤]、"吉安市庐陵新区禾埠街道吉丰村村民委员会第五村民小组诉刘某等侵害集体经济组织成员权益纠纷案"[⑥] 等。

（二）学界观点

无论是学界研究农村集体成员身份界定问题，还是法院审判涉及农村集体成员身份界定纠纷的案件，互相考察对方已有观点是常理。或许正是基于此，尽管就农村集体成员身份界定问题本身没有达成一致，但各界围绕该问题的形成的主要观点却是一致的。学界在界定农村集体成员身份时，考量的因素也是包括户口、基本生活保障、长期固定生产生活关系所在地、权利义务关系、村民意思自治等。且认为单一标准无法回应农村集体成员身份界定的复杂性，不利于城乡融合发展，应当采用

---

① 参见安徽省合肥市中级人民法院（2018）皖 01 民终 1037 号民事裁定书。
② 参见重庆市高级人民法院（2018）渝民申 169 号民事裁定书。
③ 参见山西省吕梁地区（市）中级人民法院（2017）晋 11 民终 2318 号民事判决书。
④ 参见陕西省商洛市（地区）中级人民法院（2017）陕 10 民终 571 号民事判决书。
⑤ 参见安徽省宣城市中级人民法院（2018）皖 18 民终 418 号民事判决书。
⑥ 参见江西省吉安市中级人民法院（2017）赣 08 民终 2047 号民事判决书。

复合标准来判断。"户籍＋基本生活保障＋其他因素"[①] 的复合判断标准在学界的认同率最高，但"户籍"与"基本生活保障"哪个才是基本的判断原则，学界争议比较大。持"基本生活保障"的观点[②③]认为，成员身份与户籍登记是存在差异性的，在改革开放之前，农村集体经济组织既是农民社区又是群众劳动组织和基层国家政权的统一，户籍登记与成员身份高度重合，户籍登记能够客观反映成员身份；但改革开放之后，户籍制度逐渐放开，人口流动加剧，户籍登记与成员身份的重合被打破，户籍登记已经不能反映成员身份。基于此，"基本生活保障"才是判断的根本准则。持"户籍"观点[④⑤⑥]的认为，"基本生活保障"的可操作性不强，而户籍管理在我国是确定公民身份的基本依据，户口的迁入和迁出是一种有章可循、有据可查的行政行为，将户籍作为核心考量因素，有助于提高成员资格界定的可操作性。

（三）集体产权制度改革实践中的观点

2014年，农业部会同中央农办、国家林业局研究制定《积极发展农民股份合作赋予农民对集体资产股份权能改革试点方案》（以下简称《方案》），在全国开展集体产权制度改革的先行先试。2016年中共中央、国务院下发《意见》，对推进集体产权制度改革进行顶层设计、总体部署。从2015年到2019年，农业农村部先后开展三批集体产权制度改革试点，共涉及1 000个县左右，约占全国总数的1/3。其中，2015年确定29个试点县，2017年确定100个县作为试点，2018年确定吉林、江苏、山东3个省开展整省试点，河北石家庄市等50个地市开展

---

① 其他因素中，长期固定生活关系出现频率比较高。
② 戴威，2016. 农村集体经济组织成员资格制度研究 [J]. 法商研究（6）：83-94.
③ 代辉，蔡元臻，2016. 论农民集体成员资格的认定标准 [J]. 江南大学学报（人文社会科学版）（6）：28-35.
④ 王利明，周友军，2012. 论我国农村土地权利制度的完善 [J]. 中国法学（1）：52.
⑤ 蒋璇，2017. 论农村集体经济组织成员资格认定制度 [J]. 邢台学院学报（3）：58-59.
⑥ 叶苏达，2017. 从土地承包仲裁看集体成员资格认定 [J]. 农村经济管理（5）：9-10.

整市试点，天津市武清区等 150 个县开展整县试点。界定农村集体成员身份，是农村集体产权制度改革中的重要任务之一。改革实践过程中，试点地区已经普遍出台农村集体成员身份界定的指导意见或者实施方案，试点地区农村集体成员身份大部分已经得到登记确认。

《方案》明确指出要按照尊重历史、兼顾现实、程序规范、群众认可的原则来界定农村集体成员身份，建立健全农村集体经济组织成员登记备案机制；《意见》则进一步规定要统筹考虑户籍关系、农村土地承包关系、对集体积累的贡献等因素，并就新增人口是否直接获取集体成员身份作出建议，提倡农村集体经济组织成员家庭今后的新增人口，通过分享家庭内拥有的集体资产权益的办法，按章程获得集体资产份额和集体成员身份。试点地区农村集体成员身份的界定工作通常按照"成立组织→制定方案→宣传动员→调查摸底→初步认定→公示修正→登记备案"的程序来进行。其中，方案制定上通常先由市一级或者县一级农业农村主管部门结合当地实际，在《方案》《意见》相关政策规定下，制定本行政区域的农村集体成员身份界定指导意见，并明确乡镇一级或村一级来制定更加具体的实施方案或者具体办法。本文在研究试点地区出台的具体实施方案和具体办法时，发现各试点地区的实施方案或者具体办法具有高度借鉴性，特别是同一省份内的试点。基于此，在确保研究结果能够反映目前改革过程中关于农村集体成员身份界定的真实情况的前提下，考虑到效率及试点政策文件的搜索难度，本文共搜集了 40 份各试点地区的政策文件。

试点地区关于农村集体成员身份界定的实施方案或具体办法就实践中如何开展农村集体成员界定工作及界定标准进行了详细规定，内容主要包括认定基准日确定、认定标准、认定程序三大块儿。首先，是确定基准日。基准日确定，就是各试点地区结合自身改革进程，确定某一时间点，该时间点之前，按照实施方案或具体办法确定的认定标准来界定农村集体成员身份，并进行登记备案。其次，是认定标准。试点地区关于认定标准的规定，在进行取得与丧失大分类的基础上，采用了类型化罗列的规制路径。通过整理分析 40 个试点地区的政策文件不难发现，在农村集体成员身份认定标准问题上，改革试点已经以下几个方面达成基本一致，具体情形如下。第一，能够取得成员身份的情形包括：①由原农业生产队、农业生产大队经改革、改造形成的经济组织成员及其衍生人口，且户口一直保留在本集体经济组织所在地的；②结婚、收养、政策、申请落户农村，且在农村集体长期生产生活；③户口迁出的在校大学生、士兵、服刑人员及未取得其他农村集体成员身份的外嫁女、入赘婿；④原本村村民因自谋职业、读书、自找门路、投靠亲友等原因将户口"农转非"，没有享受公务员、国家事业单位、国有企业、国有控股企业以及区级以上大集体企业（含区级）职工生活保障，且与本村集体经济组织形成较为固定的生产生活关系的。第二，丧失或者不能成员身份的情形包括：①死亡或符合民法规定宣告死亡条件的；②自愿放弃；③取得其他农村集体成员身份或者列入国家公务员、事业单位、国有企业序列或城市居民社会保障体系的；④户口在本村，但人不在本村长期固定生活，且已经不以农村集体经济组织所有的土地为基本生活保障的，俗称"空挂户"。至于基准日之后，如何界定农村集体成员身份，《意见》明确提出，"提倡农村集体经济组织成员家庭今后的新增人口，通过分享家庭内拥有的集体资产权益的办法，按章程获得集体资产份额和集体成员身份"。根据《意见》精神，部分试点地区文件作了重复性规定，但部分试点地区并未规定。不过，在《意见》已经作出鼓励新增人员在家庭内部解决的倾向性意见的背景下，未作交代的地方的倾向性做法一般是会与《意见》精神冲突的。

综上，在立法层面国家没有就农村集体成员身份认定标准作出统一规定的情况下，随着农村集体产权制度的改革，农村集体成员身份认定的实践工作已经开展。法院、学界及改革实践界一致认为，判断是否属于农村集体成员，绝对不能通过一个因素来判定，而必须综合考虑户籍、基本生活保障等因素。至于户籍与基本生活保障中以哪一个为主，则并未形成一致观点。此外，《意见》对农村集体成员界定后的新增人口如何获取农村集体成员身份作出了倾向建议，即提倡农村集体经济组织成员家庭今后的新增人口，通过分享家庭内拥有的集体资产权益的办法，按章程获得集体资产份额和集体成员身份。

五、评析

（一）整体评价

根据法院、学界及改革实践中形成的关于农村集体成员身份认定标准的观点得出的认定结果，与根据本文第三部分所提出的三方面的基本遵循得出的认定结果，具有高度一致性，尽管观点在具体表述上存在不一致。如，法院、学界认为应当通过综合考量户籍、基本生活保障、主要生产生活所在地等因素来确定农村集体成员身份，尽管其没有直接抓住判断是否具有农村集体成员身份的根本，但结合上述几个考量因素所最终得到结果，与依据基本遵循所得出的判断结果具有很高的一致性。这主要是因为，尽管户籍制度改革了，但户籍仍然与入社人员身份具有很大的相关性，不一致的地方实际上主要在于进城落户人员，如果把主要生产生活关系所在地、土地承包关系等考量在内，最终结果便高度重合。改革实践中的认定标准则更加细致，直接明确入社人员及其衍生人口为农村集体成员。同时，也承认农村集体决议的作用。

此外，需要单独说明改革实践中的创新之处，即《意见》提倡农村集体经济组织成员家庭今后的新增人口，通过分享家庭内拥有的集体资产权益的办法，按章程获得集体资产份额和集体成员身份。这一提倡对基准日农村集体成员身份认定后的新增人口，作出了新的安排，即不再专门就后续新增人口进行成员身份的认定，但并不否认其通过家庭成员身份来享有相关收益。这一提倡性的规定及实践中的直接落实做法，本质上是符合公平原则的。因为从起源上来看，可以直接被认定为农村集体成员的人员实际上仅限于最初入社的人员，因为他们是最初支付对价的人。入社人员的衍生人口能够取得农村集体成员身份，也是因为农村集体成员的默认。既然是农村集体成员的默认，那么后期也可以明确约定从某时间点起，不再默认。同时，这种固化成员的做法一定程度上也更加有利于产权明晰，方便后续市场交易的进行，是符合经济发展规律的。

（二）关于标准未统一便开展认定实践

全国范围内的农村集体成员身份认定问题本质上相同，具有制定同一认定标准的客观现实性。同时，确保农民在相同问题中适用统一的标准，才能最大限度实现法律平等，将农民权益被侵害的可能性降到最小。尽管法院、学界及改革实践在农村集体成员身份认定上应当综合考虑户籍、生活保障等因素方面达成一致，但在具体以哪一个因素为主及其他细节方面仍然存在不一致之处。在立法未就农村集体成员的认定标准进行统一规定的情况下，便直接在实践中开展关于农村集体成员的认定工作，容易出现相同情形有的地方村民能够获得农村集体成员身份，而有的地方村民却不能，这显然不符合法律平等原则。确定统一的农村集体成员身份认定标准，尽管不容易，需要考虑到历史遗留问题，但绝不是不可能。上文结合对该问题本质的分析，已经就农村集体成员认定过程中所应当坚守的基本遵循进行交代。因此，不能以问题的解决不容易为借口，就直接将问题的解决交由村民自治来决定。

农村集体产权制度改革试点地区，在认定农村集体成员身份之前，均会制定相应的指导性文件。如上文所提到的那样，方案制定上通常先由市一级或者县一级农业农村主管部门结合当地实际，在《方案》《意见》相关政策规定下，制定本行政区域的农村集体成员身份界定指导意见，并明确乡镇一级或村一级来制定更加具体的实施方案或者具体办法。省一级或者市一级的文件，都是根据《意见》来进行制定。这样的结构模式尽管一定程度上确保了全国范围农村集体成员身份认定标准的统一性，但调研中发现，在一些指导文件未作规定的地方仍然存在不一致。比如，吉林省松原市前郭尔罗斯蒙古族自治县长山镇四克基村《农村集体经济组织成员确认方案》规定户口在本地、在第二轮土地承包时未承包到土地、在本地居住、未享受村民待遇的人口，确认为本集体经济组织成员；但吉林省松原市前郭尔罗斯蒙古族自治县查干湖镇图那噶村《农村集体经济组织成员确认方案》则否定了此种情形下集体成员身份的获取。

（三）关于取得编制丧失农村集体成员身份

收集的 40 份村级农村集体经济组织成员确认方案中，均明确规定了，已经进入机关、事业单位、国有企业的正式在编工作人员、在编在册离退休人员，享受财政保障待遇的，不享受本集体成员资格。法院及学者均将生活保障作为判断是否具有农村集体成员资格的重要考量因素，所谓生活保障是指以是否依赖集体土地作为生活保障为基本条件。根据该考量因素，那些已经进入机关、事业单位、国有企业的在编人员或者已经退休的在编人员，享受财政保障待遇的，显然也不应当享有农村集体成员资格。这样的认定结果，显然不符合本文第三部分中所提到的认定农村集体成员身份认定所应当坚守的基本遵循的第三项，即不能以相关人员已经进城享受城市社会保障为由，而随意否定其农村集体成员资格。因为能够享有农村集体成员资格，本质上与其历史上是否支付进入农村集体的对价或者其是否属于支付进入农村集体对价的衍生人口，再或者获得了农村集体成员同意其进入的决议相关，而与进城与否无关，也与其是否属于在编人员或者享受财政保障待遇无关。实际上，这样的认定标准，不仅随意剥夺了其应当享有的农村集体成员权益，而且也有与按劳分配制度相悖。具体而言，部分村民通过自己努力成为有编制中的一员，最终却需要放弃自己的农村集体成员身份。这显然是毫无道理的。

同时，这样的认定结果也与当前宅基地使用权及土地承包经营权方面的相关规定不一致。是否具有农村集体成员身份，是是否能够获取宅基地使用权及土地承包经营权的基础。逻辑上，农村集体成员身份、宅基地使用权资格、土地承包经营权资格应当具有一致性。但《土地管理法》第六十二条第六款明确规定，国家允许进城落户的农村村民依法自愿有偿退出宅基地，鼓励农村集体经济组织及其成员盘活利用闲置宅基地和闲置住宅。《农村土地承包法》第二十七条第二、三款明确规定，国家保护进城农户的土地承包经营权。不得以退出土地承包经营权作为农户进城落户的条件。承包期内，承包农户进城落户的，引导支持其按照自愿有偿原则依法在本集体经济组织内转让土地承包经营权或者将承包地交回发包方，也可以鼓励其流转土地经营权，即农村村民不因其进城落户就丧失宅基地使用权、土地承包经营权。如果从逻辑上倒推，既然其仍然可以享有宅基地使用权、土地承包经营权，那么其便应当享有农村集体成员资格，因为宅基地使用权、土地承包经营权的享有者仅限于具有农村集体成员身份的人。

综上，当前关于农村集体成员认定标准的观点及改革实践，整体上符合本文第三部分中所提到的认定农村集体成员身份时所应当坚守的基本遵循，这包括《意见》关于基准日之后新增人口通过家庭内部分享集体权益的提倡。但仍然在两个方面的做法与基本遵循不符：第一，在没有统一规定的情况下就开展农村集体成员身份的认定实践，目前实践中，也的确存在认定标准不一致的情形；第二，不认定获取编制人员的农村集体成员身份。

六、结语

综上，本文就农村集体成员认定标准问题形成以下结论：

（1）农村集体与农村集体经济组织的不同，决定区分农村集体成员与农村集体经济组织成员两个概念的必要性。农村集体产权归属的明晰，需要以界定农村集体成员为前提条件。改革实践急需的也正是农村集体成员的界定，农村集体经济组织成员的界定依托于农村集体成员的界定。相关法律政策中，应当统一使用农村集体成员的概念，而非农村集体经济组织成员的概念。

（2）农村集体成员的认定应当符合公平正义原则。具体而言，农村集体成员身份认定需要坚持三个基本遵循：第一，确保原有加入人民公社人员及其衍生人口的农村集体成员身份是底线；第二，农村集体成员决定其他类型人员是否获得农村集体成员身份；第三，按照上述标准具备农村集体成员资格的人，不能以他们已经进城享受城市社会保障为由，而随意否定其农村集体成员资格。

（3）在立法层面国家没有就农村集体成员身份认定标准作出统一规定的情况下，随着农村集体产权制度的改革，农村集体成员身份认定的实践工作已经开展。法院、学界及改革实践界一致认为，判断是否属于农村集体成员，绝对不能通过一个因素来判定，而必须综合考虑户籍、基本生活保障等因素。至于户籍与基本生活保障中以哪一个为主，则未形成一致观点。此外，《意见》对农村集体成员界定后的新增人口如何获取农村集体成员身份作出了倾向建议，即提倡农村集体经济成员家庭今后的新增人口，通过分享家庭内拥有的集体资产权益的办法，按章程获得集体资产份额和集体成员身份。上述关于农村集体成员认定标准的观点及改革实践，整体上符合本文第三部分中所提到的认定农村集体成员身份时所应当坚守的基本遵循，这包括《意见》关于基准日之后新增人口通过家庭内部分享集体权益的提倡。但仍然在两个方面的做法与基本遵循不符：第一，在没有统一规定的情况下就开展农村集体成员身份的认定实践，目前实践中，也的确存在认定标准不一致的情形；第二，不认定获取编制人员的农村集体成员身份。

此外，农村集体成员认定关涉农民基本权利和保障，依据《立法法》第八条，需要通过法律进行明确规定。因此，尽管试点地区已经开展关于农村集体成员身份的认定工作，但仍有必要尽快推进相关立法，从立法层面统一认定标准。

三农干部教育培训

新时代"一懂两爱"
三农工作队伍培训需求研究

——以部司处级干部和县级农业农村部门负责人为例[①]

王立全　徐　倩　娄凯强

一、研究背景

（一）实施乡村振兴战略对农业农村干部履职能力提出高要求

2017年，党的十九大报告首次提出实施乡村振兴战略，要求必须始终把解决好三农问题作为全党工作的重中之重，并提出实现乡村振兴重要进展（2020年）、决定性进展（2035年）和全面振兴（2050年）的时间点；随后，中共中央、国务院印发《乡村振兴战略规划（2018—2022年)》，落实实现"产业兴旺、生态宜居、乡风文明、治理有效、生活富裕"五大总要求的具体规划。2019年，《中共中央　国务院关于坚持农业农村优先发展做好三农工作的若干意见》出台，在实施乡村振兴大背景下，确定打赢脱贫攻坚战、抓好粮食生产、增加农民收入、改善农村人居环境、补齐农村基础设施和公共服务短板是必须要完成的硬任务。

实施乡村振兴战略的规划和要求，给农业农村系统干部如何开展农业农村工作加上了计时器和考核单，明确了工作准则，拓宽了职能范围，并要求其不仅要实现农业保供给和保安全的基本产业要求，还要具备整治农村环境、规范乡村治理、提升农民幸福感等多种履职能力，这是全面建成小康社会决胜期，中央对农业农村干部必须要补齐农业农村短板的硬性规定。农业农村系统干部必须要短时间内尽快提升自身的履

---

①　基金项目：农业农村部管理干部学院重大课题项目。

职能力,尽早落实好乡村振兴的方方面面。

(二)农业农村系统机构改革对农业农村干部应知应会提出新需求

在党和国家机构改革背景下,农业农村部的正式组建,各省市县级农业农村部门重组也在有序推进中。此次农业农村系统机构改革力度大、范围广,将过去中央农办的职责、农业部的职责,以及发改、财政、国土、水利等部门的农业投资建设项目管理职责整合,改变传统产业部门性质,转变为综合管理部门,进一步加强了党对三农工作的集中统一领导,以期形成推进乡村全面振兴的强大合力。在机构改革后,各级农业农村部门的职能设置不仅要管生产力,又要管生产关系;既要管农业,又要管农村;既要管发展,又要管改革;既要管农村经济发展,又要管乡村社会治理;既要服务顶层设计,又要具体组织实施。这就要求三农干部们巩固原有知识体系,加快学习新政策和新职能,更好地履职尽责,发挥作用。

(三)新时代干部培训教育规划对农业农村干部培训提出新任务

2018 年底,中共中央印发《2018—2022 年全国干部教育培训规划》,提出未来 5 年内全国干部教育培训的方向和路径,要求深化干部教育培训改革,确保干部党性教育更扎实、专业化能力培训更精准、知识培训更有效,履职的基本知识体系不断健全、知识结构不断改善,着力提高培训针对性有效性,高质量教育培训干部、高水平服务党和国家事业发展。可以看出,精准施训是未来干部教育培训的必经之路,要实现精准施训,有效设计培训方案内容、优化培训方式方法,前提是必须摸清干部的培训需求。

(四)针对农业农村部系统司处级干部和县级农业农村部门负责人的培训需求研究具有实际价值

农业农村部系统司处级干部是乡村振兴战略的顶层设计者和政策制定宣贯者,是中央层面开展农业农村工作的主要干部队伍,县级农业农村部门负责人是乡村振兴战略的落实者,二者是三农干部队伍中践行乡村振兴战略、推动机构改革的主力军，是农业农村部管理干部学院培训"一懂两爱"三农干部队伍的目标群体和主要服务对象。摸清这两个群体的培训需求，不仅有助于了解新形势下农业农村干部开展工作存在的普遍困难和主要问题，也将为农业农村部管理干部学院回应服务主体的培训需求、精准施训提供重要的实证依据。

二、国内外相关文献综述

（一）培训需求研究相关文献

1. 培训需求研究的内涵　培训需求研究是由麦基和泰勒等人在1961 年提出的。他们认为培训需求分析是一种通过系统分析确定培训目标、培训内容及其相互关系的方法。我国的研究者将培训需求分析定义为通过收集组织及其成员的现有绩效的有关信息，确定现有绩效水平与应有绩效水平的差距，从而进一步找出组织及其成员在知识、技术和能力方面的差距，为培训活动提供依据[①]。也有研究者将培训需求分析理解为在组织支持的条件下，通过对组织目标、绩效水平、人员素质等方面进行系统诊断与分析，以确定现状与理想状态的差距是否需要通过培训来解决，以及通过何种培训来解决的问题[②]。

大多数学者对于培训需求研究的观点是一致的：一是明确组织目标或理想状态；二是诊断差距；三是分析结果的使用。

2. 培训需求研究的必要性　培训需求研究是提升成人教育及培训质量的前提性、基础性工作[③]。正确分析和把握培训需求，能够有效激发受教育者的学习热情和动力，帮助教育者设计科学合理、针对性强的培训项目，提升成人教育专业化水平[④]。

3. 培训需求研究的对象及方式方法　培训需求研究的对象大多集

---

① 徐芳，2005. 人力资源培训与开发技术［M］. 上海：复旦大学出版社：118－119.
② 吕蕾，2010. 中小学校长培训专业化研究［M］. 北京：北京师范大学出版社：45－49.
③ 于京天，2016. 干部培训需求研究引论［J］. 国家教育行政学院学报（12）：5－9.
④ 胡星，高园园，2017. "六网融通"人才培养模式中网络学习测评模式构建［J］. 中国远程教育（8）：8－12.

中于成人教育特别是职业教育，如农民、医生、教师、干部等。研究方法主要分为理论派和实证派。其中理论派分析方法主要是利用培训需求理论进行归纳总结，如国外培训需求经验借鉴[①]等；实证派主要是针对某区域的某一群体来研究，具有特殊性和针对性，如以河北省 1 250 个高素质农民为研究对象，利用比较分析法对培训内容、培训方式、培训时间、培训目的、培训地点等方面进行差异研究，准确把握不同收入水平高素质农民需求[②]；以海淀区中小学新任班主任为例，构建"行为导向的教师培训需求分析进阶模型"，在此基础上建构培训课程[③]；采用德尔菲法（专家调查法）制定河南省贫困人口培训需求调查问卷，实证调研三个贫困县贫困人口的学历特征及培训需求情况[④]。

（二）干部培训需求研究相关文献

1. 干部培训需求研究　大多数干部培训需求研究文献集中于实证研究。有学者通过问卷调查、学员座谈、个别访谈等实证研究方式对吴忠市委党校干部培训工作现状和干部培训需求情况进行调查汇总分析，找出干部培训工作存在的主要问题，提出以人为本、按需培训的服务理念和改革创新培训模式[⑤]；也有学者立足新疆维吾尔自治区 A 县基层干部教育培训现状，在干部教育培训实效性理论的基础上，通过问卷调查深入分析，找出培训方式、内容、师资等影响 A 县干部教育培训工作实效性的几项因素，并提出规范教育培训工作程序等建议[⑥]。

---

① 董娅，2015. 新型农民培训需求与国外经验借鉴［J］. 世界农业（4）：4-7.

② 王妍令仪，李逸波，王晓雯，2018. 不同收入水平新型职业农民培训需求差异：以河北省为例［J］. 江苏农业科学，46（23）：5-8.

③ 申军红，王永祥，郝国强，2016. 教师培训需求分析模型建构研究：以海淀区中小学新任班主任为例［J］. 教师教育研究，28（6）：8-11.

④ 刘顺霞，辛夏夏，闫志利，2019. 新时期河南省职业教育精准扶贫模式优化及路径选择［J］. 教育与职业（18）：6-9.

⑤ 杨红，2011. 吴忠市干部培训需求分析与培训策略研究［D］. 北京：中央民族大学.

⑥ 张丽红，2014. 新疆维吾尔自治区基层干部教育培训实效性研究：以 A 县为例［D］. 成都：西南财经大学.

2. 农业农村干部培训需求研究　农业农村干部培训需要以提高培训对象贯彻执行农业农村政策、把握农业农村发展规律、与农民打交道、学习和实践等诸多能力为目标。有学者对 A 大学继续教育学院 135 份农业农村干部培训需求调查问卷进行分析，结果显示：农业农村干部对政策和法律类知识需求较高，但实际受训比例却较低，对于能力与素质类培训内容的需求偏好特别明显；倾向于接受教授和研究员的专业培训，那些熟悉三农问题、专业素养和理论知识渊博、经验丰富的专家级培训师资更受农业农村干部的青睐；在方式上，农业农村干部更希望能够在宽松的环境中与教师有更多的交流①。

（三）文献评价

1. 已有文献的借鉴价值　在已有相关研究中，关于培训需求与培训需求分析内容，为本课题研究农业农村系统干部的培训需求提供了理论借鉴；关于培训需求研究方法有关内容为本课题实证农业农村系统干部的培训需求分析提供了方法借鉴；关于干部培训需求研究有关内容，为本课题研究农业农村系统干部的培训需求提供了实践借鉴。

2. 已有文献的不足之处

第一，形势不同。很少立足于乡村振兴战略和机构改革的大背景下进行农业农村干部培训需求研究。

第二，研究对象不同。已有研究对象大多是一个级别的农业农村干部，如县处级、科级等，难以找出差异化需求，无法更深入进行精准培训需求分析。从整个农业农村系统角度出发，分级分类研究农业农村干部培训需求的相关研究缺乏。

第三，研究深度不同。对如何深入分析不同级别、不同区域、不同层级的农业农村干部培训需求差异性和共性，如何根据已有需求研究结果，推导出具有可行性、针对性的培训措施，尚未有明晰、完善的研究模式。

---

① 明亮，胡家琪，2011. 农业干部培训需求分析 ［J］. 继续教育研究（12）：38 - 41.

三、调研基本概况

本研究以问卷调查作为最核心的研究方法。立足深入的文献分析，科学设计问卷，并利用专家打分法对问卷进行修订，在试调研的基础上，再次对问卷进行修订，最终确定面向部系统干部和县级农业农村部门负责人的两套问卷，问卷之间既有区别又有联系，能够实现两类群体的对比。本研究利用 4 个月的时间，面向不同群体所在班次发放问卷，共回收有效问卷 1 019 份，分群体来看：

1. 县级农业农村部门负责人　在大县局长轮训班上，面向县级农业农村部门负责人发放问卷，有效回收问卷 204 份，涉及 29 个省级单位，在地域分布上看，具有一定的代表性。

2. 部系统司处级干部　在部系统司处级干部学习《习近平关于三农工作论述摘编》轮训班上，面向部系统机关司局、派出机构、驻部纪检组司处级干部及"三院"司局级干部、直属单位领导班子成员和正处级干部等 1 000 余人发放问卷，有效回收 815 份问卷，占到调查对象群体的 70％，问卷的代表性非常强。

四、三农干部队伍提升履职能力面临的组织要求

（一）新时期干部教育培训规划对干部队伍能力提升提出新要求

2018 年 11 月 2 日，中共中央印发《2018—2022 年全国干部教育培训规划》，对干部队伍提出新的要求。规划要求，第一，省部级、厅局级、县处级党政领导干部 5 年内参加党校（行政学院或者行政学校，以下简称行政学院）、干部学院以及干部教育培训管理部门认可的其他培训机构累计 3 个月或者 550 学时以上的培训；科级以下干部每年参加培训累计不少于 12 天或者 90 学时；不同类别干部每年达到一定的调训率、参训率和人均脱产培训、网络培训学时数。第二，省（自治区、直辖市）、市（地、州、盟）、县（市、区、旗）党政领导班子成员每 2 至 3 年到党校（行政学院）、干部学院至少接受 1 次系统理论教育和严格

党性教育，5年内累计不少于2个月；一般每年参加1次1周左右的专业化能力专题培训。第三，中央党校（国家行政学院）和省、市两级党校（行政学院）教学安排中，以习近平新时代中国特色社会主义思想课程为主，理论教育和党性教育的比重不低于总课时的70％。各级党校（行政学院）、干部学院的主体班次都要设置党性教育课程，1个月以上的班次要安排学员进行党性分析，确保党性教育课程不低于总课时的20％。第四，省级以上党校（行政学院）、干部学院、社会主义学院主体班次中，领导干部讲课课时不低于总课时的20％，运用研讨式、案例式、模拟式、体验式、辩论式等互动式教学方法的课程比重不低于30％。

在内容方面，一是要求党的干部要坚持把学习贯彻习近平新时代中国特色社会主义思想摆在干部教育培训最突出的位置，结合"不忘初心、牢记使命"主题教育，在学懂弄通做实上下功夫。二是要求坚持理论联系实际，把自己摆进去、把思想摆进去、把工作摆进去，对照习近平新时代中国特色社会主义思想检视思想言行，真正筑牢理想信念、增强履职本领、提升品行作风。三是要求着力提升学习培训效果，党员干部挺起共产党人的精神脊梁，解决好世界观、人生观、价值观这个"总开关"问题，自觉做共产主义远大理想和中国特色社会主义共同理想的坚定信仰者、忠实实践者。四是强化专业能力培训，必须打造一支专业化能力强的高素质队伍，必须适应新时代、实现新目标、落实新部署的能力明显增强，干一行、爱一行、精一行的专业精神进一步提升。

（二）乡村振兴战略实施对三农干部队伍能力提升提出新要求

党的十九大对三农干部队伍能力提升提出新要求。党的十九大高度重视三农工作，习近平同志在党的十九大报告中强调，农业农村农民问题是关系国计民生的根本性问题，必须始终把解决好三农问题作为全党工作重中之重；提出坚持农业农村优先发展，实施乡村振兴战略。同时指出，乡村振兴战略的高质量推进，离不开高质量的三农干部队伍，必须加强三农干部队伍建设，持续提升三农干部队伍素质能力。党的十九大，高度重视农业农村干部的培养、配备、使用，并提出要培养造就一支懂农业、爱农村、爱农民的三农干部队伍，强调必须强化党的三农政策宣传和专业知识等培训,提升指导服务三农的本领。三农干部队伍要对农业农村农民有深厚感情,传承三农工作的价值理念和优良传统。

2019 年中央 1 号文件对三农干部队伍能力提升提出新要求。另外,2019 年中央 1 号文件指出,要持续推进乡村振兴战略,做好三农工作,以习近平新时代中国特色社会主义思想为指导,全面贯彻党的各项工作会议精神,坚持农业农村优先发展总方针,以实施乡村振兴战略为总抓手,对标全面建成小康社会三农工作必须完成的硬任务。为此,三农干部队伍,必须培养懂农业、爱农村、爱农民的三农干部队伍。三农干部大兴调查研究之风,倡导求真务实精神,密切与群众联系,加深对农民感情。坚决纠正脱贫攻坚和乡村振兴工作中的形式主义、官僚主义,清理规范各类检查评比、考核督导事项,切实解决基层疲于迎评迎检问题,让基层干部把精力集中到为群众办实事办好事上来。

(三)新时代的历史方位对三农干部队伍能力提升提出新要求

党的十九大对我国现在的历史方位作出新定义。以习近平同志为核心的党中央指出,我国的发展已经进入新时代。这个新的历史方位,在综合分析国际国内形势和我国发展条件的基础上,将 2020 年到本世纪中叶这 30 年分两个阶段来作出战略安排:第一个阶段,从 2020 年到 2035 年,在全面建成小康社会的基础上,再奋斗 15 年,基本实现社会主义现代化;第二个阶段,从 2035 年到本世纪中叶,在基本实现现代化的基础上,再奋斗 15 年,把我国建成富强民主文明和谐美丽的社会主义现代化强国。

新的历史方位对三农干部队伍的新要求。一是不断提升本领,努力树好担当作为形象。广大党员干部既要有宽肩膀,又要有硬肩膀;既要政治过硬,又要本领高强。要持之以恒抓学习,通过学习,着力提高政治领导本领、改革创新本领、科学发展本领、依法执政本领、群众工作本领、狠抓落实本领、驾驭风险本领。要增强突破创新意识,坚持与时俱进,站位大局、科学研判,探索开展工作的新思路、新方法、新举措,做善思善谋、善做善成的干部,在新时代担当新使命、展现新作为,努力创造光辉业绩。二是扎根农村,俯身农业,紧靠农民,到农民家里去探实情、解民困、办实事，全面客观了解三农工作实际情况，深入研究农业农村发展的新情况新问题，提出科学合理的政策建议，拿出务实管用的措施办法；到田间地头找到农村发展、农民富裕的新路子。三是努力做到对党忠诚、为党分忧、为党尽职、为民造福。有本领，就是要不断提升专业素养、优化知识结构，不断丰富三农专业知识和实践经验，使自己具备履行岗位职责所必需的专业知识技能，努力成为行家里手，在三农工作中勇于改革创新、攻坚克难，敢于坚持原则、敢抓敢管，不负党和人民重托。

五、新时代农业农村系统干部队伍基本情况

（一）部系统干部队伍基本情况

此次参加问卷调查的部系统干部包括机关和部属单位，基本覆盖了部系统的正处级以上干部和机关司局的副处级干部。因此，问卷的统计结果，能够很好地反映部系统处级以上干部的具体情况。不过，因为机关司局为副处级以上干部（共计 321 人），直属单位为正处级以上干部（共计 494 人），两类单位的调查对象级别不完全相等，所以为提高研究的代表性，我们将按单位来进行分析。

1. 年龄相对集中 问卷调查显示，调查对象的平均年龄为 49.2 岁，其中，司局级干部的平均年龄为 53.3 岁，处级干部的平均年龄为 47.5 岁。据统计，有近一半（48.1%）的调查对象年龄在 46~55 岁（图 1）。

2. 年轻干部所占比例不高 从机关司局内部看，35 岁及以下处级干部为 15 人，只占机关处级干

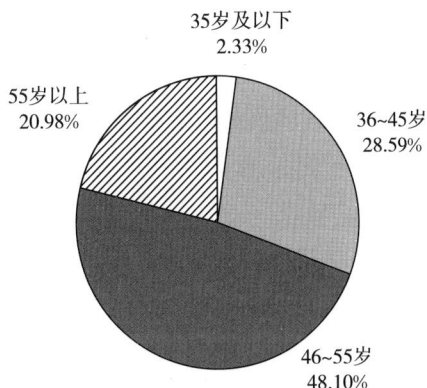

图 1 部系统干部年龄结构

部的 5.8%；45 岁以下的局级干部只有 5 人，占机关局级干部的 8.1%。两者的比例均不超过 10%。

从直属单位内部看，35 岁及以下的正处级干部为 3 人，占所有直属单位正处级调查对象的比例不足 1％；45 岁以下的局级干部为 5 人，占直属单位司局级干部的 2.8％。

综合来看，机关司局和直属单位的年轻干部比例都较低，直属单位的年轻干部比例比机关司局更要低很多。

3. 机关司局的专业分布比直属单位更加平均 从机关司局干部的专业背景看，排在第一位的是农学类，占比 26.79％；第二位是管理类，占比 23.99％；第三位是经济类，占比 21.18％；第四位是理工类，占比 14.64％（表 1）。分布比较平均。

从直属单位干部的专业背景看，有超四成的调查对象是农学专业，占比是排在第二位的理工类的 2 倍，管理类专业的调查对象只有 10.93％，是机关司局干部的一半。

表 1 机关司局和直属单位的专业分布情况

单位：％

单位类型	农学类	理工类	管理类	经济类	文史类	其他
机关司局	26.79	14.64	23.99	21.18	5.30	8.10
直属单位	41.70	20.04	10.93	18.22	4.45	4.66

综合来看，机关司局的干部专业背景分布更加平均，直属单位的干部专业比较集中于农学类，管理类的干部相对较少。

4. 机关司局的学历略高于直属单位 机关司局中，研究生所占比例为 66.36％，比直属单位的调查对象约高 15 个百分点；机关司局大专以下学历的百分比远比直属单位的低（表 2）。综合来看，机关司局的调查对象学历要高于直属单位。

表 2 学历分布情况

单位：％

单位类型	高中（中专）及以下	大专	本科	研究生
机关司局	0.00	0.62	33.02	66.36
直属单位	0.40	0.81	47.77	51.01

（二）县级农业农村部门负责人队伍基本情况

此次回收的县级农业农村部门负责人问卷共204份，虽与县级农业农村部门负责人整体相比样本量太小，但涉及了29个省份，能够一定程度上反映地方农业农村干部的情况。

1. 专业分布情况与部系统干部有一定差异 从图2来看，县级农业农村部门负责人中农学专业的比例与部系统干部接近，也都是排在第一位的专业。不同之处在于，地方干部中管理类的比例要比部系统干部高出近10个百分点，在理工、经济两类专业又与部系统有着明显的差距。

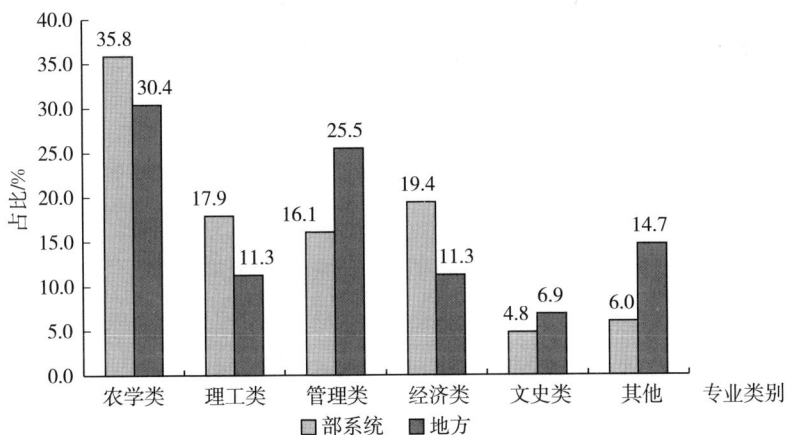

图 2 干部队伍专业情况

2. 从事三农工作的时间明显低于部系统干部 统计分析发现，多数县级农业农村部门负责人从事三农工作的时长不满10年，占比为47.1％，工作时间越长比例越低。与之相反，部系统干部从事三农工作经历不满10年的只占5.3％，工作时间越长比例越高，超过30年的干部占比为35.3％（图3）。综合来看，地方干部与部系统干部从事三农工作时长的情况完全相反，明显少于部系统的干部。

3. 学历以本科为主，研究生学历远低于部系统干部 如图4所示，有73.5％的县级农业农村部门负责人是本科学历，远远高于部系统干部的比例。同时，县级农业农村部门负责人研究生比例只占10.3％，远远低于部系统干部的57.1％。学历方面的差距，也符合中央和地方

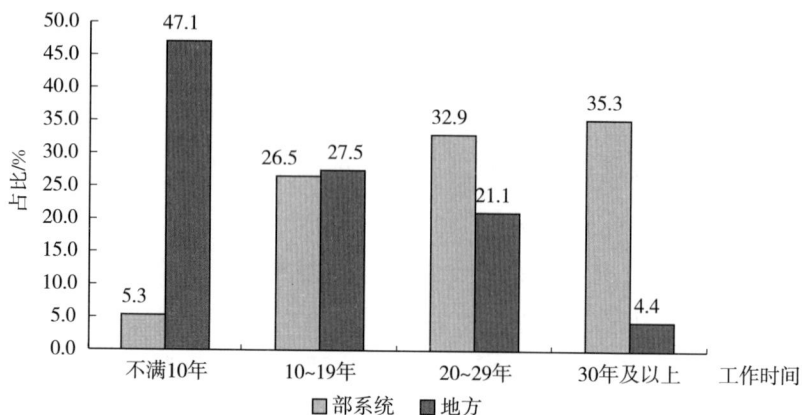

图 3　从事三农工作时间情况

公务人员学历的现实差异，侧面说明县级农业农村部门负责人的样本对研究整体有一定的代表性。

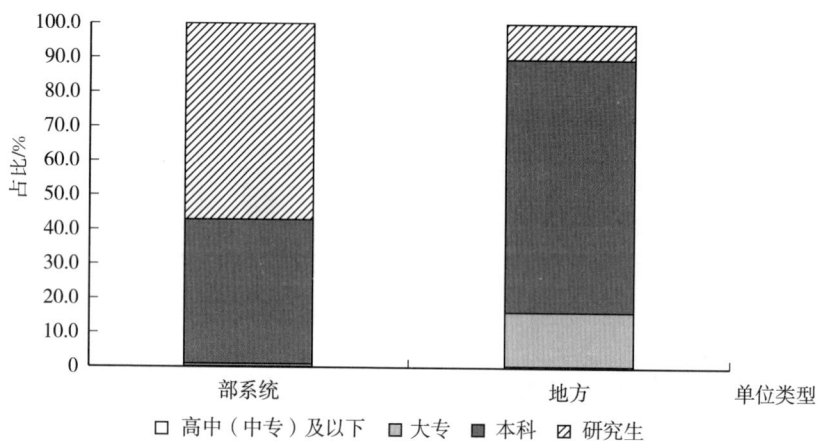

图 4　学历水平情况

　　综上，对所掌握的部系统干部和县级农业农村部门负责人两类样本的问卷进行对比统计分析，具有一定的研究意义。

六、农业农村系统干部履职困难与问题

（一）机构改革后带来的变化

　　经过新一轮机构改革，部系统和地方农业农村部门的职能都发生了

改变。这些改变对三农干部队伍面提出了很多新问题新要求，也直接给三农干部履职尽责提出了新的挑战。

1. 地方干部职责的变化比例远大于部系统 问卷调查显示，机构改革之后，部系统的干部队伍中，个人职责发生改变的比例为 34.8%，只占 1/3；县级农业农村部门负责人职责发展改变的占比 67.2%，达到 2/3，比例接近部系统的两倍（图 5）。这说明，地方干部因机构改革走向新岗位的情况更加普遍，也就是说有更多的地方干部走向了新的岗位或者承担了新的职能。经过机构改革，地方干部队伍将比部系统干部面临更多的职责变化的挑战。

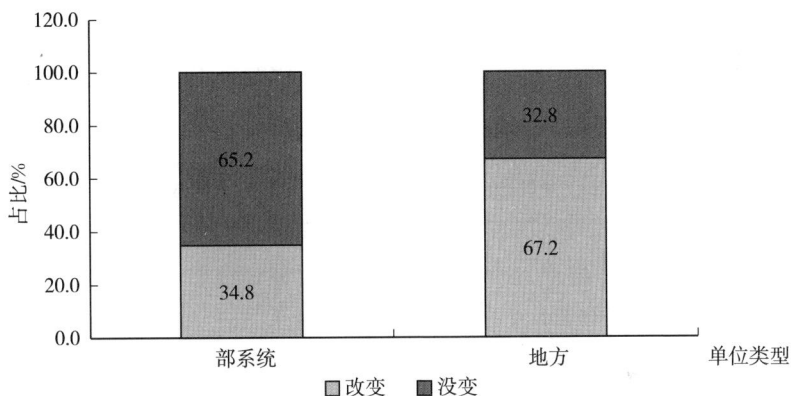

图 5 机构改革后职责改变的对比情况

2. 部机关司局干部职责变化比例远大于直属单位 从部系统内部来看，机关司局副处级以上的干部中，因机构调整而发生职责变化的干部占比超过 50%，直属单位正处级以上干部职责发生改变的干部只占 22.7%（图 6），不到机关司局的一半。从干部岗位和职责变化的情况来看，机构改革对机关司局的影响更大，机关内部的流动性也更大。

3. 改革创新和学习本领是所有干部队伍最急缺的 为了解机构改革对干部队伍能力提升需求的迫切程度，本研究罗列了习近平总书记提出的学习本领、政治领导本领、改革创新本领、科学发展本领、依法执政本领、群众工作本领、狠抓落实本领、驾驭风险本领共 8 个方面的本领，请调查对象从中选出"机构改革后个人最亟待提高的本领"。根据百分比多少排序后，排在前三位的本领需求见表 3。不难发现，无论是

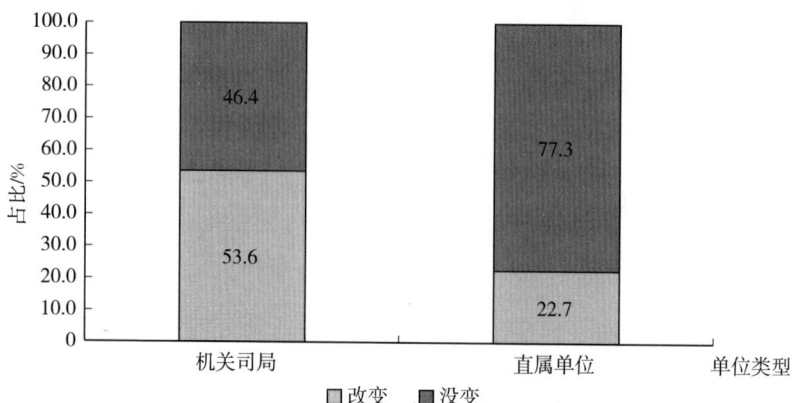

图 6 部系统内部职责改变的对比情况

部系统还是地方，部系统内无论是机关司局还是直属单位，改革创新本领和学习本领都是经历机构改革后大家认为最亟须提升的本领。

表 3 机构改革后最亟待提高的本领情况

单位类型	第一位	第二位	第三位
部系统	改革创新本领	学习本领	政治领导本领
机关司局	改革创新本领	学习本领	政治领导本领
直属单位	改革创新本领	学习本领	狠抓落实本领
地　方	改革创新本领	学习本领	科学发展本领（并列第二位）

在相对统一的需求背后，也有一定的差异性。从排在第三位的本领需求来看，部系统内的机关司局更需要政治领导本领、直属单位更需要狠抓落实本领，地方干部更需要科学发展本领。

（二）部系统干部队伍履职困难与问题

在推进实施乡村振兴战略目标和要求愈发明晰的背景下，经历新一轮机构改革之后，部系统干部面临很多改变。乡村振兴对工作的更高要求和这些新的改变，使得部系统干部履职尽责过程中面对着更多问题和困难。

1. 对政策方针的学习、理解、掌握有待进一步深入　掌握中央关于三农工作的政策要求,是每一个三农工作者履行好职责、推动实施乡村振兴战略的基础。为了解干部队伍对三农政策的掌握情况,我们请调查对象对自己掌握乡村振兴战略、农业供给侧结构性改革、习近平关于三农工作的重要论述进行评估。

在机关司局的调查对象中,表示"自主学习过"3项内容的比例都在60%左右,有近四成的调查对象没有自主学习过,"知道内容,但理解不够深刻"的占比都在40%左右,表示能够"深刻理解"的只占30%左右,表示"能够有效推进实施"的只占1/4(表4)。

表4 机关司局对相关政策掌握的自我评估情况

单位:%

相关政策	自主学习过	知道内容,但理解不够深刻	深刻理解	能够有效推进实施
乡村振兴战略	60.4	39.6	30.5	25.9
农业供给侧结构性改革	56.1	40.8	30.2	25.2
习近平关于三农工作的重要论述	57.9	38.0	35.5	25.5

在直属单位的调查对象中,表示"自主学习过"3项内容的比例均超过了机关司局的相应比例,表示"知道内容,但理解不够深刻"的比例也都略超过机关司局的相应比例,但是达到"深刻理解""能够有效推进实施"却比机关司局的相比略低(表5)。

表5 直属单位对相关政策掌握的自我评估情况

单位:%

相关政策	自主学习过	知道内容,但理解不够深刻	深刻理解	能够有效推进实施
乡村振兴战略	65.4	44.1	28.3	22.1
农业供给侧结构性改革	59.1	48.6	28.3	17.2
习近平关于三农工作的重要论述	63.2	40.7	35.6	21.7

综合来看,机关司局和直属单位的调查对象主动学习乡村振兴战略、农业供给侧结构性改革、习近平关于三农工作的重要论述的比例都

只在六成左右，作出能够深刻理解和有效推进实施的自我评估的调查对象比例更是很低，说明从自身角度来看，部系统干部队伍对政策方针的学习、理解、掌握有待进一步深入。

2. 对脱贫攻坚、粮食生产、农民增收 3 项"硬任务"的了解要高于农村人居环境、农村基础设施建设和公共服务 2019 年初，在解读中央 1 号文件时，农业农村部明确提出，对标全面建成小康社会，2019年必须完成打赢脱贫攻坚战、抓好粮食生产、增加农民收入、改善农村人居环境、补齐农村基础设施建设和公共服务短板 5 项"硬任务"。这5 项工作应该是部系统干部工作的重心。

问卷统计显示，机关司局和直属单位的调查对象对脱贫攻坚、粮食生产、农民增收 3 项"硬任务"的了解程度均好于农村人居环境、农村基础设施建设和公共服务（表6）。从机关司局与直属单位之间对比来看，机关司局对脱贫攻坚、粮食生产、农民增收的了解略微好于直属单位，而对农村人居环境、农村基础设施建设和公共服务的理解却略低于直属单位。

表6　对"硬任务"的了解情况

单位类型	"硬任务"	非常不了解	比较不了解	比较了解	非常了解
机关司局	脱贫攻坚	2.8	7.2	72.0	18.1
	粮食生产	2.8	11.5	67.3	18.4
	农民增收	2.2	11.5	72.3	14.0
	农村人居环境	3.4	29.9	58.6	8.1
	农村基础设施建设和公共服务	3.7	36.4	53.6	6.2
直属单位	脱贫攻坚	2.0	9.5	69.0	19.4
	粮食生产	2.6	17.8	62.8	16.8
	农民增收	1.8	17.2	69.6	11.3
	农村人居环境	2.4	29.6	59.1	8.9
	农村基础设施建设和公共服务	3.4	36.4	54.3	5.9

3. 底线、辩证思维的掌握运用情况好于创新、历史、战略思维 用

科学的思维方法观察、思考、分析问题，是以习近平同志为核心的党中央治国理政的鲜明特点。事实证明，科学的思维方法能够更好地增强工作的科学性、预见性、创造性、实践性。在不同的阶段，习近平同志多次强调领导干部掌握创新思维、历史思维、底线思维、辩证思维、战略思维等思维方法的重要性。本研究通过问卷让调查对象对自己掌握5种思维方法的情况进行自我评估。表7显示，部系统干部对底线思维的运用能力最好，有近21.8%的人表示非常擅于运用底线思维，远远高于其他思维；对底线思维、辩证思维的运用情况好于其他3种思维；对历史思维的运用情况比其他4种思维方法都要差。

表7　对5种思维方法的掌握运用情况

单位：%

思维方法	不知道是什么	只是知道	偶尔运用	能够运用	非常擅于运用
创新思维	0.1	2.3	19.3	67.9	10.4
历史思维	0.5	5.0	25.9	62.8	5.8
底线思维	0.2	2.1	9.8	66.0	21.8
辩证思维	0.0	1.7	14.0	71.9	12.4
战略思维	0.1	5.8	25.2	60.5	8.5

4. 对工作的压力和难度感受明显　为了解干部队伍对机构改革后三农工作的具体感受，问卷设计了工作难度、工作心理压力两道题，让调查对象分别对其打分（满分5分），0分就是工作更加容易、心理压力小，5分就是工作更难、压力最大。打分为0、1、2分，说明心理感知偏向更容易、压力更小；打分为3、4、5分，说明心理感知更难、压力更大。统计来看，工作难度的平均分为4.11分，工作心理压力的平均分为4.18分，打分在3分以上的调查对象占比分别为92.3%、94.7%，说明部系统干部在机构改革后工作压力和难度的感受明显。

分单位类型对比（图7、图8），机关司局打分小于3分的干部占比低于直属单位的该比例，打5分的比例要明显高于直属单位的该比例（均高出近10个百分点）。从平均分来看机关司局对于工作难度和心理压力的平均分分别是 4.26 分、4.29 分，直属单位的平均分为 4.01 分、4.11 分。综上，机关司局的干部工作压力感要比直属单位略显明显。

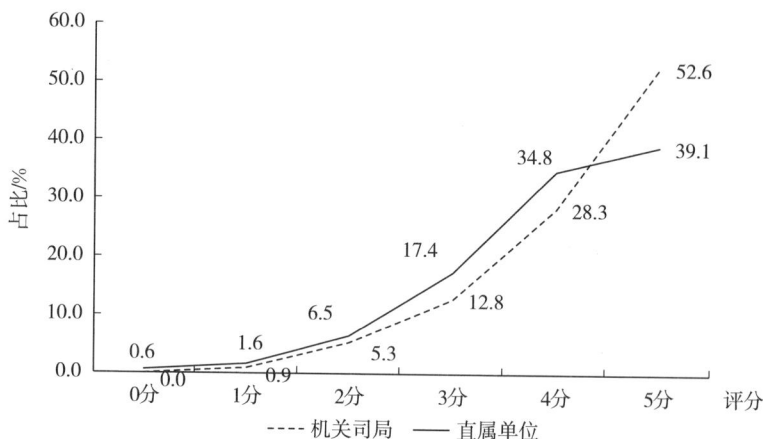

图 7 对工作难度的具体感受评分分布情况

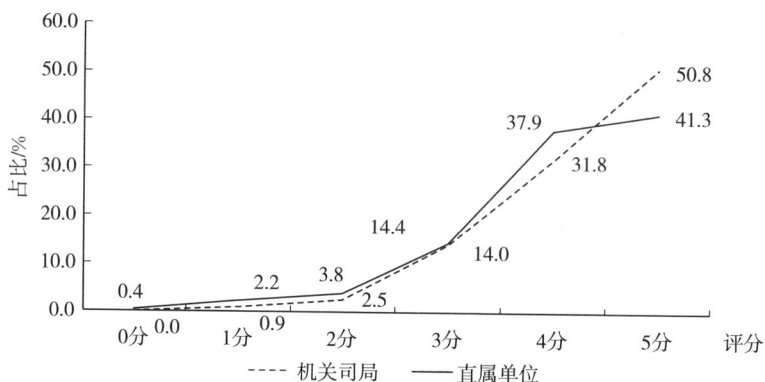

图 8 对工作心理压力的具体感受评分分布情况

（三）县级农业农村部门负责人履职困难与问题

作为乡村振兴战略在基层的具体实施者，县级农业农村部门负责人在履职尽责过程中出现的困难与问题与部系统干部又有一定的差异。

1. 地方干部对政策方针的理解掌握低于部系统干部 问卷调查显示，县级农业农村部门负责人"自主学习过"乡村振兴战略、农业供给侧结构性改革、习近平关于三农工作的重要论述的比例都不超过五成

（分别是 45.1％、39.2％、49.5％），分别比部系统该比例少了近 20 个百分点。地方干部表示能够"深刻理解"这 3 项内容的比例分别为 16.2％、10.3％、22.1％，也分别低于部系统的 29.2％、29.1％、29.1％（表8）。

表 8　地方干部与部系统干部对政策掌握自我评估的对比

单位：％

相关政策	单位类型	自主学习过	深刻理解
乡村振兴战略	部系统	63.4	29.2
	地方	45.1	16.2
农业供给侧结构性改革	部系统	57.9	29.1
	地方	39.2	10.3
习近平关于三农工作的重要论述	部系统	57.9	29.1
	地方	49.5	22.1

综上，地方干部对乡村振兴战略等政策方针的学习自主性不如部系统干部，对于这 3 项内容的理解程度也要低于部系统干部。整体来说，对于乡村振兴战略、农业供给侧结构性改革、习近平关于三农工作的重要论述等指导三农工作开展的重要政策内容，地方干部与部系统干部的学习掌握都有待进一步深化。

2. 比部系统干部更了解"硬任务"　面对 2019 年三农工作的"硬任务"，从比较了解、非常了解两个正向答案选择百分比来看，县级农业农村部门负责人了解程度的先后顺序是脱贫攻坚、农村人居环境、农民增收、粮食生产、农村基础设施建设和公共服务。综合来看，农村基础设施建设和公共服务是部系统和地方干部都最不了解的"硬任务"（表9）。

表 9　地方干部与部系统干部对"硬任务"了解程度的对比

单位：％

"硬任务"	单位类型	非常不了解	比较不了解	比较了解	非常了解
脱贫攻坚	部系统	2.33	8.59	70.18	18.90
	地方	3.43	4.90	59.31	32.35

（续）

"硬任务"	单位类型	非常不了解	比较不了解	比较了解	非常了解
粮食生产	部系统	2.70	15.34	64.54	17.42
	地方	3.43	10.78	61.76	24.02
农民增收	部系统	1.96	14.97	70.67	12.39
	地方	1.96	10.78	59.80	27.45
农村人居环境	部系统	2.82	29.69	58.90	8.59
	地方	1.96	9.80	58.82	29.41
农村基础设施建设和公共服务	部系统	3.56	36.44	53.99	6.01
	地方	2.45	19.61	57.35	20.59

与部系统干部对比来看，地方干部对脱贫攻坚非常了解的占比32.35%，高于部系统干部的18.90%；对粮食生产非常了解的占比24.02%，高于部系统干部的17.42%；对农民增收非常了解的占比27.45%，高于部系统干部的12.39%；对农村人居环境非常了解的占比29.41%，对农村基础设施建设和公共服务非常了解的占比20.59%，二者分别是部系统干部占比的3.4倍左右。综合来看，地方干部对三农工作"硬任务"的了解程度明显好于部系统干部，特别是农村人居环境、农村基础设施建设和公共服务。

3. 运用思维方法的自我评估低于部系统干部　在与地方干部学员座谈、聊天中，经常听到地方干部反馈说对方法、思维的掌握运用不好，有的甚至表示不太知道什么是思维方法、如何运用这些思维方法。问卷统计结果也反映了地方干部对思维方法掌握运用的不自信：对于创新、历史、辩证、底线、战略五大思维，县级农业农村部门表示非常擅于运用的占比都只有5%左右，唯有底线思维非常擅于运用的占比超过15%，但还是低于部系统干部的占比；表示对这5种思维"不知道是什么""只是知道"的占比明显高于部系统干部的相关占比（表10）。综合来看，地方干部对思维方法的掌握运用情况要比部系统干部相对较弱。

表 10　地方干部和部系统干部对思维方法掌握情况的对比

单位：%

思维方法	单位类型	不知道是什么	只是知道	偶尔运用	能够运用	非常擅于运用
创新思维	部系统	0.1	2.3	19.3	67.9	10.4
	地方	0.2	10.8	31.4	51.5	6.4
历史思维	部系统	0.5	5.0	25.9	62.8	5.8
	地方	1.0	21.6	26.0	48.0	3.4
底线思维	部系统	0.2	2.1	9.8	66.0	21.8
	地方	0.5	11.3	14.2	57.4	16.7
辩证思维	部系统	0.0	1.7	14.0	71.9	12.4
	地方	1.0	11.8	23.0	54.9	9.3
战略思维	部系统	0.1	5.8	25.2	60.5	8.5
	地方	2.0	19.1	27.9	46.1	4.9

4. 地方干部的压力感比部系统干部更大　统计结果显示，县级农业农村部门负责人对工作难度的评估平均分为 4.52 分，对工作心理压力的评估平均分是 4.55 分，均高出部系统干部近 0.4 分。从评分的分布来看，地方干部给工作难度打 5 分的占比高达 71.6%，远远超出部系统干部的该比例 44.4%（图 9）；地方干部对工作心理压力打 5 分的占比也高达 74.5%，部系统干部该比例为 45.0%（图 10）；地方干部

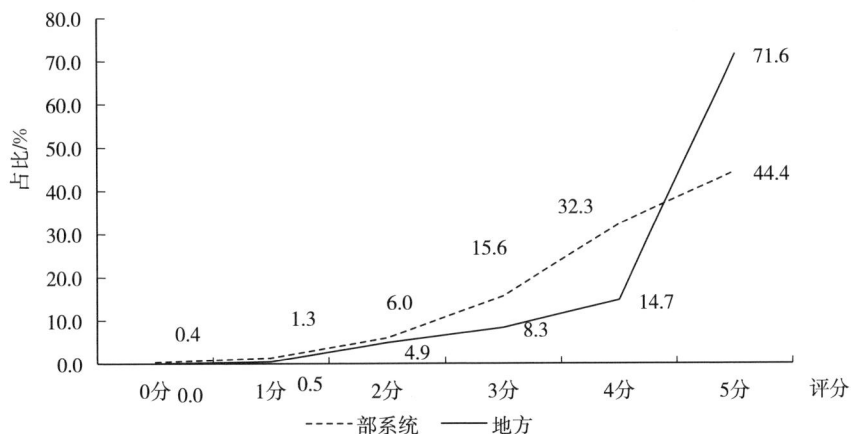

图 9　地方干部与部系统对工作难度的感受评分

给两项指标打 0 分的占比均为 0，而部系统干部还有个别人为两项指标打了 0 分。综合来看，地方干部对于工作难度和工作压力的自我判断明显大于部系统干部，表明地方干部承受的工作压力明显大于部系统。

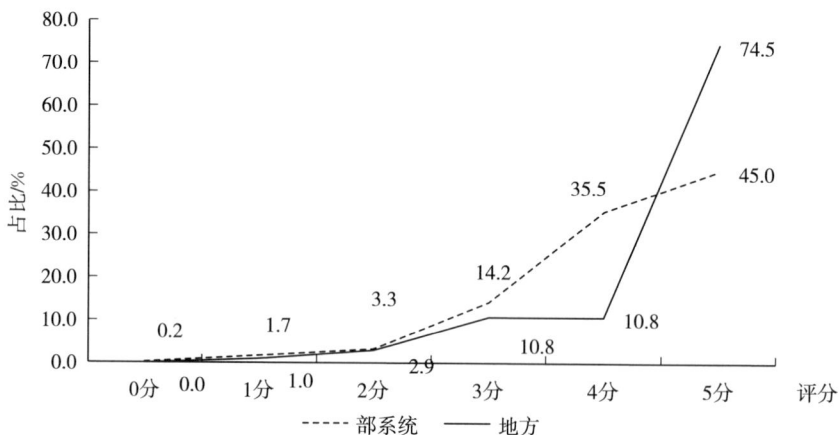

图 10　地方干部与部系统对工作心理压力的感受评分

七、农业农村系统干部培训的直接需求分析

（一）干部参加培训的情况

以往参加培训的情况会直接影响干部队伍对培训的需求。为更好地了解部系统和地方干部对培训的直接需求，本研究首先对调查对象的参训情况进行了了解。

1. 年均参加培训次数集中在 1～2 次，没有参加过培训的人很少

问卷统计显示，近 3 年来，大多数调查对象每年都有参加培训的机会，具体情况来看：第一，每年参加培训的次数集中在 1～2 次。县级农业农村部门负责人每年参加 1～2 次培训的占比为 74.51%；部系统干部每年参加 1～2 次培训的占比为 69.57%（表 11），其中机关干部为 76.6%、直属单位为 65%（图 11）。第二，地方干部没参加过培训的比例明显高于部系统干部。近 3 年平均每年没参加培训的地方干部比例为 7.84%，远高于部系统的该比例 1.47%，不过两个群体没有参加培训的比例都比较低。第三，部直属单位干部参加培训的次数多于机关司局。以往各次调研，经常听到直属单位干部反馈，与机关司局的干部相比培训次数太少，问卷调查结果不支持这个结论：部直属单位正处级以上干部平均每年参加培训多于 3 次的比例为 33.6%，而机关司局副处级以上干部该比例仅为 21.8%，相差超过 10 个百分点，侧面证明部直属机关干部参加培训的机会比机关司局要多。第四，部系统内，司局级干部参训的机会比处级干部多。如表 12 所示，部系统司局级干部不存在每年没参加培训的情况，处级干部为 2.1%；司局级干部每年参加培训超过 3 次以上的占比为 38.8%，处级干部仅为 24.9%。

表 11　近 3 年，平均每年参加次培训次数情况

单位：%

单位类型	0 次	1~2 次	3~5 次	大于 5 次
部系统	1.47	69.57	25.03	3.93
地方	7.84	74.51	14.71	2.94

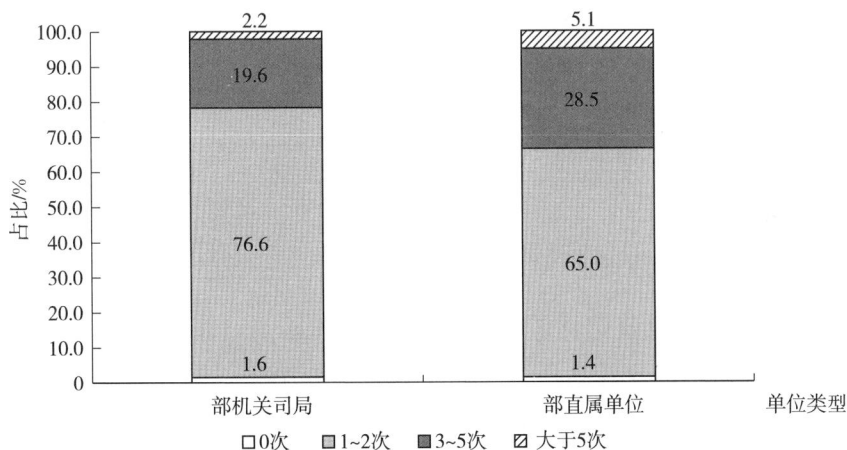

图 11　部系统内平均每年参加培训次数对比

表 12　部系统内司局级与处级参加次培训次数对比

单位：%

级别	0 次	1~2 次	3~5 次	大于 5 次
司局级	0.0	61.2	32.9	5.9
处级	2.1	73.0	21.8	3.1

2. 参加培训累计时长不容乐观　《2018—2022 年全国干部教育培训规划》《2019—2022 年农业农村部干部教育培训规划》中都明确要求，司处级干部 5 年内参加培训必须达到 3 个月或者 550 学时（平均每年至少参加培训 18 天以上），科级以下干部每年参加培训累计不少于12 天或 90 学时。问卷调查显示，关于培训时长的落实并不乐观。

第一，地方干部参训累计时长至少有七成不达标。统计显示，近 3 年平均每年参加培训累计时长少于 8 天的县级农业农村部门负责人占比73.04％（表 13），表明至少有七成的干部培训不足 8 天，更加难以达到县处级的平均 18 天要求。第二，部系统培训时长达标的占比不超15％。按照《2019—2022 年农业农村部干部教育培训规划》，部系统处级以上干部参加培训时长平均到每年应该不少于 18 天。参与问卷调查的部系统干部均为处级以上，但平均每年参训累计时长在 15 天以上的占比仅为 12.6％。换言之，部系统处级以上干部每年培训时长达标的占比仅有一成左右。

表 13　近 3 年，平均每年累计培训时长对比情况

单位：％

单位类型	0 天	≤3 天	4～7 天	8～14 天	≥15 天
部系统	0.61	17.55	46.26	22.94	12.64
地方	5.88	28.43	38.73	22.06	4.90

3. 对培训效果普遍比较认同　问卷调查显示，调查对象对以往参加培训的效果普遍比较认同（表 14、表 15）。第一，调查对象对培训满意度很高。在所有参加问卷调查的干部中，有 99.0％的人表示总体上满意所参加培训的效果，其中，表示非常满意的占比为 41.7％，比较满意的占比为 51.3％，非常满意占四成；有 95.4％的调查对象表示所参加的培训对工作帮助大，认为帮助较小和非常小的占比分别为 4.2％和 0.4％，其中表示对工作帮助非常大的占比接近六成。第二，地方干部对培训的满意度略高于部系统干部。县级农业农村部门负责人中，对参加培训非常满意的占比为 47.06％，略高于部系统干部的该占比40.37％；认为培训对工作帮助作用非常大的占比为 52.94％，高于部

系统干部的 39.51%。地方干部在参加培训次数和累计时长都比部系统干部少的前提下，对培训的满意度和实效性感受还能略高于部系统干部，一定程度上说明培训对于地方干部的效果略微比部系统干部明显。

表 14　对干部教育培训总体效果评价

单位：%

单位类型	非常满意	比较满意	比较不满意	非常不满意
部系统	40.37	58.53	0.86	0.25
地方	47.06	52.45	0.49	0.00

表 15　培训对工作的帮助效果

单位:%

单位类型	非常大	比较大	比较小	非常小
部系统	39.51	56.20	3.80	0.49
地方	52.94	41.18	5.88	0.00

（二）干部对培训的直接需求

单位类型、级别、年龄、岗位、专业背景等因素，会使干部个人对培训有不同的直接需求。开展培训的目的当然不是仅为了满足干部的个性化需求，了解掌握不同类型干部群体的共性需求是确保培训针对性、实效性的关键前提。

1. 对培训时间的需求　第一，近六成的调查对象认为应该每半年培训 1 次。当问及最理想的培训周期时，有 58.8% 的人表示应该半年培训 1 次，占比最高。其中，部系统干部中有 57.2% 的人认为最理想周期是每半年培训 1 次，县级农业农村部门负责人中有 65.2% 的人认为最理想周期为每半年培训 1 次。第二，四成的调查对象认为每次培训应该 1 周时间。综合考虑参训可能性、学习效果等因素，有 40.8% 的调查对象表示每次脱产培训最好为 1 周时间。其中，部系统干部和县级农业农村部门负责人在相对统一倾向 1 周时间之外，又有些许不同：部系统干部对 1 周以下培训时间的青睐程度高于地方干部，地方干部对 2

周培训时间的青睐程度远远高于部系统干部（将近2.5倍）（图12）。

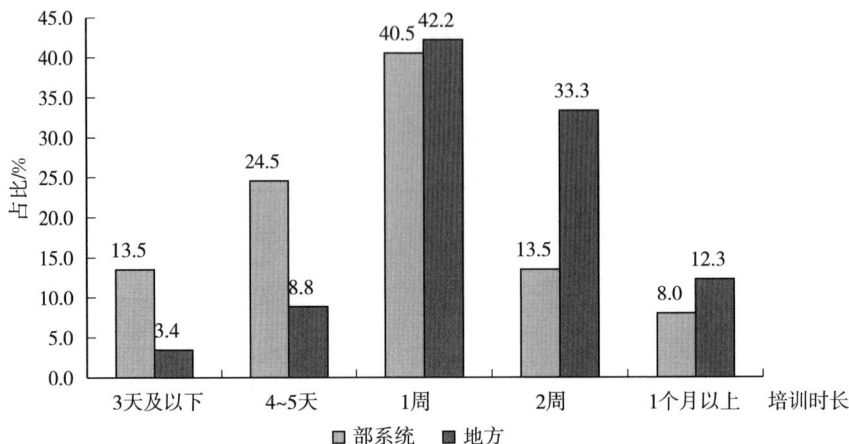

图12　部系统干部和地方干部对理想培训时长的倾向对比

2. 对培训内容的需求

（1）部系统和地方干部对培训工作的重点同中存异。问卷统计显示，当问及"机构改革后，当前干部教育培训的重点是什么"时，选择比例最高的答案是更新理念、提升能力方法，占比分别为39.2%和31.7%，远远高于提高理论水平、学习专业知识、统一思想等选项。分群体来看：一方面，部系统和地方干部都认为重点应该是更新理念、提升能力方法，不过部系统干部略微倾向于更新理念，地方干部略微倾向于提升能力方法；另一方面，部系统干部关于提高理论水平的倾向明显高于地方干部，地方干部关于学习专业知识的倾向明显高于部系统干部（图13、表16）。另外，部机关司局和直属单位关于培训重点的倾向基本一致（图14）。

（2）对乡村振兴总要求的5个方面学习需求不一。"产业兴旺、生态宜居、乡风文明、治理有效、生活富裕"是乡村振兴战略的总要求，这5个总要求是5个不同领域。为了解三农干部对这5方面的学习需求，问卷设置题目让调查对象选择最需要补充的一项。数据显示，不同群体对这5个总要求的学习需求不一。一方面，从地方和部系统干部来看，县级农业农村部门负责人特别倾向补充乡村产业知识，占比为51.5%，部系统干部选择乡村治理、乡村产业的占比最多，分别为30.9%、30.8%（图15、表17）。

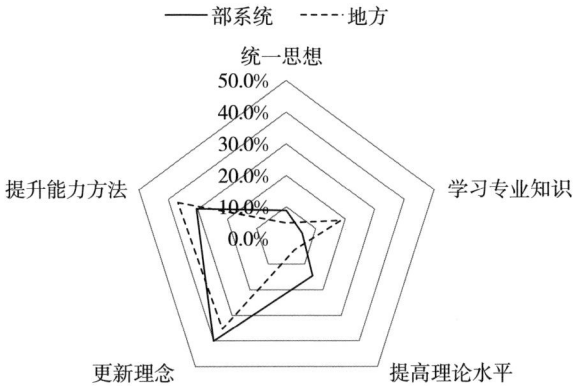

图 13　部系统和地方干部对培训重点的倾向对比

表 16　部系统和地方干部对培训重点的倾向对比

单位：%

单位类型	统一思想	学习专业知识	提高理论水平	更新理念	提升能力方法
部系统	8.8	5.4	14.5	40.1	30.4
地方	4.9	18.6	4.4	35.3	36.8
整体	8.1	8.1	12.5	39.2	31.7

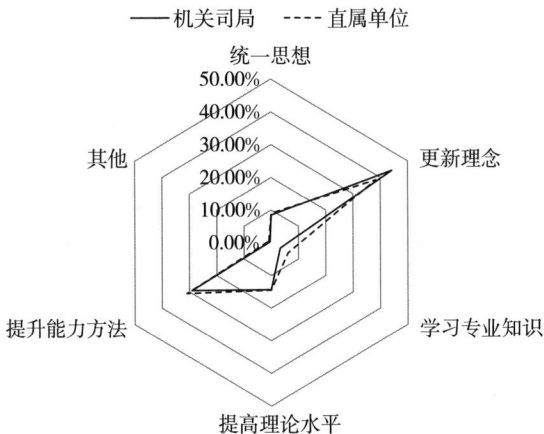

图 14　部机关司局和直属单位对培训重点的倾向对比

另一方面，从部系统内部看（图 16），占机关司局 39.6% 的干部表示最需要学习乡村治理，直属单位的干部最希望补充的是乡村产业知识。

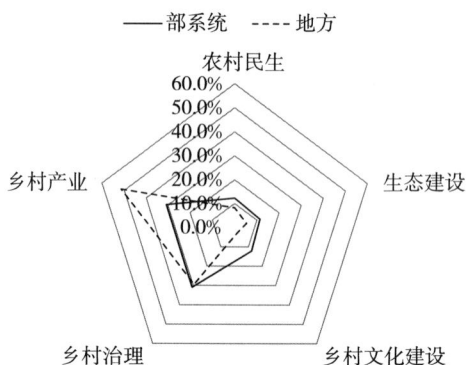

图 15　部系统和地方干部最需要补充知识的对比

表 17　部系统和地方干部最需要补充知识的对比

单位：%

单位类型	农村民生	生态建设	乡村文化建设	乡村治理	乡村产业
部系统	12.3	11.4	12.3	30.9	30.8
地方	8.3	5.4	2.5	29.4	51.5
整体	11.5	10.2	10.3	30.6	34.9

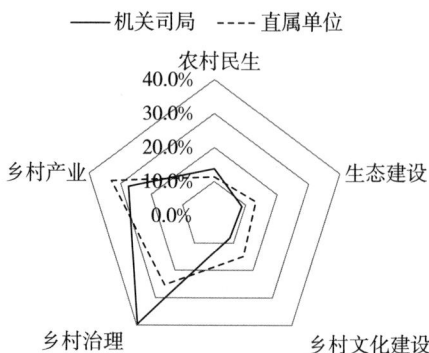

图 16　部机关司局和直属单位最需要补充知识的对比

（3）科学决策和开拓创新能力是最想通过培训来提高的。本研究在综合文献研究、专家咨询等基础上，罗列了政治鉴别、科学决策、专业技术、开拓创新、沟通协调、群众工作、团队建设、依法行政、处置突发事件、心理调适等 10 项能力，让调查对象从中选择最想通过培训来提高的能力。统计结果显示：一方面，科学决策和开拓创新是大家最想通过培训来提高的。分别有 62%、52.3% 的部系统干部选择这两个能力，分别有 53.4%、52.5% 的县级农业农村部门负责人选择了这两个能力，选择比例都是最高。另一方面，地方干部对专业技术能力的需求也很高。有 44.6% 的县级农业农村部门负责人想通过培训提高该能力，占比排在第三位，与前两位相差不大。

另外，从部系统内部来看，不同单位、不同级别的干部队伍，想通过培训来提高能力的选择基本一致，科学决策和开拓创新两能力非常突出，其他 8 项能力的占比也十分接近（图 17）。

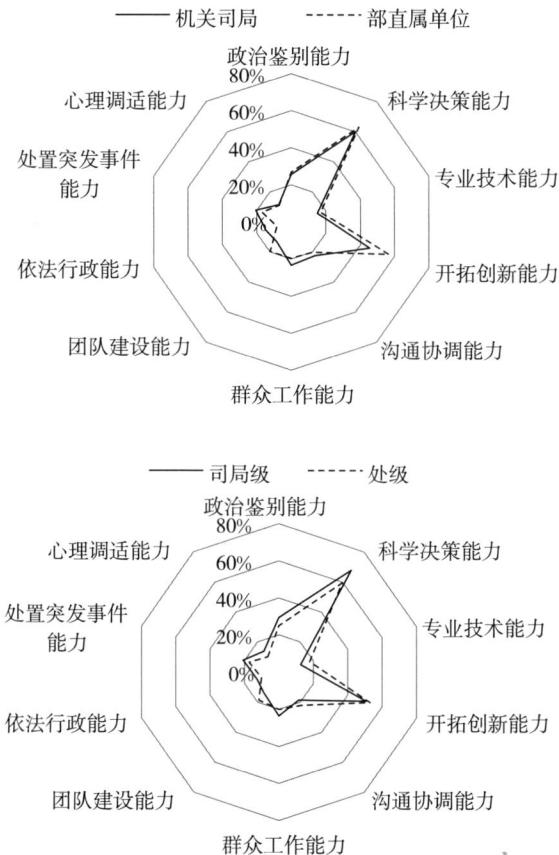

图 17　不同单位、不同级别对 10 项能力的学习需求

（4）三农政策、农业产业发展是整体最需要学习的具体知识。为了印证调查对象对乡村振兴战略相关知识的需求，本研究结合乡村振兴总

要求、"硬任务"、重点工作等内容，罗列了 14 项具体知识内容，请调查对象选择自己最需要补充的知识（表 18）。

表 18　对自己需要补充知识的选择对比

单位：%

知识内容	地方	部系统	部系统内不同分类			
			机关司局	直属单位	司局级	处级
三农政策	52.5	54.2	49.5	57.3	49.8	56.1
农业项目管理	37.3	17.7	17.8	17.6	12.2	19.9
农产品质量安全	17.6	15.0	8.1	19.4	16.5	14.4
农业产业发展	55.9	32.9	25.5	37.7	31.6	33.4
乡村文化	8.3	24.7	23.1	25.7	28.7	23.0
绿色农业	10.3	23.6	17.8	27.3	27.0	22.1
农业应急管理	2.9	11.5	10.9	11.9	11.8	11.4
农民增收	19.1	8.3	7.5	8.9	8.4	8.3
乡村规划	29.9	22.0	24.9	20.0	25.3	20.6
农村土地改革	16.7	17.5	24.0	13.4	12.7	19.6
基层党组织建设	2.0	11.4	15.0	9.1	15.2	9.9
农村公共服务	8.3	15.2	21.2	11.3	15.2	15.2
农村自治法治德治	13.2	13.7	18.4	10.7	15.2	13.1
农村集体经济	18.6	11.9	13.4	10.9	11.4	12.1

从整体来看，三农政策、农业产业发展是地方和部系统干部最想给自己补充的知识领域，其中地方干部分别把农业产业发展、三农政策排在第一、二位，部系统把三农政策、农业产业发展排在第一、二位。

从不同类型群体内部看，县级农业农村部门负责人还很关注农业项目管理和乡村规划两方面知识；机关司局的干部在农村土地改革、基层党建、公共服务、三治融合方面比直属单位干部的兴趣明显多一些（高出近 8 个百分点），直属单位干部在三农政策、农产品质量安全、绿色农业方面的占比明显高于机关司局干部（高出近 8 个百分点）；部系统内的司局级和处级干部关于这 14 项具体领域的百分比选择基本一致，表明司局级和处级干部在这些知识的需求方面没有区别。

八、结论

（一）研究运用培训需求的基本原则

研究培训需求，最核心的目的是改进培训工作，提升培训质量。对于三农干部队伍来说，乡村振兴战略对队伍建设的新要求，新一轮机构改革给队伍建设带来的新挑战，有的需求会随着时间的变化和工作内容的完成而消逝，有的需求则会因为新的变化而加强。因此，开展新时代三农干部队伍培训需求研究必须先回答三个问题。

1. 培训需求研究不是培训班需求调研 开展此项研究的过程中，研究团队内部一直存在一个困惑，我们通过大量的问卷调查去了解调查对象目前的培训需求，对未来培训工作的实践意义在哪里？比如，目前掌握的因为机构改革给干部队伍带来的心理压力会随着改革完成以及时间的延续而淡化，这些对于以后的培训工作参考意义不大。通过研究的进一步推进，我们逐渐清晰了培训需求研究的意义所在：开展培训需求研究，不同于开设某一个培训班之前的需求调研，不是为了改进某一个培训班的具体规划设置，而是为了把握对某一特定群体开展培训教育的具体规律，通过研究群体内不同类型的子群体对培训需求的异同、把握趋势性问题来为未来一段时间的所有培训工作开展的改善提供依据。机构改革虽然有时点，但是它所带来的工作变化会一直延续。所以，以新时代新要求为背景去研究三农干部队伍的培训需求规律，对未来（至少是下一年）的工作有非常重要的指导意义。

2. 培训需求必须区分层次 开展培训需求研究也好，开展培训需求调研也好，一般需要探讨培训目的、培训内容、培训方式、培训时间、培训地点、培训师资、培训组织等方面内容。研究分析培训需求，需要明确宏观、中观、微观三个层面的需求：培训目标（目的、主题）是开展培训的根本和关键，它是指导开展一项培训所有工作的原则，所以把握好培训目标（目的、主题）这一宏观需求是基本；培训内容、培训方式是相对中观层面的需求，是实现培训目标的框架支撑，围绕主题和各方需求选好内容、方式，能够确保培训最终实现宏观需求；培训的师资、时间、地点、环境、具体研讨工具等，都是微观层面的需求，都是工具。开展培训需求研究，最关键的是要通过宏观需求的满足确保培训"围绕中心、服务大局"，然后是通过中观需求的满足实现宏观需求的方向，最后才是运用微观的需求来完善培训的过程。

3. 培训需求应用的关键在于融合　培训需求的分类路径很多，按照时间分类，可将培训需求分为远期需求、中期需求和近期需求；按照培训过程分类，可将培训需求分为训前需求、训中需求和训后需求；按照需求对象分类，可将培训需求分为组织需求、岗位需求和个人需求。围绕新时代三农干部队伍建设开展培训需求研究，关键就在于找准组织需求、任务需求和个人需求三者的结合点。从指导培训工作的具体意义来说，要把实现组织需求放在首位，一切以"围绕中心、服务大局"为根本出发点，明确中央和部党组开展三农工作对干部队伍的需求，在此基础之上，再去探讨某些任务需要什么样的培训、某类群体有怎样共性的需求。所以，研究培训需求，先要明确组织需要补什么，再去研究任务需要补什么，最后再去结合个人需要补什么。

（二）新时代三农干部队伍培训需求的梳理

遵循上面所说的前提，梳理新时代三农干部队伍的培训需求就可以按照下面的逻辑展开：

1. 时刻遵循开展三农干部队伍培训的组织需求　所谓组织需求，往大说是中央立足国家经济社会发展对干部队伍提出的要求，要时刻把学习习近平新时代中国特色社会主义思想作为培训教育的永恒需求，将习近平总书记对所有党员干部提出的五大思维、八种本领作为教育培训提升的重要目标。这些是各领域教育培训干部的基本目标。立足三农工作，就是要把习近平总书记关于三农工作的重要论述作为指导遵循，时刻围绕推动实施乡村振兴战略的要求，把"懂农业、爱农村、爱农民"作为核心目的，结合不同阶段三农重点工作，去开展培训工作。

2. 三农干部队伍共同的培训需求　虽然部系统干部与以县级农业农村部门为代表的基层三农干部队伍在工作内容、工作要求等方面有许多差异，但还是存在共性的培训需求：一是对政策方针的培训需求，无论是从学习主动性还是从理解深入和运用水平来看，三农干部队伍对乡村振兴战略、农业供给侧结构性改革、习近平总书记关于三农工作的重要论述、三农政策等政策理论的学习都还有很长的路要走。二是对更新理念的培训需求，更新理念不是培训主题，而是开展培训工作的目标引导。三是对改革创新本领和学习本领的需求，无论是从能力不足还是从个人对本领提升的主观感受角度，改革创新本领和学习本领都是未来一段时间内，必须重视的培训教育主题。四是对提升思维方法的需求，包括创新思维、历史思维、战略思维以及决策、创新等能力。

3. 部系统干部队伍的培训需求　在本领方面，在关注改革创新和学习本领的基础上，还要关注机关司局干部提升政治领导本领的需求和直属单位提升狠抓落实本领的需求；在三农业务领域，始终关注产业发展，注意补齐农村人居环境、农业基础设施建设和公共服务方面的知识欠缺；在乡村振兴总要求方面，应该同时注重产业发展和乡村治理的培训需求，特别是机关司局干部对乡村治理知识的学习需求；在培训时间方面，考虑满足至少每半年 1 次培训、每次培训 1 周时间的具体需求，切实落实中央有关干部培训规定要求。

4. 地方干部的培训需求　在政策理论方面，更应该把三农政策的学习作为重要内容，因为地方干部本身对中央政策的学习主动性和掌握运用能力就弱于部系统干部；在本领方面，还要注重满足地方干部提升科学发展本领的需求；在三农业务领域，项目管理、乡村规划、农村集体经济都是目前地方干部比较需要的；在乡村振兴总要求方面，产业发展永远是地方干部培训学习的重点需求；在能力方面，要更加重视对五大思维的学习培训，也要适当关注压力调适方面的培训需求；在培训时间方面，考虑满足至少每半年 1 次培训、每次培训 1 周时间的具体需求，可尝试适当延长到 2 周。

（三）对开展培训工作的建议

《干部教育培训工作条例》明确提出，干部教育培训工作应当遵循的第一条原则就是"服务大局，按需施教"。通过研究新时代三农干部队伍培训需求，我们发现很难梳理清楚每一类群体的各种具体要求，例如我们知道了部系统司局级和处级干部对科学决策、开拓创新等能力的学习需求没有明显的差异，那不同年龄段、不同性别、不同学历等群体对乡村振兴战略、三农政策理论、工作方法等有哪些异同。通过研究，我们印证了培训需求对于开展针对性有效性培训的重要性。基于本研究，为了能够更好开展干部培训工作，我们建议：

1. 完善机制严格落实中央关于干部教育培训的有关要求 尝试探索将参加培训纳入提拔考核指标、将干部参加培训完成情况纳入绩效考核等机制，推动各级切实落实全国干部教育培训规划、干部教育培训工作条例等文件关于培训时长、内容、形式的具体要求，避免中央要求流于形式。

2. 完善部系统干部教育培训大数据 结合干部人事档案等工作，建立完善部系统干部教育培训大数据，详细记录归纳干部在不同阶段学习、培训的形式、内容、时长等信息，为完善干部教育机制，实现源头培养、跟踪培养、全程培养的素质培养体系打下实际基础（具体可参考海关系统的数据库建设）。

3. 探索央地培训机构联合培训模式 部党校与各省、市两级组织部门和党校（行政学院）组建农业农村干部培训联盟，一方面为地方农业农村干部培训提供更精准的政策解读、理论辅导等培训内容，另一方面为部系统干部培训提供更多"沉下去"了解基层的学习机会。

4. 建立贯通式培训机制 部系统干部和县级干部同期培训，有分有合。"分"的部分是有针对性地补短板，机关干部多安排农村人居环境、脱贫攻坚、基础设施建设和公共服务等课程，多了解具体工作；地方干部多安排农业政策解读、形势分析等课程，提升政策理论水平，知道是什么和为什么干。"合"的部分是加强互动交流，让地方干部交流工作经验、基层实情、工作瓶颈等，通过解剖麻雀和座谈交流给机关干部接地气。请机关干部介绍掌握的全国基本情况、工作重点和政策导向，帮基层干部通天线。通过这种安排，学学相长，取长补短，共同进步。

5. 围绕重点问题开发专题培训项目 围绕乡村振兴战略，立足阶段性三农重点工作和"硬任务"，结合部系统干部和地方干部的能力困惑和具体需求的共同特点，建议开发一些长期专题培训项目。结合研究的初步结果，建议开发：①三农政策研修项目。立足乡村振兴战略大主题，以习近平总书记关于三农工作的重要论述为指导和重点学习内容，每年结合农业农村重点工作，重点就中央的某几方面政策设立专题研修培训系列班次，请部系统和地方三农干部一起学习政策内容，研究政策意见建议，完善政策创设路径。②乡村治理培训项目。无论是从各级干部的实际需求，还是立足于所有三农工作的开展都基于乡村治理这一事实，都必须让各级干部理解乡村治理的内在机制，打造一套可以面向不同层级的、"理论＋实践案例"的乡村治理培训项目。③"新理念、新方法"研修项目。无论是理念还是本领或是方法，研究发现各级农业农村干部都对"新"有强烈的学习欲望，可以立足"新理念、新方法"，打造研修品牌项目，针对创新本领提升、创新思维训练等，结合案例、互动式等教学方法，面向不同层级的干部开设不同针对性的培训套餐。

三种教学方式在干部培训课程中
综合应用效果的影响因素分析

——以"高绩效团队建设"课程为例①

舒　畅　王思民

一、引言

　　干部教育培训是干部队伍建设的先导性、基础性、战略性工程，是干部队伍健康可持续的重要保障。当前，国内外形势的迅速变化和社会主义建设事业的深入，对干部的思想觉悟、知识能力、业务水平等提出了更高的要求，需要通过教育培训给予干部及时指导。然而传统单一的教学方式，越来越难以满足快节奏、高效率的干部培训需求。在成人教育培训中运用的教学方式主要是讲授式、研讨式和实践式，其中讲授式教学适用于传授事实性知识和规范性技能②，研讨式教学重在强调以学员为主体、以问题为中心③，实践式教学要求学员身临其境地研究问题④。而干部教育培训课程既是培训干部知识、能力、态度的载体，也是实现干部教育培训目标、确保干部教育培训质量的前提和基础，其教学方式的改变直接关系到培训效果的好坏，更应该结合干部成人教育特性、培训时间短、培训内容新、以问题为导向的培训特点，选择理论与实践相结合的教学方式实现干部认知迁移。

---

　　①　本文系 2018 年农业农村部管理干部学院院级课题"三种教学方式在《高绩效团队建设》课程开发中综合应用研究"的研究成果。

　　②　陈兴明，2001. 恰当运用讲授教学法［J］. 福州大学学报（54）：78 - 81.

　　③　周松峰，2014. 论干部培训现场教学的理论价值及实践辩证法［J］. 广西社会主义学院学报（1）：109 - 112.

　　④　朱谐汉，2014. 干部培训怎样落实学员的主体地位［J］. 人民公仆（1）：61.

2015 年，中共中央印发《干部教育培训工作条例》，指出干部教育培训应当根据内容要求和干部特点，综合应用讲授式、研讨式、案例式、模拟式、体验式等教学方法，实现教学相长、学学相长；2018 年，中共中央印发《2018—2022 年全国干部教育培训规划》，也提出运用研讨式、案例式、模拟式、体验式、辩论式等互动式教学方法，且课程比重不低于 30％。那么，如何综合应用不同教学方式，改进、提升干部培训课程的教学质量，更好地发挥干部培训的作用，哪些是影响不同教学方式综合应用效果的因素，成为目前亟待研究和实践的问题。

以往关于培训效果影响因素的研究相对较多，主要集中于农民工、企业员工、教师及干部教育培训中，例如陈如东等[1]以所承担的苏中地区农业干部培训项目为基础，利用 SPSS 统计软件和多维度-多归因量表设计调查问卷并进行分析得出，培训内容、培训方式、教学点安排对培训效果有显著影响；陈晓宇等[2]基于四川省、江苏省和北京市 1 200 个样本数据，分析农村实用人才培训的实施效果及影响因素，结果表明性别、受教育程度、培训考核严格程度、考核效度、考核结果与工作的相关度、培训跟踪服务、家人及政府的支持度对培训效果影响显著；王友芳[3]通过信度、效度检验以及结构方程模型分析 Z 市农村中小学校长培训效果，结果表明培训方式、专业发展态度、培训教师素质、培训课程内容对培训实效性具有显著正向影响；张景林[4]运用描述性统计法分析湖南等 4 省 704 位调研农民的培训效果，结果表明个人接受程度和应用能力、培训方式方法、教师水平、培训内容适用程度、政府扶持力度等因素对培训效果有显著作用；云绍辉等[5]运用相关性分析法对九江

① 陈如东，章凡，陈林海，2017. 基层农业干部培训效果及影响因素研究：以江苏苏中地区基层农业干部培训为例 [J]. 中国农业教育（2）：31 - 34.

② 陈晓宇，杨锦秀，朱玉蓉，2017. 农村实用人才培训效果及影响因素研究 [J]. 农村经济（11）：108 - 113.

③ 王友芳，2018. 农村中小学校长培训实效性影响因素研究 [D]. 成都：四川师范大学.

④ 张景林，2005. 农民培训效果及其影响因素研究 [D]. 北京：中国农业大学.

⑤ 云绍辉，周燕霞，2014. 中小企业员工培训效果影响因素实证研究：基于对九江地区的调查 [J]. 职业技术教育，35（34）：68 - 73.

地区 30 家中小型企业员工培训情况进行实证研究，结果表明，受训态度、工作投入度、培训内容、培训时间对培训效果的影响作用明显。

可以看出，学者们对培训效果影响因素的研究主要集中分析个人因素、培训因素、组织因素和外在环境因素对培训效果的影响，与之相关的干部教育培训效果影响因素方面的研究，为本研究提供了丰富的借鉴价值。但也可以看出，大多研究针对的是整体培训效果，并未对教学方式综合应用的培训效果及其影响因素进行分析；另外，在研究方法上，大多学者采用相关性分析等统计学分析方法，未能从意愿行为角度出发，系统剖析学员的培训认知程度。

因此，本研究运用行为经济学和培训有效性等理论，利用有序 Logit 模型和参加"高绩效团队建设"课程的农业农村干部问卷调研数据，实证分析学员对讲授式、研讨式、实践式 3 种教学方式在"高绩效团队建设"课程中综合应用的培训效果评价及效果评价的影响因素，力图揭示 3 种教学方式在干部培训课程中综合应用效果的关键点，为提升干部教育培训管理的专业化水平提供实证建议。

二、理论分析与前提假说

（一）理论分析

1. "高绩效团队建设"课程综合应用 3 种教学方式的必要性　讲授、研讨、实践 3 种教学方式综合运用在同一门课程中，能够帮助学员更好、更深刻地理解课程内容，便于学员尽快实现知识的积极迁移。"高绩效团队建设"属于能力建设类课程，但是作为干部培训课程，要求具有自主学习、以问题为导向的有效培训方式，这不仅需要传统讲授方式的宣贯，还需要采用研讨互动、实践体悟等多种培训方式配合，更需要实操性的指导。在课堂上仅采用讲授式教学，虽然可以满足干部提升能力的理论知识需求，但解渴度不够，容易造成学员知其然而不知其所以然。将 3 种教学方式综合应用，通过相互交流、实践互动，学员能更为深刻地学会如何参与高绩效团队建设，充分体现了干部培训中的能力建设类课程的理论结合实际的教学思路。

2. 行为经济学和培训有效性理论在干部团队建设类课程研究中的应用　行为经济学理论是将行为分析理论与经济运行规律、心理学有机结合起来的实用经济学理论之一。Fishbein 等人依据社会心理学提出理性行为理论，认为人做出某一特定行为是由他的行为意念决定的，而行为意念主要受认知态度与主观规范的影响①。Ajzen 等人提出的计划行为理论（TPB）认为，影响个人行为的因素有认知态度、主观规范和知觉行为控制②。人口、人格特质、对事物的信念、对事物的态度、工作特性、情境等内外生变量影响着认知态度、主观规范和知觉行为控制，这 3 个因素又驱动行为人产生行为意愿，而行为意愿会驱动个人行为的产生和完成。

团队建设类课程的开设目的是提高干部能力。要提高干部能力行为，先要改变干部的能力行为意愿，才能实现培训的有效性。这就需要在团队建设类课程中结合个人基本特征、认知特征（对培训不同环节的看法）、态度特征（参与性）来设计培训方案，选择不同类型的教学方式，调整受训干部对团队建设的认知态度、主观规范和知觉行为控制。因此，要研究干部对 3 种教学方式在"高绩效团队建设"课程中综合应用效果的影响因素，就需要了解干部的个人特征、对综合应用的认知和态度。

（二）研究假设

3 种教学方式综合应用效果如何，学员的所感所学是重要的衡量标准。因此，本研究将干部学员对 3 种教学方式综合应用的满意程度作为衡量其效果的标准，将因变量设置为学员对 3 种教学方式综合应用效果的满意程度，选项为完全不满意、不太满意、一般、比较满意、非常满意 5 种情况，分别赋值 1、2、3、4、5。根据行为经济学理论，结合培

---

① Fishbein M，Ajzen I，1975. Belief，attitude，intention，and behavior：An introduction to theory and research reading ［M］. Reading，MA：Addison-Wesley.

② Ajzen I，1985. From intentions to actions：A theory of planned behavior ［M］// Kuhl J，Beckman J. Action control：From cognition to behavior. Heidelberg，Germany：Springer：11－39.

训流程规范，本研究将个人基本特征、认知特征（对培训不同环节的看法）、态度特征（参与性）细化为个人基本特征、教学方式适应性、在教学环节间转变的紧密性、教师引导性、个人表现积极性，认为这五块内容是重要的影响因素。具体研究假设如下：

假设 1：学员个人基本特征。包括学员的年龄、学历水平和工作属性三个部分。其中，假定学员年龄越大，越不适应三种教学方式综合应用；学员学历水平越高，越认可三种教学方式综合应用；学员工作属性为行政综合岗，可能不太适应三种教学方式综合应用。

研究假设 2：教学内容与教学方式的适应性。假定，学员认为不同部分的教学内容与对应的教学方式越适应，则对三种教学方式综合应用效果越满意。

研究假设 3：教学方式在教学环节间转变的紧密性。假定，学员认为三种教学方式在各个授课环节都能做到灵活转变、紧密结合，那么，学员对三种教学方式综合应用效果表示满意。

研究假设 4：教师引导性。教师的引导性体现为学员认为能够听懂授课老师讲解的团队理论知识，授课老师选择的拓展游戏恰当，授课老师能够有效把控研讨主题、流程和时间，授课老师在拓展游戏和研讨中的点评到位，授课老师能够有效引导学员适应多种教学方式综合应用五类选项。假定，学员对教师在这些方面的引导性都认可，那么，学员会对三种教学方式综合应用效果表示满意。

研究假设 5：学员表现积极性。假定，学员对每个授课内容或环节都表现积极，那么，学员会对三种教学方式综合应用效果表示满意。

对模型变量的描述见表1。

表1　模型变量和预期影响方向

变量特征	变量定义	变量取值	预期影响方向
	学员对三种教学方式综合应用效果的满意程度（Y）	完全不满意＝1；不太满意＝2；一般＝3；比较满意＝4；非常满意＝5	

变量 特征	变量 定义	变量 取值	预期影 响方向
学员个人 基本特征	年龄（X1）	20～25 岁＝1；26～29 岁＝2； 30～35 岁＝3	—
	学历（X2）	本科＝1；硕士研究生＝2；博士 研究生＝3	＋
	工作属性（X3）	行政综合岗＝1；专业技术岗＝2	＋
教学内容与 教学方式的 适应性	不同教学内容与其对应 教学方式的适应性（X4）	不适合＝1；一般＝2；适合＝3	＋
教学方式在教学 环节间转变的 紧密性	三种教学方式在各个授 课环节是否做到灵活转 变、紧密结合（X5）	做不到＝1；一般＝2；能够做 到＝3	＋
教师引导性	教师引导有效性表现 （X6）	无效＝1；一般＝2；有效＝3	＋
学员表现积极性	学员在各个教学环节中 的积极性（X7）	不积极＝1；一般＝2；积极＝3	＋

三、模型构建、数据来源与样本特征

（一）模型构建

有序 Logit 模型表达式为：

$$\ln\{p(y \leqslant j|x)/[1-p(y \leqslant j|x)]\} = \mu_j - (\alpha + \sum_{k=1}^{K}\beta_k x_k)$$

（1）

其中，当实际观测变量有 J 种类别时（$j=1$，2，…，J），相应取值为 $y=1$，$y=2$，…，$y=J$，这样共有 $J-1$ 个 Logit 模型。由于存在被解释变量的离散性和有序性，本研究在探讨影响参训学员对 3 种教学方式综合应用评估意见因素时，采用该模型进行统计分析。本研究将因变量设为"非常满意""比较满意""一般""不太满意""完全不满意"5个等级，将影响学员评估的自变量设定为个人基本特征、教学方式适应性、在教学环节间转变的紧密性、教师引导性、个人表现积极性。

（二）数据来源和样本选择

为研究3种教学方式综合效果的影响因素，本研究根据已有研究成果和二手文献资料设计出干部学员调查问卷，并借助问卷星网站生成便于实施的电子版调查问卷。2018年3月1日至12月1日通过2017年、2018年农业农村部部属事业单位新录用人员培训班（以下简称"新录班"）班级微信群，就这两期培训班开设的"高绩效团队建设"课程中采用3种教学方式综合应用的培训效果，向参训学员发放电子调查问卷，要求每位被访者只能提交一份问卷。回收有效调查问卷为2017年新录班78份、2018年新录班113份，共计191份，有效率100%。

（三）样本特征

从表2样本统计特征信息来看，2期新录班的学员对3种教学方式综合应用效果的满意程度均值均在4.5以上，表明学员对3种教学方式综合应用效果均在"比较满意"等级及以上；从学员个人基本特征来看，2期新录班干部学员的年龄在30岁以下，学员学历主要以硕士研究生为主，工作岗位属性多为专业技术岗；从教学内容与教学方式的适应性上看，2期新录班均值均在2以上，表示大多数学员认为不同教学内容与其对应的教学方式相适应；从教学方式在教学环节间转变的紧密性上看，2期新录班均值均在2.80以上，表示大多数学员认为3种教学方式在各个授课环节中能够做到灵活转变、紧密结合；从教师的引导性来看，2期新录班均值均在2以上，表示大多数学员认为教师在"授课老师选择的拓展游戏恰当""授课老师能够有效把控研讨主题、流程和时间""授课老师在拓展游戏和研讨中的点评到位""授课老师能够有效引导学员适应多种教学方式综合应用"5个方面都能做到有效引导；从学员表现的积极性上看，2017新录班（均值1.96）倾向于一般积极，2018年新录班（均值2.50）倾向于积极。

表 2　样本统计特征

变量特征	变量定义	变量取值	均值(2017年新录班)	均值(2018年新录班)
	学员对三种教学方式综合应用效果的满意程度（Y）	完全不满意＝1；不太满意＝2；一般＝3；比较满意＝4；非常满意＝5	4.69	4.58
学员个人基本特征	年龄（X1）	20～25 岁＝1；26～29 岁＝2；30～35 岁＝3	1.90	1.50
	学历（X2）	本科＝1；硕士研究生＝2；博士研究生＝3	2.12	1.86
	工作属性（X3）	行政综合岗＝1；专业技术岗＝2	1.74	1.65
教学内容与教学方式的适应性	不同教学内容与其对应教学方式的适应性（X4）	不适合＝1；一般＝2；适合＝3	2.15	2.49
教学方式在教学环节间转变的紧密性	三种教学方式在各个授课环节是否做到灵活转变、紧密结合（X5）	做不到＝1；一般＝2；能够做到＝3	2.88	2.82
教师引导性	教师引导有效性表现（X6）	无效＝1；一般＝2；有效＝3	2.17	2.56
学员表现积极性	学员在各个教学环节中的积极性（X7）	不积极＝1；一般＝2；积极＝3	1.96	2.50

四、实证结果

由于 2017 年和 2018 年新录班属于 2 个不同时期的培训班次，考虑到时间因素的影响，本研究选择将 2 个班级分开进行影响因素分析。2 期培训班的实证数据自变量相关性检验结果显示，绝大多数自变量间相关系数不超过 0.3，所有自变量间相关系数都不超过 0.5，说明自变量间不存在严重多重共线性。随后，运用 stata 12.0 对两个有序 Logit 模型进行估计，得出 chi2（7）＝39.27（2017 年新录班）、83.96（2018 年新录班），自变量系数符号与预期影响方向基本保持一致，相关变量通过显著性检验（表 3、表 4）。

表3　2017 年新录班模型评估结果

变量特征	变量定义	系数	Z 值
学员个人 基本特征	年龄（$X1$）	0.41	0.67
	学历（$X2$）	−0.65	−0.78
	工作属性（$X3$）	−0.78	−0.87
教学内容与教学 方式的适应性	不同教学内容与其对应教学方式的适应性（$X4$）	1.15*	1.79
教学方式在教学环节 间转变的紧密性	三种教学方式在各个授课环节是否做到灵活转变、紧密结合（$X5$）	2.59**	2.01
教师引导性	教师引导有效性表现（$X6$）	1.26*	1.92
学员表现积极性	学员在各个教学环节中的积极性（$X7$）	−0.21	−0.36
	常数项	14.26**	

LR chi2（7）＝39.27；Prob＞chi2＝ 0.000 0

Pseudo R^2＝0.407 8；Number of obs＝78

Log likelihood＝−28.51

注：*、**、***分别表示在 10％、5％、1％显著性水平显著。

表4　2018 年新录班模型评估结果

变量特征	变量定义	系数	Z 值
学员个人 基本特征	年龄（$X1$）	0.82	1.47
	学历（$X2$）	−0.69	−1.23
	工作属性（$X3$）	−0.41	−0.78
教学内容与教学 方式的适应性	不同教学内容与其对应教学方式的适应性（$X4$）	1.64***	4.43

变量特征	变量定义	系数	Z 值
教学方式在教学环节间转变的紧密性	三种教学方式在各个授课环节是否做到灵活转变、紧密结合（X5）	1.24*	1.79
教师引导性	教师引导有效性表现（X6）	1.23**	2.21
学员表现积极性	学员在各个教学环节中的积极性（X7）	-0.38	-1.00
	常数项	6.11**	

LR chi2（7）＝83.96；Prob＞chi2＝0.000 0
Pseudo R^2＝0.44；Number of obs＝113
Log likelihood＝-52.75

注：*、**、***分别表示在 10％、5％、1％显著性水平显著。

1. 学员个人基本特征　学员的年龄、学历水平和工作属性，对学员对 3 种教学方式综合应用效果的满意程度的影响在 2017 年新录班、2018 年新录班样本中，均未通过显著性检验。

2. 教学内容与教学方式的适应性　在 2017 年新录班样本中，不同教学内容与其对应教学方式的适应性，对学员对 3 种教学方式综合应用效果的满意程度的影响具有正向影响，且在 10％水平上显著；在 2018 年新录班样本中，不同教学内容与其对应教学方式的适应性，对学员对 3 种教学方式综合应用效果的满意程度的影响具有正向影响，且在 1％水平上显著。这表明学员认为不同部分的教学内容与对应的教学方式越适应，则对 3 种教学方式综合应用效果越满意。

3. 教学方式在教学环节间转变的紧密性　在 2017 年新录班样本中，学员认为 3 种教学方式在各个授课环节都能做到灵活转变、紧密结合，对学员对 3 种教学方式综合应用效果的满意程度具有正向影响，且在 5％水平上显著；在 2018 年新录班样本中，学员认为 3 种教学方式在各个授课环节都能做到灵活转变、紧密结合，对学员对 3 种教学方式综合应用效果的满意程度具有正向影响，且在 10％水平上显著。这表明学员越认为 3 种教学方式在各个授课环节都能做到灵活转变、紧密结合，则对 3 种教学方式综合应用效果越满意。

4. 教师引导性 在 2017 年新录班样本中，学员认为授课老师能够有效引导学员适应多种教学方式综合应用的 5 类选项，对学员对 3 种教学方式综合应用效果的满意程度的影响具有正向影响，且在 10% 水平上显著；在 2018 年新录班样本中，学员认为授课老师能够有效引导学员适应多种教学方式综合应用的 5 类选项，对学员对 3 种教学方式综合应用效果的满意程度的影响具有正向影响，且在 5% 水平上显著。这表明学员认为授课老师越能够有效引导学员适应多种教学方式综合应用的 5 类选项，则对 3 种教学方式综合应用效果越满意。

5. 学员表现积极性 学员对每个授课内容或环节表现积极，对学员对 3 种教学方式综合应用效果的满意程度的影响在 2017 年新录班、2018 年新录班样本中，均未通过显著性检验。

五、结论与启示

本研究基于行为经济学理论和培训有效性理论，以 2017 年、2018 年农业农村部部属事业单位新录用人员培训班调研数据为基础，运用有序 Logit 模型验证了学员对讲授式、研讨式、实践式三种教学方式在"高绩效团队建设"课程中综合应用培训效果的评价及效果评价的影响因素。结果表明：

（1）讲授、研讨、实践 3 种教学方式在干部教育课程"高绩效团队建设"中综合应用效果明显，调研学员对这 3 种教学方式综合应用的效果表示"比较满意"，3 种教学方式在团队建设类课程中的综合应用具有可行性。

（2）教学内容与教学方式的适应、教学方式在教学环节间的紧密性、教师引导有效性对学员对 3 种教学方式综合应用效果的满意程度具有正向显著影响。

根据上述结论，本文认为干部教育培训可以继续探索讲授、研讨、实践 3 种教学方式在单门课程中的综合应用，特别是在团队建设类课程中的综合应用；在具体教学方案设计上，应重点关注如何实现不同教学内容与多种教学方式的适应融合、如何把握不同教学方式在教学环节间的紧密衔接和灵活应变、如何提高教师引导的有效性 3 块内容。

新时代干部人才
线上线下教育培训模式创新研究

张　萌

一、研究背景

1. 开展干部网络培训体现时代特征　进入新时代，随着网络信息技术的快速发展和广泛应用，中央对互联网发展规律的认识更加深刻。2016 年 10 月，习近平总书记在中共中央政治局第三十六次集体学习时指出，各级领导干部要学网、懂网、用网，积极谋划推动引导互联网发展。2018 年 4 月，习近平总书记在全国网络安全和信息化工作会议上强调，信息化为中华民族带来了千载难逢的机遇，我们必须敏锐抓住信息化发展的历史机遇。可以说做好干部网络培训工作，是学习贯彻习近平新时代中国特色社会主义思想，培养培育各级领导干部适应新时代、实现新目标、落实新部署、提高干部能力和综合素养的重要举措，也是我们抓住历史机遇，谋求新发展，决胜全面建成小康社会，夺取新时代中国特色社会主义伟大胜利，实现中华民族伟大复兴中国梦的迫切需要。

2. 开展干部网络培训符合中央部署　中央颁布的《干部教育培训条例》中，明确将网络培训作为干部教育培训的四种方式之一，并且提出"充分运用现代信息技术，完善网络培训制度，建立兼容、开放、共享、规范的干部网络培训体系，提高干部教育培训教学和管理信息化水平，用好大数据、'互联网＋'等技术手段"。2018 年 11 月印发的《2018—2022 年全国干部教育培训规划》，围绕干部教育培训和互联网融合发展，提出了目标任务和工作要求，调整了网络培训量化指标，将各类干部每人每年网络培训学时要求统一为不低于 50 学时，同时规定网络培训学时不计入脱产培训学时，进行单独核定。这一举措提升了干部网络培训的考核机制。中央的这些决策部署，既谋长远又重实际，既注重宏观指导又有了具体的措施举措，为干部网络培训指明了方向，提供了重要的遵循。

3. 开展干部网络培训契合主体需求　加强干部网络培训工作，是干部教育培训与时代同步发展，不断焕发活力的重要举措。如今4G网络基本普及，5G网络即将普及，智能手机、平板电脑等移动终端的发展日新月异。大数据、云计算、区块链技术推动工业时代向数字时代演进。截止到2019年6月，我国的网民规模已经达到了8.54亿人，互联网普及率达61.2%，网民使用手机上网的比例高达99.1%。互联网带来生活方式的改变，以及学习方式和学习习惯的转变。目前，网易的公开课、中国大学慕课等一大批网络培训平台发展迅速，受到广大网民的欢迎。各地各部门干部网络培训的平台建设和网络培训工作也呈现良好的发展势头，各单位各部门在干部网络培训体系建设、课程资源建设，以及新技术手段应用等方面，也都取得了一些成效，积累了经验。可以说，网络培训在干部教育培训中的地位日渐突出，作用日渐凸显，是大势所趋，也是人心所向，必将引发干部教育培训新的革命。

4. 开展干部网络培训已有实践探索　2012年9月，中国干部网络学院经时任中央政治局常委习近平同志批准开通运行。2016年，为进一步提高干部教育培训工作的信息化科学化水平，中组部调整了中国干部网络学院的功能定位，由在线学习平台转变为服务全国干部教育培训的在线综合管理服务平台，初步实现了管办分离。国家行政学院、中国浦东干部学院网络培训起步比较早，依托这两家单位的网络培训平台，建成了行政学院分院和浦东分院。2018年，依托中国大连高级经理学院，建成开通了企业分院。这三家分院承接了中国干部网络学院原有的在线学习培训职能。中组部对中国干部网络学院的章程进行了修订，建立健全资源建设、学习管理和运行维护机制，为中国干部网络学院和各分院安全可靠正常运行提供保障。2017年底，中组部发布了第一批中国干部网络学院五项标准，为实现资源的共建共享、数据的互联互通奠定了坚实的基础。

综上所述，开展干部网络培训，体现时代的特征，符合中央的部署，契合主体的需求，又有探索实践。特别是在新冠肺炎疫情等背景下，线下干部培训活动无法正常开展，亟须探索干部线上线下培训的新模式，补齐干部网络培训方面的短板。

二、文献综述

（一）国内研究情况

当前国内学者对干部教育网络培训的研究，主要可以分为以下几个方面：

1. 对于干部教育网络培训的发展现状和趋势的研究 韩秀峰在《"互联网＋"，培养干部的新熔炉》一文中提到，随着互联网终端的发展，不管是在家里还是在单位，或是其他户外环境，他所调查研究的蒲城县全县党员干部都可以借助电脑、手机、平板等多种终端进入全媒体学习培训平台，随时随地接受高质量的网络党校教育培训。他认为，学习平台集在线学习、信息发布、考试测评、培训管理、在线评估、资料查询、互动交流等功能于一体，适应了培训地点和时间碎片化的特点。潘娟在《"互联网＋"时代的干部教育培训》中描述道，"互联网＋"时代背景下，网络教育所具有的个性化、移动化、社会化、数据化特点体现得更加明显。作者主张建立干部教育培训数据库，使每一个学员都拥有自己的电子学档，记录学习培训的所有数据。黄嵩在《"互联网＋"时代干部在线学习发展对策研究》一文中总结了全国多个干部在线学习平台的经验，如"中国干部网络学院""人民公仆网""中国求索网""上海干部在线学习城""北京干部教育网""广东省干部培训网络学院"等。翟建在《发展干部在线教育 开拓干部培训新路》一文中以山西干部在线学院为例，详细介绍了山西干部在线学院的"教、学、管、评"方面的建设情况。其中他介绍了举办党政领导干部岗位专业知识网络培训，通过为期4个月的网络专题培训，涵盖课程13门共7个方面，并于培训结束后组织进行集中统一考试，以考核学员的学习情况。杨立军在《论我国干部网络教育的发展趋势》一文中指出我国干部网络教育的发展呈现以下几个方面的趋势：一是培训对象全员化；二是培训内容专业化；三是培训师资多元化；四是培训技术全媒体化；五是培训体系开放性。钱冬明、徐盈在《干部网络教育技术与趋势》一文中，在调研部分干部网络教育平台发展现状的基础上，介绍了移动学习、大数据、翻转课堂、虚拟现实、增强现实等技术在干部网络培训中的应用，并提出干部网络教育将向保准化、服务化、数据化、移动化、专题化方向发展。

2. 对于当前干部教育网络培训发展中存在的问题及对策的探讨　翟霞、冀翠萍的《大数据背景下干部网络教育平台发展的困境和出路》一文，在分析了干部网络教育平台的发展现状后，提出了一些设计、管理及发展上的问题，即理论研究不够深入，干部网络教育平台缺少内生力，进行综述性或简单论证的较多，调研、实证研究少，缺乏数据支撑；学习资源评价机制不完善，资源的标准性和针对性不强，从学习资源的制作、应用、评价到再生，都是需要关注的内容；学习过程粗放式监管，简单的"时间进度条"记录功能，无法收集学习点的反馈信息；学习考评仅注重结果，忽视学习效果的量化分析；协作和沟通发展滞后，不能满足学员及时沟通的需求。这一篇文章虽然是 2013 年发表的，但所反映出的问题现在依然存在，这些问题也是干部教育网络培训发展的关键。文中给出的对策包括：先进经验与培训特点相结合的顶层设计，资源更新与进化相结合的资源共建共享，专家评价与学员评价相结合的学习资源评价，以及组织安排与兴趣趋势相结合的学习资源推送等。王俏在《对新常态下高校党校干部网络培训的几点思考》中，充分肯定了干部教育网络培训的发展，也指出了在发展过程中应该注意的问题，首先是干部的参与热情度不高，建议将干部的网络培训与晋升、评优挂钩，建立健全奖惩机制；其次代替学习的情况，目前的技术难以做到是否本人学习的监控；再次是流媒体培训本身的弊端，即交互性不强，长时间视听学习容易导致疲劳，降低效率，建议在课程资源的建设上紧密结合科学性和实效性，多组织线下交流学习；最后是学员在学习中可能遇到的问题的情况，对此应该先做好相关学习和培训，并指派专门的人员进行答疑指导。

3. 针对干部教育网络培训平台的课程资源建设的相关研究　杜庆

昊在《干部在线教育培训微课程体系建设初探》一文中指出，目前全国干部在线学习平台的使用情况与大家的期望值有很大的差别。原因多种多样，首当其冲的就是课程资源的组织和制作不当。在线学习课程资源在形式、信息、内容等方面都应该更活泼，更加简明，特别是内容上，应该更加强调以知识点的传授为主，而不是像线下课堂教学那样的知识覆盖式传播。应该着重于课程展现形式的丰富、课程时长的控制、课程知识点的集中。而微课程由于其自身特点，必定能够在干部教育培训领域发挥重大的作用。对于干部在线教育培训的微课程体系建设发展，作者认为首先实现微课程的标准化，其次要建设微课程资源，然后是搭建微课程学习平台，最后以多种形式推送微课程。方明建在《全国干部网络培训课程资源建设模式与共建共享共担机制探讨》一文中指出，课程资源是干部网络培训平台建设的重点与核心。目前全国省级干部网络培训平台多采用以下课程资源建设模式：最主要的来源还是引进购买，同时结合自主开发、合作建设、组织征集或上级推送。这样的课程建设模式存在一定的问题，比如统筹规划不完备、标准不统一、自主开发课程质量差别大、微课程开发较为空白等。金冉在《党政类网络课程形式研究》中介绍了游戏化网络课程、微信移动课程这两类应用较少的网络课程形式，特色鲜明，令人耳目一新。他认为，网络课程在所有吸引学员学习的动因中，最根本的就是学习内容。党政类网络课程要在保证课程内容质量的基础上，追求理论与实际结合得更加紧密，主题与时代背景、社会热题联结得更加紧密。同时，课程内容又不失权威性和科学性，在深刻把握成人学习者的认知规律和心理特点的基础上设置课程的知识点。蔡凤伟、李璐在《干部教育培训课程建设的实践与思考——以甘肃干部网络学院为例》一文中，从个案角度对干部教育培训课程体系和课程建设进行探索和思考，提出课程建设要从务实管用、体现特色、及时更新、质量监督四个方面下功夫。

（二）国外研究情况

由于东西方学术交流的常态化，有关国外公务员教育培训的经验和启示也得到了国内学者的研究和借鉴。康晓丽在《创新干部教育培训模式的思考》一文中提到，在培训内容上，国外的主要课程包括公共行政管理、财政管理、经济学、计算机相关知识、政府与经济、政府与管理、培训与发展、个人能力、证书考试与论文指导、新技术、法律、欧洲研究、人事管理、社会政策、统计学、运筹学、管理学等。史新元在《美国公务员网络培训的特点及启示》一文中总结到，美国公务员网络培训的主要特点，一是公务员网络培训与政府整体信息化建设紧密结合；二是网络培训促进了政府人力资源管理信息化；三是网络培训与其他公务员培训项目配合实施。其对中国公务员网络培训的启示有：顶层设计，整体规划；明确分工，各负其责；更新体制，优化机制；资源共建，信息共享；培养队伍，加强研究。充分利用网络培训形成的"大数据"，建立干部知识结构和学习习惯分析模型，为科学评价公务员能力提供参考。

（三）文献评价

综上所述，从现有的相关文献中可以看到，目前学界研究主要集中在干部网络培训的意义、理论基础、平台优化及课程开发等方面。这些研究大部分是基于干部网络学院平台开展的相关研究，但对于无平台支撑开展的网络培训研究较少，其研究不足主要体现在以下几个方面：

1. 现有研究未深入辨析网络培训适用课程及对象 面向干部网络培训不同于面向学生的学校网络教育，前者是面向行政机关、企事业单位在职干部，其接受教育的目的并非取得文凭学历，且干部知识背景、工作岗位等千差万别。网络培训作为一种培训形式，面向什么类型的干部人才、开展何种类型培训，其培训效果也大大不同。

2. 现有研究未深入探究干部线上线下培训融合机制及方式 虽然干部网络培训可以在一定程度上缓解工学矛盾，但与线下培训相比，还存在很多的局限性，比如缺少互动氛围、听课效果不可控等。线上培训与线下培训深入融合才能发挥两种培训方式的各自优势。

3. 现有研究未涉足无平台依托的网络培训模式研究 平台建设是目前开展网络培训的一般模式，但这种方式存在技术要求高、维护成本高、重复建设多等问题，如何整合现有资源，发挥网易、腾讯等互联网平台作用，创新网络培训模式，意义重大。

三、国内干部网络培训现状及模式

就干部网络教育来说，从产生到现在经历了三个发展阶段：最初是中央党校在全国党校系统建立了远程教育网；接着是中组部牵头建立了全国农村党员远程教育网；再后来，建立了专门从事干部教育培训的网络学院。现在，全国已经形成了一个由中央和地方各级组织部门主办，分别由组织部、公务员局、党校、行政学院、电大、企业、普通高校承办的干部网络教育体系，并在干部教育培训中发挥了重要作用。

从目前我国干部网络教育培训实践来看，整体上以政府供给为主，大多为政策驱动，坚持公办公营，"干部网络培训"几乎等同于"公办教育"。国家级培训机构以"中国干部网络学院"为代表，集结"一校四院"经典课程，还在武汉大学等专业优势院校征集、定制、选用精品课程资源，是资源覆盖面广、更新速度快、知识权威、学习便捷、管理高效的干部在线学习平台。各省份也涌现了高质量的示范平台。如"上海干部在线学习城"的"学习中心"模块，通过教育超市、互动天地、在线考场、学习银行、网上办班、教管中心等，在网上实现教、学、考、管全过程管理。"北京市干部学习网"对各单位、学员的学习数量、时间进行排行公布，学员对课程的实名评价也滚动播报。"浙江领导干部网络学院"在平台设计上，整合了在线学习、移动阅读、互动交流、在线考试、服务管理等五大系统，具备开放性、灵活性、多样性、时效性和系统性等五大特点。安徽省干部教学在线平台自 2009 年正式启动以来，平台学员逐年递增，现有在线学员近 24 万人，在线课程 1 100 余门 5 000 学时，平台总访问量 11 730 万次，在安徽干部教育培训工作中发挥了重要作用。

（一）中国干部网络学院情况分析

1. 基本情况 中国干部网络学院于 2012 年 9 月 27 日正式开通，是依托互联网建设的国家级干部网络学习和管理平台，具有信息发布、在线学习、教学考评、培训管理、课程共享、交流互动等功能，可方便干部通过多种方式参加学习。中国干部网络学院以县处级以上领导干部为重点对象，开展专题培训、定制培训、衔接培训和干部选学。第一步先在中央和国家机关、北京市开通，2015 年扩展到全国所有司局级干部，2017 年扩展到所有县处级干部，逐步建设成为满足全国所有干部参与在线学习的平台。

2. 基本模式和特点　中国干部网络学院作为干部线上培训平台，依托线下实体培训机构建设，建设了党校（行政学院）分院、浦东分院和企业分院 3 所分院，内容依托各自优势资源，分别侧重党性教育、改革发展、企业管理等方面，形成各自特色。

标准建设，为了能使 3 所分院内容资源可在同一平台共享，促进各地网络课程资源进一步共建共享，中组部发布系列标准，内容涉及课程制作标准、课件标准、课程技术格式等。

从管理模式来看，中国干部网络学院作为学习和管理承接平台，分别由学员学习界面和管理员界面组成，各单位设联络员一名，负责本单位学员管理、学习督促等工作。

从运作模式来看，中国干部网络学院由中国电信提供支持，党校（行政学院）分院由国家行政学院音像出版社具体负责内容运营，浦东分院和企业分院分别由浦东干部学院和大连高级经理学院负责运营。

从特点来看，中国干部网络学院作为中组部主办的全国性干部网络学院，建设标准高、内容资源新、平台支撑强，在全国来讲具有一定先进性和示范性，多数省份建设的干部网络学院借鉴了此种模式。

（二）省级干部网络学院情况分析

1. 基本情况　从表 1 的统计数据我们可以看到：第一，干部网络教育专门网站的设立从 2004 年到 2016 年，历时 12 年全国各省份全部完成，而 2008 年习近平同志在全国干部教育培训工作会议上讲话之前只有 5 所，之后 2009 年、2010 年分别建设了 5 所、8 所；第二，几乎所有干部网络教育网站都是由组织部主办的，这充分体现了中央《干部教育培训工作条例》所明确规定的各级党委对干部教育培训的领导，保证了干部教育培训的正确方向；第三，省级干部网络教育培训网站中，组织部承办的有1个，企业承办的有1个，高校承办的有1个，这说明组织部、党校、电大是干部网络教育的主力军，它们在网络教育中的优势得到体现；第四，一些干部网络教育网站从筹建或试运行到正式开通，经历了一个较长的时间段，说明干部网络教育作为新生事物，它的成长需要一个过程；第五，有2个网站在建设过程中，承办单位有了一些变化，这也说明了干部网络教育发展过程的曲折。

表1　各省、自治区、直辖市干部网络学院的基本情况

序号	干部网络学院名称	主办、协办单位	承办单位	开办时间
1	北京干部教育网	组织部、人社局、国资委	组织部	2005 年
2	天津干部网络学院	组织部、党校、公务员局	电大	2014 年
3	河北干部网络学院	组织部	电大	2012 年
4	山西干部在线学院	组织部	电大	2011 年
5	内蒙古干部培训网络学院	组织部	组织部	2013 年
6	辽宁省干部在线学习网	组织部、人社厅、公务员局		2010 年
7	吉林省领导干部网络培训学院	组织部	电大	2005 年
8	黑龙江省干部教育网络学院	组织部	电大	2016 年
9	上海干部在线学习城	组织部	组织部、党校等	2005 年
10	江苏省干部在线学习中心	组织部	党校、行政学院	2008 年
11	浙江领导干部网络学院	组织部	移动公司	2010 年
12	安徽干部教育在线	组织部	组织部	2009 年
13	福建干部网络学院	组织部	党校、行政学院	2008 年
14	江西干部网络学院	组织部	党校	2015 年
15	齐鲁先锋-灯塔-党建在线	组织部	组织部	2009 年
16	河南干部网络学院	人社厅、公务员局	公务员局	2011 年
17	湖北省干部在线学习中心	组织部	党校	2010 年
18	湖南省干部教育网络培训学院	组织部	电大	2010 年
19	广东省干部培训网络学院	组织部	党校	2014 年
20	海南行政机关公务员在线学习网	组织部	电大	2011 年
21	广西干部网络学院	组织部	党校	2011 年
22	重庆干部网络学院	组织部	工商大学	2009 年
23	四川干部教育培训网	组织部	党校	2006 年

（续）

序号	干部网络学院名称	主办、协办单位	承办单位	开办时间
24	贵州省干部在线学习学院	组织部	电大	2008 年
25	云南省干部在线学习学院	组织部	电大	2007 年
26	西藏干部教育网在线学习平台	组织部	党校、行政学院	2011 年
27	陕西干部网络学院	组织部	组织部	2010 年
28	甘肃干部网络学院	组织部	电大	2009 年
29	青海干部网络学院	组织部	电大	2013 年
30	宁夏干部教育教育培训网络学院	组织部	党校	2009 年
31	新疆干部网络学院	组织部	党校、行政学院	2016 年

2. 基本模式和特点　干部网络教育目前在全国各地都已经建立起来了，有些省份办出了经验，办出了成效，形成了一定的干部教育培训模式。从干部网络教育主办、协办与承办的主体来看，一般都是由组织部牵头主办，承办则分为 7 种类型：①由组织部主导下的多个机构联合承办；②由组织部下属的远程教育专门机构承办；③由公务员局承办；④由党校（行政学院）承办；⑤由广播电视大学承办；⑥由移动公司承办；⑦由普通高校承办。从平台的架构来看，可分为单一平台、分类平台、混合平台和复合平台。从覆盖范围来看，可分为全覆盖和部分覆盖。从办学体制来看，可分为党委政府主办型、承办单位自主办学型、党委政府主办承办单位自主办学型。具体的建设模式见表 2。

表 2　典型模式及特点

模式类型	代表省份	特　　点
合作共建模式	上海	1. 单一全覆盖的建设模式；2. 线上线下相结合的混合式教育模式；3. 有明确的学习任务和要求；4. 有完善的课程体系；5. 管理严格；6. 有移动学习平台
	辽宁	1. 分类全覆盖的建设模式；2. 课程设置分为必修课和选修课；3. 共建共管的治理模式；4. 统分结合的教育模式；5. 开设了"省直机关处级以上领导干部'双休日'选学专区"

模式类型	代表省份	特　点
组织部门承办	山东	1. 混合全覆盖的建设模式；2. 学习管理向全国统一要求看齐；3. 实行错峰上平台学习；4. 充分利用教学资源
公务员局承办	河南	1. 实行了复合全覆盖的建设模式；2. 突出了公务员培训的特色；3. 线上线下培训相结合；4. 建立了培训基地；5. 网络课堂体系较丰富；6. 考试有特色；7. 移动客户端免费
党校（行政学院）承办	广东	1. 单一平台部分覆盖的建设模式；2. 学员人数多；3. 参学对象范围广；4. 规定了学习时间段和补学时间段；5. 学分要求严格；6. 对参学人员提出了具体要求；7. 强化考核检查；8. 规定了学习方式与内容
	湖北	1. 实行统一全覆盖的平台建设模式；2. 学时规定少于全国统一要求；3. 各地各单位都有所创新；4. 比较重视考核评价；5. 开展了评优表彰活动，有一定的激励作用；6. 通报制度坚持得好，有一定监督作用
广播电视大学承办	云南	1. 整合全覆盖的建设模式；2. 机构健全，职责明确；3. 省委及组织部门高度重视，大力支持；4. 发展比较平稳；5. 经费保障有力

从以上模式来看，各有各的特点与优势。由组织部门牵头共建或承建的干部在线学习平台，因为有领导优势，可以调动各种资源，总的来说是建设得比较好的；由于党校（行政学院）长期从事干部教育培训，在课程资源建设上有经验，因此，由其承建的干部在线学习平台在这方面要略胜一筹；由于广播电视大学有长期远程教育与管理的经验，因此，由其承建的干部在线学习平台在支持服务与教育培训的具体组织上有一定优势；由企业承建的干部在线学习平台，在网络技术上有一定优势，在用人制度上也更加灵活；由高校承建的干部在线学习平台，其更注重遵循教育规律，循序渐进，发展平稳。

（三）课程资源建设一般模式

从中国干部网络学院和各省份干部网络学院经验来看，资源建设过程包括素材收集、视频录制、视频剪辑与素材编辑整合等流程。

1. 素材收集 首先，需要明确每一个资源建设的具体要求，是做成单视频还是三分屏，是采用慕课的形式还是网页的形式。单视频和三分屏，主要是准备好单一视频类素材以及相应的演示文稿（PPT）和少量文本辅导资料；如果用慕课的形式进行制作，则还需要对视频按照知识点切割成若干章节，对每一章节补充相应的文本学习资料；如果直接采用网页的形式，除各小节视频和文本学习资料外，还需要收集好相应的图片、网页美工素材等，以丰富网页类资源和表现形式。其次，需要建立相应的素材库，将收集到的素材按照课程名称，分门别类予以保存，以方便随时调动和查询。同时建立素材备份系统，防止素材损坏和遗失。

2. 视频录制 视频录制的过程实际上是工作人员与专家互动的过程。首先需要工作人员与专家沟通好此次录制的主题和录制过程中的注意事项，请专家为此提前准备好课、准备好相应的 PPT 和文字资料。在录制现场，需要专家配合工作人员，认真面对镜头讲课，在镜头形象、语速等方面注意视频录制的需要，如果遇到问题可能还需要重新录制，这都是需要专家耐心配合的。对于工作人员来说，需要的是录像设备和准备、机位的选择和临场控制、现场声音和音响的控制，甚至包括电池和存储卡也需要提前检查。只有这样，才能更加顺利地实现录制过程，而不至于中断甚至重新录制，毕竟有些领导讲课的镜头不可能重新录制的。另外还需要注意的是，在录制视频之前应该跟讲课专家明确视频及所提供的 PPT、文字材料的版权归属问题，以免日后产生版权纠纷。

3. 视频剪辑 视频剪辑的关键在于对剪辑节点的把握。如果是整段视频的剪辑，一般是掐头去尾，再剪去中间的无效片段，加上开头封面与结尾字幕即可。当然，如何设计开头片段与结尾字幕，如何判断无效片段和替代相关画面，也是很重要的。如果需要将整段视频剪辑成微课那种小片段，那还需要进一步研究课程的知识点分布和重点内容的设计，根据课程内容来进行剪裁，除技术要求外还需要一定的专业知识素养，因此要求更高。另外，视频剪辑后的压缩和格式转换也很重要，因为在资源共享的时代，如果压缩技术不到位，就会出现要么视频容量或码流太大无法顺利播放，要么播放不清楚，所以需要多次尝试以求平衡。

4. 素材编辑整合　对于三分屏来说，素材编辑整合首先需要选择一个好的编辑软件，能够高效率地将视频、PPT 和其他资源整合在一起，且能够进行编辑和修改。这种软件最好进行个性化和定制化开发，因为不同的学习平台，对资源格式和风格设计的要求毕竟还是有所不同的。对于慕课和网页类课程资源来说，素材编辑整合需要花费的时间更长，对页面安排、美工设计、资源分类甚至包括教学设计、互动交流等功能的设计要求都是比较高的，因此，需要多种专业人才的共同配合，专业教师、网页编辑、美工设计、程序设计的任务都比较重。

(四) 干部网络教育培训一般模式

干部网络教育培训模式是指干部网络教育机构建设干部在线学习平台与课程学习资源，利用互联网组织干部网络培训学习的培训模式。从目前国内实践来看，主要有以下模式：

1. 自主选学模式　即要求干部在线平台注册学员在一定时间内完成一定数量的必修课程和选修课程的学习，所学课程由干部学员自主选择的培训模式。这种模式适用于干部网络教育平台建设初期，这一阶段平台的功能比较简单，培训机构只能通过学习平台明确学员的学习要求，如规定一定时间内完成一定量的课程学习，至于学习的课程内容没有明确规定。其学习考核指标主要是学员通过学习获得的学分，干部在线学习的方式呈现出简单化、单一化，在线学习的目的是完成学习任务。

2. 集中轮训模式　围绕中心工作和重点主题建设系列课程学习资源，大规模组织干部集中在一定时间内完成指定课程资源学习的培训模式。这种模式适用于培训主题明确、培训对象广泛分布、培训要求具体的大型培训活动。

3. 专题培训模式　以干部教育培训的重点热点问题或干部成长需要的其他理论与知识为主题建设一定学时的课程资源，要求报名参学干部利用学习平台完成一定学分的必学和选学课程学习，并参加指定的学习活动，获取相关在线培训合格证书的干部网络培训模式。

4. 在线讨论模式　在线讨论就是干部学员在学习课程资源过程中与其他学员进行网上学习交流讨论的一种培训活动。这种模式使用广泛，多种类型线上培训均可进行在线讨论。

四、线上线下干部教育培训融合机制及适用性分析

（一）融合机制分析

1. 理念融合

（1）从互联网思维视角看干部教育培训。互联网思维是指在（移动）互联网、大数据、云计算等科技不断发展的背景下，对市场、对用户、对产品、对企业价值链乃至对整个商业生态进行重新审视的思考方式。它不仅是一种技术思维，更是从哲学上对社会生活普遍联系进行解释的一种系统性思维。互联网思维具有以下四个特性：

第一，去中心化，互联网中的每个用户都既是内容的生产者，也是内容的使用者。在传统干部教育培训中，教师身份具有自然形成的信任权威、信息权威和教育权威。但干部教育区别于其他教育的重要特点在于，参训对象为实践丰富、对所学问题本身就具备深入理解的干部群体。因此，可以将每个参训学员看作网状结构的节点，教师的功能则转变为节点的连接者，使教学过程在互相交流中产生倍增的价值效应。

第二，共享性。互联网时代，信息传播由传统意义上的一对多转变为多对多，网络以外的节点很快被吸纳到网状结构之中，形成极为快速高频的信息传播方式，极大地扩展了信息产生和传播的界限。从干部教育培训角度来看，一方面，高度的开放带来充分的共享可以实现优秀课程资源、案例资源的共享；另一方面，强有力的信息共享意味着创新思维的普惠性，促进干部教育培训的跨界发展，聚合多边教育培训载体，实现干部教育培训模式的变革。

第三，迭代性。创新是互联网思维的精髓，创新性体现在运用最灵敏的神经元，及时跟踪所有用户最新最微小的需求，重视用户的"参与

感"，以快速微调带动体系的整体创新。干部教育培训借助互联网思维，开展贯穿整个教学过程、高密度、不间断的师生互动、相互反馈，可以逐步实现教学方案的整体更新，实现对参训群体的需求响应、动态调整和思维开拓的有机融合。

第四，体现数据价值。资源的互联互通使得海量数据的价值得以体现，大数据日益成为推动各个领域变革的强劲力量，其战略意义已经不仅在于拥有的信息和数据本身，更重要的是对于已经掌握的海量信息的加工处理和整体分析，以此实现数据的增值。干部教育培训中，培训需求的精准定位、决策咨询的数据支撑，都有赖于从干部自身档案、政策数据的关联中提取有效信息，来形成需求牵引和技术推动的有效连接。

（2）以互联网思维统领干部线上线下教育培训。线上线下干部教育培训并不是两个割裂开来的概念，两者是相互联系、相互作用的耦合系统，比单一开展线上或线下培训能够发挥更大效用。线上培训的高度灵活性、非共时性可以弥补线下培训在工学矛盾方面的问题，同样线下培训可以增强培训的仪式感、互动性，两者紧密结合有利于促进培训效果的提升。

因此，开展线上线下干部教育融合，最重要也最根本的并不是技术层面，而是从理念方面改变传统认知，两者既不是非此即彼，也并非简单相加，而是在培训各阶段、各环节的深度融合，实现"1＋1＞2"的培训效果。

2. 方法融合　线上线下干部教育培训是从培训媒介、载体角度进行划分的，如果从干部培训方式方法来看，线上线下培训可以在不同培训方式方法中进一步融合。

（1）讲授式。讲授式是干部培训的重要方式方法，是目前干部培训中占比较大、最经常使用的方法。从线上线下融合角度来看，一方面，讲授式教学可将授课环节以线上慕课形式呈现，将4学时课程按照章节，精编为多个20分钟左右的视频课程，方便学员通过网页、手机应用程序（App）开展学习，既可以克服工学矛盾，又能够优化学习效果；另一方面，可集中组织讲授式课程的线下研讨与教师答疑活动，弥补线上听课的互动性差、单一交流的缺陷，形成"线上听课＋线下答疑"相辅相成的课程体系，实现线上线下深度融合。

（2）研讨式。研讨式教学对于问题研究、方案找寻等问题具有很大帮助。从线上线下融合角度来看，线下研讨受时间、场地限制，无法大规模、长跨度对某一问题开展深入探讨，线上即时沟通工具、线上平台、网络论坛等载体的出现，拓宽了研讨"场地"，延长了研讨时间，更便于问题的解决。

（3）实践式。实践式教学在经验学习、实操训练等环节中发挥重要作用，一般认为，实践式教学需要学员实地实操，随着信息技术与教育领域不断融合，这一问题也逐步得到解决。从线上线下融合角度来看，借助增强现实（AR）、虚拟现实（VR）、5G等新技术，可以实现线上身临其境般的现场教学体验，也可以模拟仿真完成高危险操作。未来，技术的进步与发展将进一步主推线上线下教育培训的深度融合。

3. 内容融合　成人学习前需要明确目标，自我激励和自我指导，会把过往经验带入学习，与自己相关的东西更爱学，学以致用的要求很强烈。线上培训特点是灵活碎片但不系统，线下培训的特点是系统全面但不够灵活，两者具备融合的先天优势，可以互为补充。比如，理论类知识的学习需要系统学习，但知识类学习通过知识点式分段学习效果会更好，线上线下两者在一个主题培训中结合，能够发挥更大效用。从内容融合的过程来看，可以根据线上线下培训特点，按照知识"粗吞—细嚼—反刍"的形式，在培训各个流程环节，结合线上线下融合的过程，学习的内容在渐进的过程中不断得到加强和完善。

4. 主体融合　在线下培训过程中，教师在教学过程中处于主导地位，虽然也强调发挥学员的主动性和创造性，但效果并不理想。从线上线下融合角度来看，教师在这个融合过程中，扮演更多的是协调者、引导者、催化师的角色，引导学员线上开展主题学习和自主学习，线下围绕疑难问题开展研讨交流。这个过程中，教师和学员的界限逐渐模糊，学员主体作用逐渐凸显出来。例如，原本线下培训学员仅可通过课上互动、研讨开展交流，线上线下融合教学后，学员均可通过电子设备、技术手段发声，学员"发声"渠道增加，使得研讨交流更加充分。

（二）适用性分析

采用哪种培训方法，最重要的是看培训质量和学员学习的效果。为此，学者张梅琳通过问卷形式，针对四川高校干部网络学习者进行了深入调查，得出了以下结论："学习者对干部网络培训的认可度有待进一步提升；网络培训优势与年龄有一定相关，并集中体现在时间自由掌控、减少奔波和更多优质师资的共享等方面。"

1. 适用内容 内容有效是培训有效的重要保证，从线上线下融合机制和特点来看，线上线下教育培训互融互促、耦合发展可以适应多种培训主题，特别是对于主题轮训、行动学习、研究类培训等内容更能发挥线上线下融合的优势。例如开展研究类培训，方案设计一般会涉及理论学习板块、研讨交流板块、报告撰写板块等。对于理论学习，学员们都是具有一定工作经验和理论基础的干部，如果采取"满堂灌"的形式，针对性不强。对于理论学习内容，可以由线下转移到线上开展，学员可以根据个人兴趣和基础，选择重点要学习的内容，更加高效地完成学习。同时，线上理论学习可以在开班前开展，线下培训可以拿出更多时间开展研讨交流和互动式教学，提高培训的针对性和有效性。

2. 适用对象 干部教育培训体系的分级分类，是根据各级各类干部的职级不同、年龄不同、特点不同、分工不同、专业不同来建立适合各级各类干部需求的培训课程体系。从学者张梅琳调研情况来看，线上培训优势的发挥，与学员的年龄有一定相关，这与线上培训需要借助学习终端有一定关系，虽然现在手机、互联网普及率已经非常高，但对于新功能、新用法还需要一个学习过程。从文化和旅游部管理干部学院调研情况来看，年轻学员开展线上网络培训学习较快，但经过第一次学习后，绝大多数年龄段的学员都可以适应线上网络培训。因此，开展线上线下融合培训对各级别、各年龄段学员均适合，但需要解决第一次使用的问题，需要技术人员跟班悉心指导。

3. 适用班次 线上培训最大的特点是在相同时间、不同空间开展大规模培训，特别是教育技术和信息技术的快速发展，软硬件设备完全可以适应服务器瞬间流量；另外，线上培训可以在最短时间内展开，不受线下场地的限制，可以对上级精神第一时间宣贯，同时，可针对培训的重点内容和重点环节，开展线下培训。因此，重点工作轮训类、政策宣贯类等主题，且规模较大、学员较为分散的班次开展线上线下融合培训更能发挥最大效用。

（三）融合场景

未来融合场景，可以构建"线上云平台＋线下智慧课堂"的培训模式，形成新型培训服务体系，实现人人皆学、处处能学、时时可学，大规模、高质量开展干部教育培训。这种模式可以根据不同层次、不同类型人才的培训需求，采取"线上云平台＋线下智慧课程"的模式开展培训服务。线上以云平台为基础，利用直播、录播等新一代信息技术，聘请名师名匠等进行远程授课；利用 VR、AR、三维（3D）技术制作在线资源供学习者线上预实训、在线学习。线下是在智慧课程学习，包括学校课程开展远程互动实时教学，多个智慧课程可以互联互通。

五、新时代开展线上线下教育培训创新模式

（一）线上线下互动模式

学习过程就是一个认知的过程，认知过程就是一个刺激—反应的过程，单一的刺激重复多次，就会产生倦意而影响反应速度与质量，出现反应迟钝的现象，这就会影响认知，即影响学习效果。在学习中不断进行互动，就是在不断地增强刺激，从而不断产生反应，即认知，我们就能不断学习到新知识。因此，线上线下互动是提升学习效果的重要途径，可以通过以下形式开展线上线下互动：

一是线下集中面授。学员在规定时间内完成线上课程后，定期分批次开展线下集中面授，进行线下的交流与互动。二是线下统一考试。学员在完成线上学习课时，且参加完线下面授课程后，还要进行一次集中统一考试，考试合格后就完成了当年的学习任务。三是线下学习交流。包括线下个别单独交流、组建线下学习小组、召开总结表彰会等。四是开展线下专题活动。如安排学习交流、结构化研讨，举办庆祝活动，开

展知识竞赛，组织学习考察等。

以上四种线上线下互动模式，可以简单认为是"物理式"互动，仅在环节和流程设计方面的互动，并没有将互动的理念融合到课程设计、培训方案等内容。但这种互动模式可以作为初期阶段开展线上线下融合的一种选择。

（二）OMO 模式

OMO 概念是在 2017 年由李开复提出的，随着技术的发展，目前越来越被重视运用在教育培训行业。OMO（Online-Merge-Offline）模式指的是线上和线下的深度融合，是继 O2O（Online to Offline，线上到线下）之后市场效率更大提升的商业模式。OMO 的深度融合实质是数据的打通。大数据能够实时把现实世界的场景和行为数据化，从而做到进一步利用、挖掘。线上的数字化跟线下数字化融合了以后，线上、线下就可以用同一个逻辑进行优化操作，帮助更多人精准地掌握线上线下的获客效率、转化效率等。教育行业的在线化、智能化趋势促进了数据打通，打破了空间界限，线上和线下资源配置也得以优化。对教育来说，OMO 模式并不仅仅是机构线上线下的打通，还要以学生为主体，结合他在线上线下的学习场景，打通课上课下、校内校外、课中和课后作业等所有的行为痕迹数据，将其保留存储并一以贯之，能够在不同的学习场景下满足高质量的需求。

2020 年 5 月，浙江大学继续教育学院受广西柳州市委组织部委托，采取 OMO 远程教学模式开展培训，该模式依托在线教育平台，搭建教师、学员分会场，以网络技术手段构建线下培训仿真场景，教学管理系统同时也依托线上系统开展，全程跟踪服务。与此同时，探索了以案例教学替代现场教学，构建了线下充分研讨、提出问题，线上案例教学、互动交流，线下解决问题、学有所用的全链条学习模式。

这种互动模式可以看作是"化学式"融合模式，将融合的理念融入整个教学方案设计过程中，可实现线上线下教育培训的深度融合。培训机构可根据班次特点和技术基础，开展 OMO 试点培训，一方面不断探索线上线下融合新模式，另一方面了解培训机构开展此类模式教学的实际需求，不断完善软硬件条件。

（三）混合式教学模式

混合式教学就是把传统学习方式的优势和网络化学习的优势结合起来。这种教学模式，重点在于优选网络课程资源，关键在于引导学员研讨，不仅克服了实体培训所受制约，也能大大增强网络培训的"参与感"，取得良好的效果。这种教学形式可按"整体（粗吞）→部分（细嚼）→整体（消化，吸收）"的思路，以问题为引导，专题内容为主线，专家观点为结点，案例分析为核心，联系实际，调动干部积极参与讨论，将网络培训与在校集中培训的优势充分发挥并有机结合起来，各取所长，有效地增强了网络培训的"参与感"。

根据泛在学习理论的要求，干部教育混合培训模式的构建必须真正"以干部学员为中心，以干部学员的学习效果为焦点"来设计线上线下的各项教学活动，必须达到以下几点要求：①干部学习的持续性；②学习资料的可获取性；③学习资料获取的直接性；④干部学习交流的互动性；⑤学习资料选择的主动性等。具体有以下两种组织形式：

（1）翻转课堂。翻转课堂颠覆了传统教学结构、教学方法和教学模式，使教学流程由"先教后学"转变为"先学后教"，实现了教学流程的逆序创新。具体来说，翻转课堂重新分配了课中、课外的时间和教学形式，难度较低、知识类、识记类的内容适合在课外自主学习，难度较大、需要探讨交流的内容适合在课中进行群体学习，后者会得到来自教师和同伴更充分的支持，将有利于培养学习者的高级思维能力。

（2）SPOC 模式。小规模限制性在线课程（small private online course，SPOC），是在 MOOC（大型开放式网络课程）基础上发展起来的一种在线课程与面授课堂相结合的教学模式，以解决 MOOC 存在辍学率高、缺乏情感交流和体验、难以高效管理辅导等问题。SPOC 将 MOOC 的在线教学资源（如视频、资料、测验、在线作用、论坛等），应用到小规模的实体校园注册学生的一种课程教育，实现了 MOOC 和传统校园面授课堂教学的结合，有效地弥补了 MOOC 的短板。SPOC 在运行机制、教学形式、教学流程和教学结构等方面都超越了慕课。在运行机制方面，对在线课程提出了"小规模（500人以下）""专有性准入条件"机制，在较大程度上降低了学习者管理复杂性、增强学习交互、激发自主学习动机、提高课程完成率及学习效果；在教学形式上，SPOC致力于开展混合学习，有助于将MOOC的先进思想与面对面教学融为一体。

六、思考与建议

（一）逐步完善平台建设

由于信息技术高速发展，从平台设计的角度来看，从大处着眼，长远规划、整体布局是必须要有的，平台设计是平台建设的基础、框架，必须要有前瞻性考虑。要想更好地实现教育培训线上线下融合发展，在组织实施过程中，需要强大的推动力来保证覆盖全部环节。培训机构领导的高度重视、部门间的团结协作、软硬件设施的完善支持缺一不可。同时，在受现实条件所限时，平台建设不能求大求全，应该依照"一次砌好一块石头"的原则，成熟一部分完成一部分，逐步推进完善。

（二）努力提升管理效率

仔细分析过往成功案例，可以发现，凡是能够顺利落地的功能都是使用者直接提出需求，并且能够对使用者产生直接效益的。要么是可以简化工作，要么就是内容吸引人。能够在局部满足用户的直接需求并且可以产生直接效益的功能点才是大家可以使用、乐于使用的。这也证明了技术开发中的"共同设计原则"（用户即使用者参与共同设计，确保能够表达出自己的真实意愿，满足自己的真实需要），只有真正摸清干部教育培训需求，从需求入手进行共同设计、精准开发，才能更有效地提升网络平台管理功能的效率。

（三）积极进行探索创新

在互联网技术飞速发展的今天，5G、云计算、物联网和人工智能已逐步向各行各业渗透，教育培训的信息化建设和线上线下融合也呈现出动态发展的趋势。

1. 从内容生产入手提升用户黏度 "内容为王"是当下传媒行业的热词，是媒体的核心竞争力。对于教育培训，内容的重要性也是如此。内容生产的信息化可以体现在培训需求分析和课程开发的信息化上：通过网络问卷调查实现培训需求调研的全员覆盖，以大数据分析对培训需求进行统计分析。培训的课程在此基础上进行更有针对性的开发，充分体现学员的需求和意愿，受到学员的欢迎。

2. 以先进技术推动重塑培训模式 5G、VR 可以把大部分实操类培训转移到线上，把单向灌输式学习转变为交互式学习；云计算、大数据可以实现对学员的学习进行动态分析，有效开展个性化培训，实现以学员为中心的培训模式。但是，信息化并不是简单地利用新技术，将其作为最表层的培训工具，而是与培训教学过程融合，促进模式创新、流程再造与方法变革。

3. 以移动终端优先提升学习体验 当前，移动互联网已成为大众获取信息的主渠道，教育培训的信息化载体也在逐步由个人电脑向手机转移。从 App 到微信公众号，再到小程序，还会有更多的终端应用出现。一方面，移动终端使得学员可以根据自身情况，自主安排学习时间和学习内容，充分利用碎片时间，提升了学习体验；另一方面，移动终端可快速迭代的特点使移动终端能够及时推出各种培训功能，满足学员的实际需求。

4. 以培训理念创新推动深度融合 推动线上线下融合，不能局限于简单的线上加线下，也不能满足于某一项技术的创新，只有培训理念不断与时俱进，摆脱传统培训模式的束缚，提升互联网思维，才能形成线上线下一体发展、深度融合的教育培训模式，从相加走向相融，从"＋互联网"向"互联网＋"转型。